《黑水世居民族文化》丛书

本书列为"十一五"国家重点图书出版规划
本书列为全国少数民族优秀图书出版资金资助项目
本书为黑龙江省民族研究所"十一五"规划重点课题

《黑水世居民族文化》丛书
HEISHUISHIJUMINZUWENHUACONGSHU

黑龙江蒙古族文化

波·少布 著

黑龙江教育出版社

《黑水世居民族文化》丛书

主　编： 沃岭生

副主编： 关立卓　　都永浩　　丁一平

　　　　　尹武荣　　谷文双　　韩光明

作 者 简 介

　　波·少布,蒙古族,1934 年出生于黑龙江省杜尔伯特蒙古族自治县,祖籍内蒙古卓索图盟土默特右旗,1950 年参加工作,1994 年退休。曾任杜尔伯特蒙古族自治县民委主任、统战部副部长,黑龙江省民族史志办公室主任,《黑龙江民族丛刊》常务副主编兼编辑部主任,黑龙江省民族研究所研究员。同时兼任中国民族学学会、中国民俗学会、中国傩戏学研究会、中国蒙古史学会、中国蒙古语文学会、中国蒙古文学学会理事,黑龙江省蒙古语文学会理事长,黑龙江省民族研究学会副理事长等职。

　　主要从事蒙古学、民族学、民俗学的研究工作。出版的学术专著有《黑龙江蒙古研究》、《黑龙江蒙古部落史》、《黑龙江蒙古族社会历史调查》(合作)、《黑龙江省喇嘛寺》、《黑龙江民族历史与文化》、《黑龙江省志·民族志》(副主编)、《黑水蒙古论》、《黑龙江蒙文教育史》(合作)、《蒙古述略》(蒙汉合璧版)、《蒙古风情》、《蒙古学》(合作)、《杜尔伯特蒙古族词典》、《杜尔伯特传说》、《杜尔伯特神话》(蒙文版)、《黑龙江满族述略》、《乌裕尔河畔的柯尔克孜人》(合作)等多部。同时在国内外报刊上发表有关蒙古学方面的论文150篇、摄影作品200多幅,并参与了《中国蒙古族大辞典》、《东北人物大辞典》、《黑龙江百科全书》、《中华风俗大观》、《中国民俗文化大观》等书籍的编写工作。

曾获黑龙江省首届期刊优秀文章编辑一等奖、首届黑龙江省社会科学期刊优秀编辑一等奖。并被评为黑龙江省民族工作模范、黑龙江省民族团结先进个人、黑龙江省社会科学系统先进工作者、全国方志先进工作者。作者传记已被收入《世界名人录》、《世界华人英才录》、《中国当代高级科技人才辞典》、《中国少数民族专家学者辞典》、《中国蒙古学学者》等典籍中。

总　序

　　文化涵盖物质财富和精神财富,特指精神财富,举凡教育、科学、文学、艺术等均属此列。晋束晢《补亡诗·由仪》中的"文化内辑,武功外悠",前蜀杜光庭《贺鹤鸣化枯树再生表》中的"修文化而服遐荒,耀武威而平九有",都将文化视为具有深刻内涵和特殊作用的人类精神财富。文化负载着一个民族的价值取向,影响着一个民族的生活方式,拢聚着一个民族自我认同的凝聚力,不仅为古人所重视,也为现代社会所推崇。经过战后几十年的发展,全球传统发展模式的动力日趋减弱,伴随的是资源的不断减少、原材料价格的高企和生态环境危机等。全世界都在探索全面协调可持续的科学发展之路,而文化作为这一全新发展模式的核心因素之一,逐渐成为举世关注的焦点。胡锦涛总书记在中共第十七次全国代表大会上的报告中指出:"当今时代,文化越来越成为民族凝聚力和创造力的重要源泉、越来越成为综合国力竞争的重要因素,丰富精神文化生活越来越成为我国人民的热切愿望。要坚持社会主义先进文化前进方向,兴起社会主义文化建设新高潮,激发全民族文化创造活力,提高国家文化软实力,使人民基本文化权益得到更好保障,使社会文化生活更加丰富多彩,使人民精神风貌更加昂扬向上。"因此,深入挖掘和研究黑龙江流域历史文化遗产是十分重要的,它不仅可以反映黑龙江流域的历史文明成就,为黑龙江省的经济社会发展创造良好的人文环境,而且也是推动社会主义文化大发展大繁荣、实现中华民族振兴的一项重要举措。

　　数千年来,黑龙江流域养育了为数众多的古代民族,对中国和世界历史产生了深远的影响,创造了璀璨绚丽的民族文化,汇入浩然的中华文明之历史长河,鲜卑之石室,杳无人迹;龙泉、会宁之宫阙,废为丘墟,而曩昔之繁盛,今人尚可望风怀想。但这一悠久文化遗产长期被忽略,人们一提到黑龙江流域,就与极边苦寒荒蛮之地和"文化沙漠"相联系,而事实绝非如此。肃慎、契丹之源远流长以此,鲜卑、女真之进据中原以此,蒙古、曼殊之奄有天下亦以此。兴安之林莽磨砺其体格,黑水之波涛涤荡其心胸。山川寂寥、积雪凝寒之际,正值金戈铁马纵横驰骋之时,响彻白山黑水,声析日月江河。千余年间,豪英雄秀,济济不泯。因此,彰显黑龙江流域历世绵远、恢宏灿烂之文化,继承和发扬黑水先民自强不息、团结奋进之精神,既是每个龙江人的热切期盼,也是全省哲学社会科学工作者的神圣职责。在此宏观背景下,黑龙江省民族研究所将《黑水世居民族文化》丛书列入"十一五"重点科研规划,旨在填补黑龙江流域民族文化研究之空白,无论是从边疆文化大省建设而言,还是从东北老工业基地振兴而言,都是一件可喜可贺之事,恰逢其时。

《黑水世居民族文化》丛书由12部图文并茂的专著构成,内容包括汉族、满族、朝鲜族、蒙古族、回族、达斡尔族、赫哲族、鄂伦春族、鄂温克族、锡伯族、柯尔克孜族和黑龙江古代民族的文化,涉及到传统的生产生活习俗、教育、文学艺术、语言文字、新闻、广播、出版、期刊杂志、宗教等领域,全面系统地勾画出一幅色彩斑斓的黑龙江流域民族文化巨卷,亦深刻地揭示出黑水先民筚路蓝缕、以启山林的开拓之功。

目前,经黑龙江教育出版社申报,《黑水世居民族文化》丛书被列入"十一五"国家重点图书出版规划,实属难能可贵。我相信,这套丛书的出版,必将提升黑龙江省民族文化研究的学术影响力,也必将彰显黑龙江流域民族文化的无限魅力,余乐观其成,故为之序。

衣俊卿

二〇〇七年十二月

目　录

图 片 目 录

绪　论

文化,有广义、狭义之分。《黑龙江蒙古族文化》一书,是从广义角度撰写的。它是黑龙江蒙古族在长期的社会历史实践过程中创造出来的物质财富和精神财富的总和。文化是一种历史现象,它是一定社会的政治和经济的反映,同时又影响和作用于一定社会的政治和经济。它随着民族的产生与发展,具有了民族性,而且形成了民族的传统。它通过民族的语言与行为反映出来,因此,民族就成了文化的载体。

黑龙江蒙古族与内蒙古自治区的蒙古族同源。蒙古族源于东胡。据《史记》记载:"东胡,乌丸之先,后为鲜卑。在匈奴东,故曰东胡。"①它与匈奴同时见著于史。东胡在历史上的活动年代,最早见于公元前7世纪中叶春秋晋文公时期。《匈奴列传》载:"晋北有林胡、楼烦之戎,燕北有东胡、山戎。各分散居谿谷,自有君长,往往而聚首百有余戎,然莫能相一。"②活动范围大致在科尔沁草原以南,西拉木伦河、老哈河、大凌河一带。公元前5~前3世纪时,还处于原始氏族社会发展阶段。大约公元前3世纪,已形成部落联盟,与匈奴为敌,不断向西扩张,威胁匈奴的安全。公元前209年,匈奴冒顿杀其父头曼,自立为单于,然后整顿兵马,号令全国,东袭东胡。东胡因无戒备,匈奴兵至,部落大败。匈奴破东胡,掠其牲畜及民众,归属匈奴,匈奴统治东胡一直到公元1世纪末。当时东胡余部,分两支分别逃至乌桓山与鲜卑山,自称乌桓、鲜卑。公元48年,匈奴始分南北,势力衰弱,内讧四起,无计顾外。东胡后裔乌桓与鲜卑,乘机而起。公元1世纪中叶,乌桓摆脱匈奴统治,自与汉通好,进入汉朝边郡。公元207年曹操击破乌桓,乌桓迁至内地,逐渐融于汉族。公元89年,匈奴北单于兵败逃亡,鲜卑人占其牧地,匈奴十万余众皆归鲜卑统治,并自称

① 〔汉〕司马迁:《史记》,卷一百十,2885页,中华书局,1959。
② 〔汉〕司马迁:《史记》,卷一百十,2883页,中华书局,1959。

鲜卑，从此鲜卑大振，活跃于北方草原的历史舞台。到公元 2 世纪中叶，鲜卑首领檀石槐被推举为部落大人，尽据匈奴故地，建立起一个庞大的部落军事联盟，后鲜卑随着檀石槐的死亡而破灭。到了公元 3 世纪中叶，鲜卑分裂为许多部落，其著者有慕容部、拓跋部、宇文部，分别建立了燕、北魏、北周王朝。公元 4 世纪中叶，鲜卑人分为两支，生活在西拉木伦河、老哈河流域的自号契丹；居于兴安岭一带的称为室韦。室韦与契丹同出一源，以大兴安岭为分界线，居住在南者为契丹，生活在北者称室韦。室韦内部分若干支系。据《旧唐书》记载，大室韦的分支有蒙兀室韦，居住在黑龙江上游南岸的大兴安岭的山林中。9 世纪中叶，蒙兀室韦从山林回归草原，号蒙古部。所以，蒙兀室韦人就是现代蒙古族的直接祖先。从东胡到鲜卑，从鲜卑到蒙兀室韦，从蒙兀室韦到蒙古部，一脉相承，经过了一个相当长的历史过程，最后形成今天的蒙古族。这就是蒙古族祖先的足迹，也是黑龙江蒙古族的历史进程。

黑龙江蒙古族，从公元 12 世纪 20 年代开始至 18 世纪 50 年代，六百多年间，共有 8 个蒙古部落先后迁入黑龙江省境内，构成了黑龙江蒙古族的主体。金、元、明、清四朝，每朝有两个蒙古部落迁入黑龙江地区。

朵儿边部：即古杜尔伯特部，"朵儿边"、"杜尔伯特"为同名异译。于金朝天会二年(1124)，从贝尔湖、哈拉哈河流域逐步迁至黑龙江省嫩江东畔，今杜尔伯特蒙古族自治县境内。金朝时归上京路管辖，元朝时归辽阳行省管辖，明朝时归福余卫管辖。明代以后，有关朵儿边部的活动，史籍记载很少。清代后已逐渐消失于历史长河之中。

豁罗剌思部：即古郭尔罗斯部，"豁罗剌思"、"郭尔罗斯"为同名异译。于金朝明昌六年(1195)，从根河流域迁至嫩江下游、松花江上游两岸地区，今吉林省扶余县、黑龙江省肇源县一带。金朝时归上京路管辖，元朝时归辽阳行省管辖，明朝时归撒叉河卫管辖，清朝时被编入八旗军的上三旗，归吉林将军伯都讷副都统管辖，清后期逐渐融入明朝迁徙来的科尔沁部的郭尔罗斯部中。

帖木哥斡赤斤部：帖木哥斡赤斤是成吉思汗的季弟，于大蒙古国八年(1213)，从斡难河源之地逐步迁徙至黑龙江地区。大兴安岭两麓，黑龙江、松花江、嫩江流域等广大地区成为他的封地,并被封为国王,统治整个黑龙江地区。元朝至元二十四年(1287),帖木哥斡赤斤玄孙乃颜叛乱,被元世祖忽必烈剿灭,帖木哥斡赤斤家族受到严重打击。袭封国王制被撤销,由封建分封制转为行省管理制,当年建立了辽阳行省管理黑龙江地区,并将其族众大部迁至各地安置。明朝时帖木哥斡赤斤的后裔归福余卫管辖,明朝中叶后,福余卫被蒙古科尔沁部吞并,并逐渐融于科尔沁部中。从此,帖木哥斡赤斤部在史籍中消失。

兀速蒙古部:于元朝至元三十年(1293),由谦河上游东支流兀速河迁至松花江上游肇州。元贞元年(1295),肇州改建为肇州蒙古屯田万户府。后融于帖木哥斡赤斤部和女真人中。

杜尔伯特部:是成吉思汗二弟哈布图哈萨尔的后裔,从科尔沁部中析出。于明朝嘉靖二十六年(1547),由呼伦贝尔草原徙至嫩江东畔古杜尔伯特部的牧地,并沿用了杜尔伯特部号。清朝顺治五年(1648),建立杜尔伯特旗,归内蒙古哲里木盟管辖。中华民国时期归黑龙江省。伪满洲国时归龙江省。建立中华人民共和国后,仍归黑龙江省管辖,并于 1956 年 12 月 5 日,建立了杜尔伯特蒙古族自治县至今。

郭尔罗斯部:与杜尔伯特部同祖。明朝嘉靖二十六年(1547),由呼伦贝尔草原与杜尔伯特部同时迁至嫩江下游、松花江上游地区,沿用了古郭尔罗斯部的部号。清朝时,分别建立了郭尔罗斯前旗和郭尔罗斯后旗,归内蒙古哲里木盟管辖。中华民国时期,郭尔罗斯前旗归吉林省,郭尔罗斯后旗归黑龙江省。伪满洲国时期归滨江省。中华人民共和国成立后归黑龙江省管辖。1956年撤销了郭尔罗斯后旗建制,改为肇源县至今。

巴尔虎部:清朝康熙二十九年(1690),由贝加尔湖以东地区陆续迁至黑龙江省齐齐哈尔城。清朝时编入索伦八旗,为正白、镶红、正蓝、镶蓝四旗,驻博尔德城,今讷河市。康熙四十年(1701),移驻齐齐哈尔城。居民集中在齐齐哈尔郊区的高头、塔奔浅、双图、库木台、查罕诺尔、古日本格日、翁海、大巴尔虎、小巴尔虎、干赤格日、都日奔浅、察呼来、哈喇乌苏等 13 个村屯中。中华民国后，八旗撤销，统归齐齐哈尔城管理。伪满洲国时仍归齐齐哈尔城管辖。中华人民共和国成立后一直归齐齐哈尔市建华区管辖。1993年成立了高头蒙古族村。

依克明安部：属额鲁特蒙古，清朝乾隆二十二年(1757)，从塔密尔河流域迁徙到呼伦贝尔，然后由呼伦贝尔转徙至黑龙江省乌裕尔河两岸。清朝时建立了依克明安旗归黑龙江将军节制。中华民国时仍归黑龙江省管辖。伪满洲国时归龙江省。中华人民共和国成立后由黑龙江省管辖。1948年撤销依克明安旗建制，将原依克明安旗村屯分别划入富裕县与依安县。

除以上8个部以外，以户为单位迁入黑龙江省的外旗蒙古族，为数也很多。因此，黑龙江蒙古族文化，既有古老的传统文化，又有现代的新型文化，同时还有接受其他民族文化而形成的复合文化。所以，黑龙江的蒙古族文化根深叶茂，绚丽多彩。它承袭了古远质朴的森林畋猎文化，又继传了底蕴丰饶的草原游牧文化，同时展现了现代文明的田野农耕文化，集各种文化之大成，可谓古往今来，青史流芳。

第一章　人生礼仪

第一节　生　诞

在旧社会,游牧民家境贫寒,物质条件较差,医疗卫生落后,因而造成婴儿大量死亡。蒙古族人口发展始终缓慢,这就引起了人们对添丁进口的重视和对产妇的关注。尤其在氏族社会,人口是氏族繁荣的重要标志,所以把妇女的生产当做极为重要的事情来对待,于是相应的产生了有利于产育的习俗与禁忌。这些习俗与禁忌,有些是朴素的科学,有些则带有一定的迷信色彩,但是经过漫长历史的沿传,逐渐形成了一套约定俗成的规矩。孕妇在蒙古包内生产时,首先在蒙古包门外燃一堆篝火,在神火的照耀下迎接新的生命的来临。《蒙古族的崇火习俗》一文称之为"生命之火"①。火,在蒙古族中有传宗接代的含义,尤其炉灶之火是一个家庭存在的标志。所以妇女生小孩之时必须拢火,这是生育的一种象征。婴儿落地后,如果是男孩立即在蒙古包门外挂一副特制的弓箭,如果是女孩就挂一束柳枝。古代用箭射柳的习俗认为柳象征女性,而弓箭象征男性,属于性崇拜标志。弓箭有一个基本的寓意,就是象征男性生殖崇拜。弓箭的特殊力量给人以启迪,将弓箭与生殖联系起来。认为弓箭的形状与男性性器相似,弓箭的力量又与繁衍相喻。所以古代妇女生产后根据性别不同分别在门外挂弓箭与柳枝,这是古代人生殖崇拜的遗存文化。后来这种习俗的表现方式和象征含义都发生了变化,现在妇女如果生育男儿,虽然也挂弓箭,但它表示勇敢,长大后狩猎放牧、护家卫国;如果生育女儿,虽然也挂柳枝,但在柳枝上又多了一个红布条,表示俊俏,长大后挤奶牧羊、料理家务。人们为这古老的习俗赋予了现代内容,把生殖崇拜的含义演化

5

---

① 乌日娜:《蒙古族的崇火习俗》,载《黑龙江民族丛刊》,1997(3),93 页。

为生产技能的象征。在牧区人们看见谁家门口有篝火灰迹，并在门上挂有弓箭或柳枝、红布条，不用询问就知晓这家主人的生育状况。婴儿出生第三天，要实行"沐浴礼"，也叫"洗三"。用淡盐水给婴儿洗澡，要把从母体中带来的污秽洗掉，也是婴儿到人间后第一次沐浴，所以要向家族和亲友报喜，大家都带着鸡蛋、红糖、茶叶、奶制品之类的东西作为礼物来祝贺，但是来祝贺的人不能在产妇家吃饭。婴儿生长到一个月时，还要举行"命名礼"，也叫"庆满月"。要邀请家族或亲友中有威望的长者，来为婴儿取名。黄教盛行时期，要请喇嘛赐名，喇嘛所赐之名，多数是从佛教经卷中选些适宜的藏语词，为孩子命名，蒙古族的藏语名来源于此。婴儿生长到一百天时，要举行"百日礼"，也叫"过百天"，意为长命百岁。家里举办百日宴，邀请家族、舅族、邻里来参加。来的客人都带上一份礼物，外公外婆要赠送一头牛或一只羊，另外还要送一个摇篮。婴儿长到一周岁时，还要举行"剃头礼"，也叫"周岁宴"。婴儿满周岁才能剃胎发。在为婴儿举办的"沐浴礼"、"命名礼"、"百日礼"、"剃头礼"等四个仪礼中，最隆重的是周岁生日，即剃头礼。庆祝第一个生日时，首先要举行剃胎发仪式，婴儿父母双方的亲友入席，并请一位德高望重的长老剪胎发。先以茶点、糖果、奶酪款待宾客，然后婴儿父母抱着孩子，跪在长老面前，孩子的父亲手托一盘奶油和奶制品，用红布蒙上，上面放一把拴有哈达的新剪刀，放在长老面前；孩子的母亲将一碗鲜牛奶献给长老，并请他为孩子剪胎发。这时长老接过鲜奶用右手无名指蘸一下鲜奶与大拇指并拢，弹向空中，反复做三次，以示敬天、敬地、敬祖。接着自己先喝一口鲜奶，然后依次递给参加剪胎发仪式的宾客逐人品尝。品尝鲜奶完毕，孩子的父亲将新剪刀递给长老，长老用盘中的奶油涂抹婴儿额部，施涂抹礼，右手拿剪刀为婴儿剃发。长老口诵祝赞词，将剪下的第一绺胎发放入盘中，将剪刀递给下一个人，宾客依

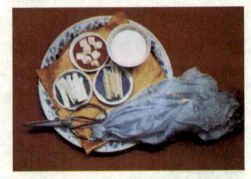

图1　剃胎发的剪刀

次为婴儿剪发,婴儿的父亲向每位剪发的宾客行屈膝问安礼表示谢意。然后把剪下的胎发团成发球用线绳拴上,配以珊瑚、珍珠、绿松石、铜钱、红布条、小铜铃、箭镞等饰物缝在婴儿的衣襟上,意为吉祥、避邪。在剪胎发的过程中,从长老到诸位宾客各自都要诵吉祥祝词。

剪胎发仪式结束,还要做一次婴儿选志的"抓周"活动。将社会生产生活用品制成小模型放在地毡上,如弓箭、剑、刀、套马鞭、鞍具、马、牛、驼、绵羊、山羊、犬、笔、印、哈达、奶制品、彩色布条、花、针线、皮革、羊毛、奶桶、荷包、鼻烟壶,等等。然后把婴儿放在地毡上,让他去拿这些小物品,婴儿第一个拿到手的东西,就是他一生选择志向的象征。如抓到弓箭,象征婴儿长大后从军保疆为国效力;抓到五畜,象征以游牧为业传宗接代;抓到哈达,象征心地善良洁白无瑕;抓到针线,象征心灵手巧会料理家务等。往往是自圆其说,图个吉利,对后代寄予希望。参加观看的宾客要说些吉祥之词,使其父母高兴并得到安慰。活动结束,大家吃秀斯,饮酒高歌,热闹一场,周岁宴结束。

蒙古族有用摇篮抚育婴儿的习俗。摇篮又称悠车、晃车、摇车。是没有车轮呈船形的一种木制小床,床底为半圆形。把婴儿放在摇篮里,有的吊在房梁上有节奏地摇摆,有的放在炕上用手晃车使婴儿慢慢入睡。摇篮产生于狩猎时期,父母出外狩猎时,将小孩放在用桦树皮或兽皮做的摇篮中挂在树上,以防野兽袭击。据《大漠神雕》描述:1162年成吉思汗出生时,一位相士"亲自点

7

图2　摇车(左)、摇篮(右)

燃了牛粪火,火里烫弯了河边的紫柳。把一十八个编制的柳环,缠绕在两个卵形的柳干上,这样摇篮就制成了。用四根牛皮吊绳系在帐幕的天窗上。"①这就是古代一种简易的摇篮。据《蒙古秘史》记载:"帖木真九岁时,帖木伦方在摇车中也。"②帖木真即成吉思汗,1162年生,9岁时是1170年。这说明蒙古族使用摇车的时间最迟在12世纪末叶已有文字记载。不论在牧区还是在农区,都使用这种摇篮。

第二节 成 年

蒙古族儿童在身体、生理、思维等方面逐渐成熟后才能过渡到成年。早在氏族社会时,要举行隆重的成人礼,儿童只有经过成人礼后才能成为氏族的正式成员,负担劳役、军役和其他义务。在成人礼上要举行五项仪式:一是祭祀图腾仪式;二是祭祖仪式;三是改发仪式;四是换装仪式;五是授予弓箭、套鞭仪式。以上五种仪式要依顺序进行。第一,祭祀图腾。要宰杀大牲畜做供品,然后所有参加成人礼的男女儿童在图腾柱,或图腾物,或图腾挂图前跪拜叩头。第二,祭祀祖先。用奶酒洒祭,并在祖先牌位前进行宣誓。第三,改变发式。女孩要把女童散发改为辫发,男孩要把男童散发改为三搭头,然后梳成辫发。第四,改换服装。男女童装均改换为成年人的服装。第五,授予工具。氏族长要向参加成人礼的儿童,逐人授予战争或打猎用的弓箭及游牧生产用的套鞭。仪式结束,要举行氏族宴。从此,参加成人礼的儿童就成为氏族的正式成员。

随着光阴的流逝,成人礼逐渐淡化,13世纪以后,大型的成人礼已经消失,逐步由氏族转入家族或家庭。五项仪式也简化了,只剩下祭祖、改发、换装三项,祭祀图腾和授予工具两项被取消,这也是社会发展的必然。由于图腾观念的淡薄,加之社会各种生产分工的出现,祭祀图腾以及仅仅

---

① 苏赫巴鲁:《大漠神雕》,10页,北方妇女儿童出版社,1993。
② 道润梯步:《蒙古秘史》,新译简注,卷一,27页,内蒙古人民出版社,1978。

授予弓箭、套鞭这种方式，已经不适应社会发展的需要，所以被淘汰也是自然的。

到了近代，集体的成人礼仪式已经没有了，个别的有以家族为单位举行的，但绝大多数是以家庭为单位举行成人礼。现在的成人礼，没有固定的时间，也没有固定的年龄标准。一般都是过春节时结合祭祖仪式进行。女孩大约在 15～16 岁，男孩在 16～17 岁。女孩以出现月经为主要标志，出现月经说明已经有生育能力，进入成年期；男孩以出现胡须、长阴毛、有性爱意识为标志。到了这个年龄段，父母便以过春节为契机，结合祭祖仪式给孩子改发、换装，视为进入成年。从此，孩子可以独立地参加各种社会活动。

第三节 婚　嫁

蒙古族的婚姻习俗与人类发展同步，也曾经历了血婚制家族、伙婚制家族、偶婚制家族、父权制家族、专偶制家族等诸阶段。古代的婚姻习俗，并没有因为母权制的崩溃和氏族制度的解体而消失。血缘关系在蒙古族的生活中起着非常重要的作用，认为同一个氏族便出自一个共同的祖先，所以同氏族内不通婚的习俗沿传至今。蒙古族各部落的婚俗虽然大同小异，但各自又独具一格。在历史上，蒙古族社会从母权制到父权制，从血缘婚到专偶婚，经历了多种婚制的相互影响和变化，所以婚制带有不同社会制度的痕迹。蒙古族的婚制主要有以下几种。

1.抢婚

蒙古族从奴隶制向封建制过渡时期，随着对偶婚的发生，便开始出现抢婚。氏族社会时，本氏族内不能通婚，所以必须到外氏族寻偶。由于游牧部落生产经营方式的特点，与其他部落相近游牧的机会很少，因此择偶要到几百里乃至千里之外去寻觅。这种客观条件加之中世纪前英雄时代的"美人与战利品"口号的影响之下，古代蒙古族确实经历过抢婚习俗。后来由于社会的发展与进步，抢婚逐渐被聘婚所代替。

9

2.从表婚

两姨亲与姑舅亲之间通婚实际是血缘婚的遗风。姑舅家做亲要比其他人有优先权,一般情况下姑做婆为多,舅做公的极少。

3.交换婚

也叫换亲。两家的兄弟姐妹相互交换结婚。严格地说这是偶婚制遗风在现代婚俗中的反映。虽然它已不是偶婚制,但这种形式还依然存在。

4.收继婚

也叫转房。蒙古语称"扎勒嘎",接续之意。蒙古族氏族内禁婚,所以男子要从外氏族取妻,为了繁衍氏族人口,外氏族妇女嫁到该氏族后,再不能脱离该氏族。如果丈夫死了,只能再嫁该氏族的其他成员。"兄死妻嫂"的习俗来源于此。正如约翰·普兰诺·加宾尼著的《出使蒙古记》中所言:"弟弟也可以在哥哥去世以后同他的妻子结婚。"[1]这种婚制一直沿袭到解放以后。

5.入赘婚

即劳役婚。男进女家,在岳父母家劳动生活,成为女方家的一员。这是古代从妻居婚俗的反映,在东蒙地区很普遍。尤其女方家庭生活困难或无男孩的家庭,入赘婚率更高。黑龙江省杜尔伯特部还有一种从妻居婚制,蒙古语称"宝格图勒"。男方不经任何婚姻形式到女方家与其情人同居,同居时间没有固定要求,多则十年八载,少则三春五秋,同居期间可以生儿育女,然后选择适当时机在自己家举行结婚典礼。这与入赘婚大同小异,比入赘婚更原始一些,同样也是劳役婚的痕迹。这种夜宿晓行,有纳西族阿注婚姻性质,是母系氏族社会向父系氏族社会过渡的一种文化遗存。从妻居是母权制氏族社会繁荣发展的最重要的标志,后来由于社会的进步虽然过渡到父权制氏族社会,甚至过渡到一夫一妻制的文明社会,但是母权制的社会功能不可能轻易退出历史舞台,特别是在居住制度上仍保持着种种从妻居形式的遗俗,可见古代从妻居习惯势力的顽固性。

6.聘婚与买卖婚

正常的聘婚,并无经济价值含义,后来聘婚逐渐演化为实际上的买卖婚,

① [英]道森编:《出使蒙古记》,吕浦译,周良霄注,8页,中国社会科学出版社,1983。

尤其在清末以后,随着蒙古社会封建化的进程,聘礼已成为人的交易价格。通常聘婚要由男方送彩礼给女方,女方根据自愿陪嫁礼物多或少无定额。而男方所送彩礼数目要经媒人说合,讨价还价最后定夺。蒙古族主要以牲畜来兑现这种出聘礼,同时也有相应数量的金银首饰、绫罗绸缎、毡包车辆、肉奶酒茶、日用杂品等。按照古俗视九数为吉,所以聘马、牛、驼、绵羊、山羊都满以九数,或一九或二九,直至九九八十一头匹。若家境贫寒付不了九数,则取以下之三、五、七等奇数。

中华人民共和国成立以后,普遍实行自由恋爱婚,这一崭新的婚俗已在草原上蔚然成风。

7.婚礼

是指为男女成婚所举行的各种仪式和过程。黑龙江省的杜尔伯特、郭尔罗斯两部均属科尔沁部,所以他的婚礼也涵盖在科尔沁部婚礼中。科尔沁部婚礼分为求婚、订婚、聘礼、婚礼。

1)求婚

蒙古地区求婚是指男方向女方求婚,而女方向男方求婚者则很少。男子到了青春年龄,父母便为自己的儿子选择中意的姑娘,从部落、姓氏、年龄、相貌、品格、身体、技能等方面考虑,如果与自己儿子的情况般配,就托媒人去说亲。"多求而与之则崇之乎,少求而与之则贱之乎",所以多次登门说亲才符合蒙古族"多求则贵,少求则贱"的原则。如果女方表示有意时,媒人与男方家长和求婚者本人带上白酒、哈达、羊肉、奶油等礼品亲自登门正式求婚。随从的歌手或赞词家要唱《求婚之歌》或诵《求婚赞词》。

《求婚之歌》与《求婚赞词》没有固定的曲词,但内容大致相同,可以即兴随编随唱。

2)订婚

男方经过多次登门求婚,取得女方同意后,男方家要举行订婚仪式,女方的父母和亲属都要参加仪式。男方家摆订婚秀斯宴,向女方父母和亲属敬献哈达。订婚仪式上要决定聘礼的数目、时间以及结婚日期。

3）聘礼

也叫过彩礼，是订婚以后、结婚以前最重要的一个步骤。过彩礼分为过小礼与过大礼。过小礼是向女方家送上规定数目中的部分聘礼；过大礼是将全部彩礼送清。聘礼以九九礼为最。送聘礼时女方家设宴，招待送聘礼的客人。

4）结婚

蒙古族最古老的结婚仪式，历经沧桑，代代相传。虽然经过时代演化的洗礼，但是最基本的内容与形式仍被保存下来。科尔沁部婚礼大致可分为接亲、送亲、婚礼三个步骤。

接亲：是指新郎去接新娘而言。这是结婚典礼的开始。科尔沁部接亲过程中有"抢哈达"、"闭门拒客"、"求名问庚"、"沙恩图宴"、"扮装"等五个仪式。男方去娶亲时，要由图如乎达(头亲家，也叫亲家长老)、新郎、陪郎、祝词家(赫勒木尔钦)、歌手(都钦)、随员等几十人的车马队伍去迎亲。新郎身穿蒙古袍，脚蹬皮靴，头戴缨帽，身背弓箭，斜披哈达，腰挎赫特刀，看上去像一个武士。临行时要在门前煨桑，新郎要向火神叩三个头，新郎的父母为接亲队伍敬献上马酒，接亲队伍一路欢歌奔向新娘家。距新娘家约有几里地时，娶亲队伍停下，拢一堆篝火、喝酒、唱歌、跳安岱。此间派一专人去新娘家送信，使对方有所准备。娶亲的第一道关就是"抢哈达"。新娘家接到娶亲队伍已来的信息后，立即派出一个马队去迎接。骑手们到达娶亲队伍的休息地后，不管三七二十一，便动手抢新郎身上戴的哈达，接亲队伍立刻迎战，有的保护新郎逃脱，有的拦截对方骑手，于是一场抢哈达的争夺战开始了。这是智与力的角逐，女方奋力抢夺，男方设法保卫，东奔西跑，你追我赶，十分热闹，是一场壮观的赛马战。如果哈达被抢去，则不能进门娶亲，女方提出任

图3　接新娘

何要求都得满足，要费好多周折才能
索回哈达，这对男方娶亲队伍来说是
失败的象征，也是高兴之余的耻辱。
如果新郎挣脱出骑手群，安全地跑进
新娘家门就算娶亲胜利。第二道关就
是"闭门拒客"。当新郎摆脱了抢哈
达，胜利地跑到娘家门时，娶亲大队
也随之赶到。可是新娘的嫂嫂们佯装

图4 闭门拒客

不知，组织一群人挡住门户，不接纳娶亲队伍。这时娶亲队伍中的图如乎达客
气地对新娘的嫂嫂们说，某年某月你家的某某姑娘和某某人订亲，今天是吉
祥之日，我们来此娶亲。这时女方家还要提出一些挑剔的问题，男方祝词家要
一一作答，直到女方满意为止。接着男方的祝词家还要赞诵新娘的家。女方家
的嫂嫂们感到满意，这才开门将娶亲队伍迎入院庭。一进门女方祝词家对新
郎的坐骑、弓箭都要进行赞诵。第三道关就是"求名问庚"。把娶亲队伍迎进院
庭后，女方家摆设"求名宴"。新娘的嫂嫂们以及陪娘们为一桌女席，新郎、陪
郎与男方的祝词家，向这桌女主人"求名问庚"。从而引起一场唇枪舌战，男女
家双方就以这种形式经过相当长时间的对答，直到女方满意，把名庚告诉为
止。第四道关就是"沙恩图宴"。"沙恩图"是羊胫骨，所以也叫"求骨宴"。沙恩
图是结婚的标志，爱情的信物，新郎必须把胫骨弄到手，这样才能把新娘接回
结亲，所以"沙恩图宴"在接亲中是个特别重要的议程。女方举行"沙恩图宴"
时，设一桌主席，一面坐女方的四个陪娘，另一面坐新郎、陪郎和男方祝词家、
歌手。新娘在四个陪娘身后蒙上盖头躺着。宴席开始，上沙恩图时，女方家人
总是偏袒陪娘们，故意叫她们把沙恩图抢到手。这时新郎在陪郎、祝词家、歌
手的陪伴下，向陪娘们乞讨羊胫骨，调皮的女主人好像故意考验新郎的诚意
和脾气如何，所以给新郎出各种难题，百般刁难和嬉戏新郎。而新郎则忍耐顺
从，千方百计求取羊胫骨。歌手在一旁陪歌。赞歌一首接一首，一直唱到女主
人满意，将羊胫骨用布包好交给新郎为止。新郎拿到羊胫骨，标志着接亲成

功,立刻去揭新娘的盖头,然后就可以起程。在"沙恩图宴"上,如果新郎先抢到羊胫骨,那么就用准备好的绢布包好,放在皮靴子的勒中,这时陪娘们又出新花样,让新郎当场将羊胫骨掰断,以检验新郎的力气,有时故意在羊胫骨中插一根筷子,使羊胫骨掰不断。只要羊胫骨一到手,男方祝词家马上赞诵沙恩图,标志着第四道关已经顺利通过。第五道关,就是"扮装",也是最后一道关。女方父母要送给新郎全鞍马一匹以及蒙古袍、帽、腰带、靴子、蒙古刀、火镰、荷包等。扮装时,地上铺一条白毡,新郎站在白毡中间,由女方家人给新郎换新装。换装过程中,陪娘和嫂嫂们还要戏新郎,有的把袍襟缝在白毡上,扮完装走时托一条毡子,引起众人哄堂大笑;有的在靴子里塞上东西,使你穿不进去;有的把腰带给勒得紧紧的,使人透不过气来。扮装结束,女方的祝词家进行赞诵。至此,整个男方的接亲仪式圆满结束。

送亲:是指女方送姑娘而言。它与男方接亲队伍相伴而行。接亲、送亲是同一事物的两个方面。科尔沁部女方送亲有"劝嫁"、"上轿"、"抢箭筒或红缨帽"、"压车"等四个步骤。劝嫁是送亲的第一道程序,在各民族的婚礼中均有此俗。科尔沁部女儿出嫁时,不论父母、新娘、亲朋好友都要痛哭一场,这叫哭嫁。它反映了历史上游牧民族实行远嫁难舍难离的情景。经过一番劝阻哭声已止,泪已擦干,在陪娘伴同下随着新郎走出毡包。上轿是送亲的第二道程序。新郎来接亲时,备有一辆为新娘专用的轿车,蒙古语称"哈喇特日格"。这种车有布棚,前后有帘,棚和帘上有各种图案。车前帘上还要挂萨满翁古达,以示避邪。佛教兴起后,有的改为挂佛像,以示吉祥。新娘的轿车要走在接亲队伍的中间,前后左右都有骑士护车前行。轿车上除新娘、陪娘外,还要由女方的母亲和压车亲家陪送。如果新娘恰好是 18 岁的话,上车前还要戴一串颅骨念珠,共戴 21 天,以禳灾祛患。接亲送亲队伍出发后,一路欢歌奔赴新郎家。当距离家园还有几里之遥时,新郎与陪郎先走一步,为家报信,以便家中作好迎亲准备。抢箭筒与红缨帽,这是送亲的第三道程序。新郎回府后,男方主人骑马站在大门口列队迎亲。当新娘的轿车到大门口后停下,这时新郎骑着马围绕新娘的轿车右转三圈儿、左转三圈儿。转完这一刹那间,女方送亲的骑士立刻奔向新郎，动手抢身上背挎的箭筒和头戴的红缨帽。如果被抢走，新郎下马跪拜求情，索要弓箭撒袋和红缨帽。如果新郎机灵，当人们刚要动手抢时，打马迅速突围，跑至房门口下马，即为取胜，婚礼继续进行。压车是送亲的第四道程序，也是最后一道程序。轿车上坐有女方的压车亲家，这是女方的主婚代表，如果他不下车，新娘就不能下车。所以男方祝词家要说好多好多的赞词，这时女方的祝词家也要回敬赞词。双方你言我语，争战不休。男方的主婚人要向压车亲家敬双杯酒，献蓝色哈达，说吉祥赞词，这样压车亲家方才允许新娘下车。新娘在梳头父母的挽扶下，从白毡上步入指定的居室。至此，接亲、送亲仪式全部结束。

婚礼：是结婚的核心仪式。科尔沁部的婚礼分为"拜天祭火"、"牵手结发"、"试探技艺"、"喜庆婚宴"四个步骤。拜天祭火是婚礼的第一个程序。拜天、祭火这两个内容要同时进行。首先庭院中放一张小桌，桌子正中置一香炉焚草香，香炉前点燃三盏珠兰(佛灯)。香炉右侧摆一碟奶食品，左侧摆放五谷杂粮，桌前拢一堆篝火，

图5　拜天祭火仪式

视婚礼中的火为"繁衍之火"。从桌子通至门口铺一条白色条毡。当日出辰时，新郎新娘站在桌前，向南北东西四个方位叩头，示为拜天。然后向篝火叩头并洒祭奶酒、奶脂，示为祭火。这时祝词家致《祭火词》。

拜天祭火结束，新郎新娘要从铺设的白毡上走进新居，当走到门口时，还有一个"赞荷包"的仪式。新娘事先要把亲手绣制的荷包交给男方，当两位新人走到房门时，祝词家站在门口，手拿着新娘绣的荷包诵赞词。

图6　赞荷包

当赞词结束，祝词家便把荷包抛向空中，围观的人奋力抢夺。因为这只荷包被视为吉祥物，人人都想得到它。赞荷包仪式完毕，新郎新娘方可入室。牵手结发是婚礼的第二个程序。新郎新娘进屋时要相互牵手走进新房，表示夫妇携手白头到老。男女青年结婚时，必须认一对"梳头父母"，蒙古语称"莫日古鲁格森阿布额吉"，相当于社会上的"干亲"。作为新娘的"梳头妈"的人，必须是儿女双全，与新郎新娘不犯属相，与新郎新娘父母年龄相仿。新郎新娘进屋后，新娘坐在炕上，由"梳头妈"将姑娘发式改为媳妇发式，这叫"分头"。因为蒙古姑娘梳一条辫子，结婚把一条发辫分成两个或若干个，以便缩头，所以叫"分头"。分头后整容、整装。发式改毕，新娘已成为已婚妇女形象，新郎新娘双双向父母敬酒、装烟、施蒙古礼，正式认亲，牵手结发程序即结束。试探技艺是婚礼的第三个程序。当新娘分发已毕，婆母要新娘做针线活，如钉荷包飘带或其他什么零活。从操作中看新娘做针线的技巧与能力。如果确实心灵手巧，婆母要向新娘的母亲送厚礼，以示答谢对女儿的指教。这时新郎的弟弟妹妹们跑进来向嫂嫂索要新婚礼物，并将新娘坐的方褥垫扔在地上以示去掉晦气。喜庆婚宴是婚礼的第四个程序，也是最后一道程序。男方家举行正式婚宴，男女双方的亲朋好友、左邻右舍全部出席。富裕人家要上"全羊席"。新郎换新装，头戴红缨帽，脚蹬鹰嘴靴，身穿青缎袍，腰挎蒙古刀。新娘也要装饰，盘头发式，额缠珊瑚带，头插银钗，耳挂玉坠，手戴银镯，身穿长衫，襟挂荷包。然后新郎新娘逐桌叩拜、敬酒、点烟。祝词家、歌手们要为主宾席唱歌、诵赞词。全体参宴人员，饮酒作乐，笑语欢歌。宴歌一首接一首，一直唱到婚宴结束。《天上的风》《祝酒歌》是婚宴中不可缺少的两首民歌。

婚礼结束，女方的送亲队伍即要返程。送亲队伍出发时，还要举行告别宴，欢送送亲队伍。宴后，在大门外煨桑，向女方的亲家长老及所有成员敬上马酒、献哈达。送亲队伍上马向远方驰去，婚礼方告一段落。

当天晚上，新郎新娘要吃结发饭、闹洞房。三天后新娘开始做家庭主妇。第七天要回门探亲。四十九天后，女方父母来接新娘回家借住。

黑龙江蒙古族婚礼，除杜尔伯特、郭尔罗斯婚礼外，巴尔虎婚礼也很独特。巴尔虎蒙古族于清康熙年间来黑龙江时,将贝加尔湖地区的古老婚俗带到乌裕尔河流域,它与当地的蒙古族婚俗虽然大同小异,但仍然表现出了它的地方特点。

　　巴尔虎人求婚,以拴马的形式来区分,一般情况下到蒙古包去做客办事时,要把骑马拴在勒勒车上或拴在马桩上。而去求婚的人骑的马则不拴,要用缰绳将马腿绊上。蒙古包的人一看是绊马腿的人就知道这是来说亲的。巴尔虎人举行订婚仪式时,男子要向女方家敬献两条哈达,一条敬神、一条敬祖,敬祖的哈达要拴在蒙古包内西侧哈纳上,并称这条哈达为苏勒德哈达。在女方家举行订婚宴时,姑娘必须回避,不准在场。巴尔虎人在结婚前,要带上酒、肉等各种食品到女方家摆一次婚宴,招待女方家的所有亲眷。同时要赠送六件大礼,即哈达、酒、做被的皮张(3 张)、火镰、火石、火绒。赠哈达、酒是办喜事的象征。赠 3 张羊皮意为男女双方给未婚姑娘合成一床被,因一床被需 6 张皮,新郎家送来 3 张,新娘家再拿出 3 张,这叫合床被。赠火镰,是因古代火源最困难。当时的火镰是最时髦的打火器,有火就有生活,是兴旺的标志。在婚宴上,女方家为新郎换新装。男方的主婚代表要为女方家的一只羊进行涂抹礼,然后放回羊群中,意为五畜兴旺。同时男女双方的摔跤手举行仪式,相互交换"羊前肢"示为吉祥。在结婚前两天,女方家还有一项为新娘穿女朝衣的活动。女方家将姑娘和几名伴娘送到事先安排好的一个村庄去居住,几位伴娘主要是保护新娘。这时组织几个人带上女朝衣,也到新娘下榻的村里,趁伴娘们不防时,这几个人将女朝衣强行给新娘穿上,并戴一顶朝帽,将前额与眼睛遮住。这时新娘要大声痛哭,伴娘们也陪着号啕大哭。实际上这是古代抢婚的一种遗存文化。新郎接新娘时,其他蒙古地区都有抢缨帽的习俗,而巴尔虎人则是抢奶碗和抢新娘。先是女方姑娘的舅舅盛一碗鲜奶,递给新郎,新郎接过奶碗后,在喝完时,要迅速将碗放入怀中,否则站在旁边的几位女方年轻人会伸手抢你的奶碗,这要看新郎的机敏程度。如果奶碗没被抢去,标志着接亲成功。当接亲队伍准备出发时,女方的伴娘们在蒙古包里将新娘团团围住,并用绳索相互捆绑联结起来,拴在哈纳上,以防被人劫走。这时男方接亲人闯进蒙古包,不管三七二十一,将绳索用刀砍断,抱起新娘就走,众伴娘扯住新娘腿不放,经过一番争夺,终于被男方抢走,放在准备好的乘马上,接亲队伍将新娘接走。这是古代抢亲习俗的再现。另外在婚礼中还有一个特殊的"取太阳"活动。也就是男女双方的骑手,向着日出方向,进行一次赛马,谁的马跑第一,谁就是取得了太阳,以斟酒庆贺。

第四节　丧　葬

在长期历史发展过程中,蒙古族在不同历史时期实行过不同的葬俗。主要有野葬(天葬)、风葬、土葬、火葬四种。

1.野葬

也称天葬,是最古老的习俗。所谓野葬就是人死后弃尸于野外。古代时,部落酋长、王公贵族,通过萨满占卜指定固定的野葬场,而一般牧民可任意野葬。人死后用白布缠身或用白布盖尸,或装入白布袋中,然后放在勒勒车上,套上一头犍牛在广阔的草原上行使,任意颠簸,什么时候尸体从车上跌下来,此处就是野葬地。有的地区人死后装入白布口袋中,载于乘马鞍后,然后骑马在草原上驰骋,什么时候尸体从鞍后梢绳中掉下来,即在此地野葬。实际上,这些方法基本一致,只是运载尸体的工具不同而已。尸体丢在野地后,任野兽飞禽吞啄,以为吉兆,是死者灵魂上天堂的象征。如果亡者尸体保存完好,家人则要请萨满跳神,超度死者灵魂早日归天。佛教传入后,则请喇嘛念经超度亡灵。蒙古地区的野葬,至迟到清代嘉庆年间还存在,尤其在黑龙江蒙古地区持续的时间更长。据杜尔伯特旗王府墓碑刻文,杜尔伯特旗先王"皆卜葬于旗内之都格德尔山(今之多克多尔),其间自杜尔伯特部落诺颜爱那嘎始,葬于葱郁之巅者,凡十四世。后改葬于同山之南麓者,凡四世"[①]。经勘察此山,葱郁之巅既无陵寝遗址,又无墓穴遗迹,只能见到零散于山巅的人骨,是典型的野葬公墓痕迹。据考证,杜尔伯特旗诺颜爱那嘎是明末人物,其十四世王爷喇特纳

---

① 杜尔伯特旗王府墓碑,现收藏于杜尔伯特蒙古族自治县博物馆。

巴喇逝世于清朝嘉庆十五年,这说明嘉庆年间旗王府仍在实行野葬。而从道光年间始野葬已终止,因为从鄂绰尔琥雅格图到拉希朋索克这四世王爷均在都格德尔山南麓土葬。地表有青砖陵寝并有陵户看守。碑文中所刻"后改葬于同山之南麓者,凡四世"。不仅仅改了葬地,同时也改了葬式,即由野葬改为土葬。都格德尔山是杜尔伯特旗王府通过萨满占卜指定的公共野葬墓地。野葬仪式也很奇特,人死后有两种葬仪。一种是裸体葬,将尸体用清水洗净,白布缠身,脚朝行进方向置于勒勒车上,再用白布罩尸,运至野葬墓地。另一种是着装葬,死后身着生前所喜欢的服饰,载于勒勒车,盖布篷遮阳,行往葬地。然后送葬人用毛毡将尸体抬至山顶放置。由萨满主持葬礼,首先将尸体头北脚南仰卧于毛毡上,摆正四肢。点燃事先准备好的距尸体前 3 米远的一堆篝火,组织送葬亲友跪拜篝火前,并宰杀一匹马或其他牲畜做悬杆祭,萨满致祭词。祭毕,亲友向篝火洒祭奶酒,投掷乳酪,焚烧肉、茶、烟、布缕以及亡者生前所用的小型器物,萨满带领送葬人按顺时针方向围绕尸体转三圈儿,然后逐人从篝火上跳过,火净仪式后,整个野葬仪式结束。在佛教盛行的地区,主持野葬的萨满逐渐被喇嘛所代替。喇嘛主持葬仪后,宰牲悬杆祭被取消,增加了数人喇嘛到现场诵经的场面。野葬后,每年清明节,家人要到葬地将禽兽啄食后所剩之先人尸骨,摆成一个完整的人形骷髅,以示敬祖,每年一次,尸骨剩多少摆多少,直至尸骨全部消失为止。蒙古族认为骷髅是祖先死后的形象,所以每年去摆尸骨相当于其他民族的清明扫墓,以怀念故人。这种野葬遗风一直延续到现在,蒙古地区至今有小孩死后,用草捆绑弃之旷野,任禽兽啄食,这是野葬习俗的延续。但是对成年人已经不再实行野葬了。

2.风葬

比野葬还要早的一种葬俗,它是狩猎生产时期的产物。蒙古族的风葬在史书中多有记载。《蒙古秘史》中所说的"林木中百姓"所特有的葬俗就是风葬。风葬也称树葬。人死后将尸体置于树上,置于树上有两种方式,一是将尸体完整地置于树上;另一种是将尸体肢解后置于树上。风葬在蒙古社会已近绝迹,但在萨满教中还保留着。萨满死后有专门的葬树,如在黑龙江省郭尔罗斯

图 7　风葬

部境内的"达金毛都"、杜尔伯特部境内的"奥根陶乎莫毛都"都是专门葬萨满的大树。据《蒙古萨满》一书记载，萨满死后支解四肢，大卸八块，挂在树上[①]，这是古代风葬的遗存文化。

3.土葬

是较晚期的葬俗。13 世纪时土葬的记载较多，人死后连同他的帐幕一并埋葬。要挖一个大墓穴，把毡包放在墓穴中，并摆一个小桌，桌上放一碗肉、一碗马奶。亡人躺在桌子旁边，并将他生前所用之物都放在他的周围，同时还要殉一匹马。这样死者在另一个世界既有帐幕住，又有马骑，还有肉和奶食用。后来这种土葬逐渐简化为只葬人不葬帐幕与马匹了。但它仍属于秘葬，因为墓穴上不留坟包。埋葬后用草覆盖于上，使人不能发现。正如《黑鞑事略》所云："其墓无冢，以马践蹂，使如平地。"[②]后来土葬发展为深葬，而且有了棺木，死者再不是直接用土掩埋，而是装入棺木中埋之，这是土葬的又一发展。《草木子》中也描述"寝地深埋之，国制不起坟垄，葬毕，以万马蹂之使平，杀骆驼子其上，以千骑守之，来岁春草即生，则移帐散去，弥望平衍，人莫知也。欲祭时，则以所杀骆驼之母为导视其踯躅悲鸣之处，则知葬所矣"[③]。《元史》中记载："凡宫车晏驾，棺用香楠木，中分为二，刳肖人形，其广狭长短，仅足容身而已。殓讫，用黄金为箍四条以束之。棺既下，复依次掩覆之，其有剩土，则远置他所。"[④]从成吉思汗到元顺帝妥欢帖睦尔都是这样土葬的。所以至今还未发现其墓。明朝以后，土葬变化很大，秘葬与深葬逐渐消失，以原木为棺的原始葬俗几乎无寻。由于中原葬俗的影响和佛教的传布，古代蒙古族那种土葬开始发生变化，人死后普遍装棺木中土葬，并在地面上留墓冢为标志。木棺也分

① 满昌：《蒙古萨满》(蒙文)，193 页，内蒙古人民出版社，1990。
② [宋]彭大雅：《黑鞑事略》，徐霆疏证，载《丛书集成》，18 页，中华书局，1985。
③ 叶子奇：《草木子》，卷三，载《四库全书》，上海古籍出版社。
④ [明]宋濂，等：《元史》，卷七十七，1925～1926 页，中华书局，1976。

为两种：一种叫卧棺，一种叫坐棺。顾名思义，所谓卧棺就是将亡人卧于棺中行葬；所谓坐棺，就是将亡人置坐于棺中行葬。坐棺也叫立棺，由棺座、棺身、棺顶三部分组成。棺座为扁方形，长60厘米，宽70厘米，高30厘米；棺身立体长方形，长60厘米，宽40厘米，高70厘米；棺顶为庙檐式棺盖，高30厘米，檐宽40厘米。这三部分组合在一起，即成坐棺。通高130厘米。入殓时，将死者双腿盘坐在棺座中，身躯直立于棺身，头部则在棺顶，形成一个盘腿坐式。然后用一根直径约4厘米圆木棒，外缠白布，支撑下颌处，以免头部下倾。由于所用木料的厚度不一，死者的体形大小有别，所以坐棺的尺码大小也不完全一致，以死者能坐在里面不挤不旷为准。坐棺外部形状就像一座小庙宇，还要彩绘各种图案。棺顶绘青瓦，棺身绘朱红大门，两侧配以各种图案，棺座绘日月星辰，山川湖海，看上去显得特别端庄肃穆。用坐棺行葬的有四种人，一是在社会上有身份的人，二是较有名望的喇嘛，三是虔诚的佛教徒，四是在家中静修的尼姑。埋棺半卧于地下，掩土，地上留坟冢。

4.火葬

佛教传入以后，蒙古地区才开始实行火葬。施行火葬的大多是王公台吉、喇嘛等贵族；在民间火葬的是无子女的孤独老人，未婚的男女青年，传染病患者，被凶杀者，车祸、雷击等非正常死亡者，妇女难产致死者等，普通牧民很少有火葬的。对喇嘛阶层的火葬也不一样，主要对转世活佛、寺庙的达喇嘛以及有名望的高僧才实行火葬。喇嘛火葬时，先筑一座3米~4米高的砖塔，塔内底部架一堆薪柴，塔体内设铁箅子，塔顶四面留通风的烟口。火葬时举行隆重葬仪，全体喇嘛列队诵经，并伴以各种宗教乐器，走向葬塔。葬队前哨是八名打经幡的喇嘛；其后是八名抬尸体的喇嘛，尸体要进行水净，然后全身涂黄油，外面再穿喇嘛僧服；再其后是达喇嘛，左手持法器奥其尔，右手持铜制法铃；达喇嘛后面是格斯贵喇嘛，手握乌兰毛都法棒，左右挥打，意为开路；格斯贵喇嘛后面跟随着喇嘛乐队，有八面立鼓，八个海螺，四个羊角号，四个喇嘛号，四个唢呐，八个铜钹，八个斯力彦，以及叮沙等；最后是翁斯达喇嘛所率全体喇嘛诵经队伍。一路鼓乐齐鸣，经声朗朗，庄严肃穆。到葬塔后，将尸体放在塔中的铁篦上,呈端坐状,全体喇嘛站在塔前诵经,达喇嘛上前将塔底架好的薪柴点燃,霎时火焰升起,将尸体火焚。喇嘛们击鼓吹号,高声诵经,以示助焰。当尸体化为灰烬时,格斯贵喇嘛将骨灰收入坛缶中,放在塔中铁篦子上或埋入塔底。然后全体喇嘛在达喇嘛的率领下绕塔三周,再回到原地齐诵葬经。诵毕,葬仪结束,全体喇嘛回庙。事后将葬塔修饰一新,封闭塔门,便成一座灵塔。蒙古族除喇嘛实行火葬外,对于枪杀、雷击、难产、红伤、自缢、传染病及其他非正常死亡者实行火葬,但不修灵塔,在野外放一堆柴草焚化后将骨灰埋入墓地。建国以后,政府提倡火葬,蒙古地区实行火葬者日益增多。

第五节　礼　　仪

1.待客

按照蒙古族的习俗,有客必待,不分近亲远亲、生人熟人、王公平民、诺颜乞丐,只要迈进蒙古包的门,都要热情相待。如果是从远方来的客人,主人要走出蒙古包迎候。见面后,先问"牲畜好!""草场好!"然后再问"全家好!"问安后,接过客人的马随时对客人的乘骑说几句吉祥的赞词,拴在马桩上,请客人进屋。客人进屋,让至蒙古包内西北或北侧就坐。他的从人按辈分、年龄、性别依次在客人旁边就位。主人陪坐在北或东北侧。主人家的其他人,也同样按照辈分年龄依次在主人旁边就坐。这时方可行施各种礼仪。

接待客人,最常见的是先上香气芬芳的奶茶,然后端来营养丰富的奶油,香甜可口的奶皮子,各种味道的奶酪,金黄酥脆的炒米。接着上肉食品,肉食品要根据客人的身份,分别上全羊秀斯或其他部位的秀斯以及奶酒、白酒,客主尽情的喝,尽情的吃,吃得越多主人越高兴。

客人走时,全家出门欢送。当客人踏上归途时,主人要敬上马酒,并致吉祥祝词。客人喝了上马酒后方可离去。主人站在蒙古包门前目送客人很远很远后才返回室内,以示对客人的尊敬。

过去部落与部落之间、现代旗县之间,因事来往时,主人或骑马或乘汽车把客人送至本旗旗界,在旗界举行简单的欢送仪式,敬上马酒,然后客人才能归程。

2.请安

蒙古语把请安称为"阿木尔"或"门德",意为"平安"。来客人后,第一个礼仪就是请安。当客人坐好后,恭恭敬敬地站在客人前,面对客人,右腿向前跨半步稍曲膝,右手放在右膝上,身体前倾稍弯腰,口中称"阿木尔"或"门德"。妇女请安时,左腿向前跨一步,双腿同时下蹲,双手交叉扶于左膝上,口称"阿木尔"或"门德"。这种请安也叫"曲膝礼",是蒙古族社交中最常见的礼仪。当别人请安时,受安者向请安人说几句祝福的话,表示回敬。

3.敬鼻烟壶

鼻烟壶,蒙古语称"古呼热"。到蒙古包做客,或两个人相逢时,随着问安声双手捧着鼻烟壶相互递送交换,嗅完鼻烟后,再将各自的鼻烟壶换回。这叫敬鼻烟,是接待客人最常见的一种见面礼。按照古老习俗,如果客人是长辈,晚辈要站在客人面前双手把鼻烟壶捧给客人,待客人接过鼻烟壶,从壶中掏出鼻烟嗅一嗅再还给本人。如果长者回递鼻烟壶时,晚辈要慢慢弓身将鼻烟壶接过来,用右手向上举一下,而后双手奉还。如果客人是同辈,要用右手相互交换鼻烟壶,各自掏出对方的鼻烟嗅一嗅然后奉还。交换鼻烟壶是表示尊敬和热情,会使主客双方立刻感到亲切温暖,无拘无束,解除冷漠与生疏,是一种无言的问候。蒙古族用的鼻烟壶相当讲究,是用玉石、翡翠、玛瑙、琥珀、玳瑁、玻璃、细瓷等原料制成的扁圆形的小壶。壶盖用金银镶边的珊瑚或绿松石、红宝石。壶盖上连接着一个骨质的小勺,用于掏鼻烟。鼻烟壶的图案,有内刻外刻之别,工艺相当精致。雕刻的图案有珍禽异兽,花鸟虫鱼,飞鹿奔马,名山秀水等,很有收藏价值。鼻烟,也叫"闻烟",因用鼻子

图8　敬鼻烟壶

23

嗅而得名。鼻烟蒙古语称"哈木日达姆嘎",是用烟叶、薄荷、冰片、樟脑等三十多味中药配制而成。鼻烟壶形体有大有小,多种多样,图案各异,小巧玲珑。通常壶高6厘米~8厘米,壶底宽3厘米~4厘米,壶身宽4厘米~6厘米,壶脖2厘米左右。壶外形通厚2厘米~3厘米,非常美观大方。鼻烟壶要装在用绸缎制作的、色彩美丽的长条形壶袋中,挂在腰带的左侧,成为一种饰物。

4.献哈达

通常说的哈达,蒙古语称"哈达格",词尾加一个辅音"格"。献哈达是蒙古族见面礼中的又一项礼仪。当客人坐好以后,主人郑重地双手托起哈达敬献给客人。哈达,相当于礼巾。哈达有两种:一种是长条哈达,长度3尺~5尺,幅面宽1尺左右,献哈达时以宽面折叠成3寸左右宽的条带,双手向上托起献给对方。另一种是三角哈达,将1尺见方的哈达,从一个角左右相对各折1/3,变成一个像飘带似的三角形。斟一杯酒,把酒放在哈达的窄幅尖角上,一同奉献。蒙古族的哈达有白色、蓝色、银灰色、黄色四种。由丝棉、绢绸制成。蒙古族的哈达与藏族的哈达虽然由来同源但不完全相同。哈达最早来自于古代蒙古族的祭祀礼。蒙古族行祭时,解下腰带,双手托起,向长生天祈祷,凡是祭祀,人们总是把腰带双手托着举过头,进行虔诚的祈福。后来这种宗教礼仪逐渐过渡到生活礼仪之中,由各自身上结扎的腰带演化为专用的礼巾,由于变成了专用品,名称也就随之由布斯(腰带)演化为哈达格(礼巾)。从蒙古汗国到元朝是使用哈达最兴盛的时期。藏族的哈达就是蒙古汗国时传入卫藏地区后发展起来的。1260年成吉思汗嫡孙元世祖忽必烈继位后,请藏族喇嘛萨迦法王八思巴为元朝国师,并加封为大宝法王、赐玉印。1265年八思巴第一次返藏回萨迦寺时,将蒙古哈达带回西藏,向卫藏地区各大寺院的佛

图9　献哈达

像、主僧、众官员敬献哈达。从此蒙古哈达在西藏流传开来，至今未衰。随着社会的前进哈达在西藏又有了新的发展与演化，随着佛教传入蒙古地区，将藏族哈达习俗与蒙古哈达习俗融为一体，形成了现代为客人敬献哈达的礼仪。当代，哈达广泛应用于喜庆、祭祀、宾宴、交往等场合，表现庄重、诚挚、友好、吉祥。献哈达是蒙古族最古老的传统礼仪。

5.献德吉

"德吉"是蒙古语，意为"圣洁之物"或"首份子食物"。蒙古族有将第一口羊肉、第一杯奶酒、第一碗奶茶，献给长生天、献给祖灵、献给尊贵客人的习俗。所以家中来客人，必须献"德吉"，这是蒙古族日常生活中敬重客人的一种庄重而圣洁的礼节。一般称"德吉"的食品主要指肉类、奶类、酒类三种。宴请客人时，主要先将首杯酒，用无名指蘸一下，然后与拇指合拢向上弹去，意为敬长生天。接下来敬客人，并很有礼貌地说一声："请用德吉。"只有客人用了"德吉"以后，其余人方可动刀进餐。如果客人是晚辈或是年轻人，当然也有权接受"德吉"礼，不过出于礼貌可以谦让给主人家的长者。平时家中无客，那么第一杯酒、第一碗茶、第一碗饭均由家中最长者享用。蒙古族祭祖有"图勒失邻"的习俗，就是将"德吉"一份一份的取出，然后给祖灵神焚烧，谓之"烧饭"。这种习俗延续至今。这种"德吉"礼也是较为古老的一种礼仪。

6.敬酒

蒙古族的敬酒礼，是最普通的一种礼仪。当客人入座进餐，主人首先要向客人敬酒，以示尊敬。古代时，蒙古族向客人敬酒时，要当着客人的面将酒倒入杯中自己先喝，然后再斟满杯敬给客人。这是沿传了古代"试毒"之俗。主人先喝，证明酒无毒，不是鸩酒，是友谊之酒。而现代，逐渐演化为先敬客人。蒙古族以三为吉数，所以一般都是敬三杯酒，然后方可自便。在向客人敬酒时，往往伴随着祝酒歌，表达由

图10 敬酒

衷的心愿。当代最流行的祝酒歌是《鄂尔多斯祝酒歌》和《科尔沁祝酒歌》。

鄂尔多斯祝酒歌

金杯里斟满哟醇香的奶酒,赛勒尔外冬赛。

朋友们欢聚一堂共同干一杯,赛勒尔外冬赛。

银杯里斟满哟醇香的奶酒,赛勒尔外冬赛。

朋友们欢聚一堂共同干一杯,赛勒尔外冬赛。

丰盛的宴席上全羊肉最美,赛勒尔外冬赛。

亲人们欢聚一堂共同干一杯,赛勒尔外冬赛。

科尔沁祝酒歌

像西江的水清澈透明,

用巴吉玛酿造的美酒请干一杯。

像北江的水清澈透明,

胡比勒干酿造的美酒请干一杯。

像东江的水清澈透明,

用吉木斯酿造的美酒请干一杯。

像南江的水清澈透明,

用乌珠莫酿造的美酒请干一杯。

7.醮酒礼

醮酒礼,也称泼酒礼。是用来祭祀、庆典、敬祖的一种礼仪。古代召开氏族会议、军队出征、犒劳奖赏、庆功贺典、祭祀长生天、祭祀火神、祭祀山水、祭祀敖包、祭祀尚西、祭祀祖灵、那达慕等活动,都实行泼酒礼。泼酒礼就是将酒酹洒于地上以示敬意。后来逐渐演化为所有用酒的场合,都实行泼洒礼,成为一种传统的习惯。

8.涂抹礼

涂抹礼是用鲜奶或油脂涂抹圣洁吉祥之物的一种礼俗。对圣选的神马、新郎的乘马、每岁第一个出生的驹、犊、羔都要施涂抹礼,象征牧畜兴旺。狩猎出发前对鞍梢绳、猎具、猎犬也要施涂抹礼,祈望狩猎丰收。对幼儿也要施涂抹礼,以示吉祥长寿。对新立的蒙古包、新筑的房屋也要施涂抹礼,以示禳灾避祸。

9.祝福礼

祝福礼是对人与事物进行祝福的一种礼仪,是有目的、有针对性地用吉祥语言祝福对方。如春节拜年请安时,若是未婚男女,则祝福早日成婚;若是已婚妇女,则祝福她生育儿女;若是家境贫寒者,则祝福他发财走运。游牧外出若遇乘马者,则祝福他的马快骏稳;若遇牧羊者,则祝福他的羊群肥壮;若遇接羔,则祝福他的畜牧兴旺。祝福礼就是说些吉祥的话语,使对方高兴,并希望吉言如愿。这是尊敬别人的一种美德,是密切社会关系、增添社会友谊的一种方式。

第二章　生活习俗

第一节　服　饰

黑龙江的蒙古族由于长期游牧于边疆草原,因此形成了适应北方地理环境与气候特点的服饰。古代时,黑龙江的蒙古族主要用兽皮、家畜皮及毛毡做衣服,后来由于社会的发展,各民族之间的文化交流,布匹绸缎传入蒙古地区,衣服质料与样式开始发生变化,各种布类服装被蒙古族所接受,衣服的质料由革皮、毛毡向布棉、绸缎过渡。这是一次跳跃性的服饰大革命,从此蒙古族的服饰从单一向多样化发展。古代黑龙江地区的蒙古服装分为戎装、官服、民衣三种。

1.戎装

战争所用的军人服饰,主要是盔甲、护膝、战靴。盔,有铁盔、铜盔、革盔;有带护鼻器的铁胄。甲,有柳叶甲、铁罗圈甲、翎根铠等。甲的内层皆以牛皮为之,外面挂满甲片,密如鱼鳞,刀箭不入。翎根铠是用蹄筋、翎根相缀而胶连甲片,射不能穿。护膝内用牛皮,外嵌甲片。到清代后,又发展为明甲、暗甲、护肩、护腋、前裆等戎服。战靴,均用革制,靴靿密缀铜钉,以防刃器。元末明初,战事连绵,当时黑龙江的蒙古族大多数为帖木哥斡赤斤部人,属于东道诸王,其人兵民一体,战时出征,平时游牧,男人16岁以上者均为骑兵,所以当时戎装很受青睐。清朝初叶,杜尔伯特旗、郭尔罗斯后旗,都臣服于后金政权,而且参与了后金

图11　元代镀金铁盔(左)、清代四品文官蟒袍(右)

图 12　元代军人穿的甲服(左、中)和质孙服(右)

与明朝的战争。杜尔伯特旗编为 25 佐,郭尔罗斯后旗编为 23 佐。每佐定编 150 人口,其中每佐佐领 1 名、骁骑校 1 名、领催 6 人、兵员 50 人,战丁共 58 人。根据这一编制,杜尔伯特旗拥有骑兵 1 450 人,郭尔罗斯后旗 1 334 人,共 2 784 人,占总人口的 38.6%。这说明清初时 33%以上的人口需要着戎装。

2.官服

皇帝及各级官员所穿的服饰。元朝时蒙古官服大体分为冕服、朝服、质孙服、公服等。冕服是皇帝祭祀天地宗庙、册封尊号、举行大典时穿用的服装。朝服是百官朝会时所穿的衣服。质孙服是元朝朝廷中的一种统一的百官朝服,其特点是上衣连下裳。这三种服装都是朝廷中穿用的,在地方很少见。黑龙江蒙古地区只有帖木哥斡赤斤部世袭罔替的国王,大王、王、西宁王、寿王、辽王等授予封号的人,才有资格穿朝服。辽阳行省及各路、府、州的官员只能穿公服。公服,也叫常服,是各级官员平时穿的衣服。衣式为大袖盘领。一品官穿紫色,衣料上衬有大花,花径为 5 寸;二、三、四、五品也是紫色,但是衬花为小花;六品、七品用绯色;八品、九品用绿罗,无衬花。头戴展角幞头,不分品级。腰束朱革带鞓。靴用黑皮。到明代后,黑龙江的蒙古族划归福余卫管辖,下设千户所。设卫指挥使、指挥同知、金事、千户等官职。但是由于战事连绵,蒙

古族又实行游牧生产,流动性大,朝廷也未颁发官服,加之卫所带有军事组织性质,没有纳入行政官员范畴。所以卫、所官员的服饰至今无考。清代,蒙古官服基本纳入清廷统一官服之列。清朝的官服,主要有衮服、朝服、龙袍、蟒袍、补服、端罩、常服褂、常服袍、行袍、行裳等。冠帽,主要有朝冠、吉服冠、行冠、常服冠等。冠帽又有冬夏之别。顺治五年(1648)在黑龙江地区分别建立了杜尔伯特旗、郭尔罗斯后旗,乾隆二十二年(1757)又建立了依克明安旗。蒙古旗的官员分为亲王、郡王、贝勒、贝子、镇国公、辅国公等六级。有清一代,黑龙江蒙旗官员最高职衔到贝子,民国期间曾到亲王衔郡王。涉及黑龙江蒙旗官员的服饰主要有以下几种:朝服,形制上衣连下裳。两肩前后绣正龙各一,腰帷行龙五,衽正龙一,襞积处前后团龙各九,裳正龙二、行龙四,披领行龙二,袖端正龙各一。朝服共绣制三十八条龙。正龙是龙头面向正面,左右对称。行龙是龙行走之态,观其侧面。皇帝、皇后穿明黄色,贝勒以下穿蓝色或石青色。蟒袍,是袍上绣蟒纹的袍,上自皇子下至九品都穿蟒袍,要以服色及蟒的多少分别品级。皇太子用杏黄色,皇子用金黄色,贝勒以下用蓝色、石青色。贝勒、贝子均为四爪九蟒。镇国公、辅国公的蟒袍与贝子同。龙与蟒的区别,在民间通谓五爪者为龙,四爪者为蟒。其他部分略有差异。补服,是衣服前后各缀有一块补子的服饰。形制比袍短,比褂长,袖端平,对襟,石青色。前后两块补子的图案是区别官职大小的纹饰。亲王,绣五爪金龙四团。前后为正龙,两肩为行龙。郡王,绣五爪行龙四团,前后两肩各一。贝勒,绣四爪正蟒二团,前后各一。贝子,绣五爪行蟒二团前后各一。镇国公,绣四爪正蟒二方,前后各一。辅国公与镇国公同。团指补子的形状为圆形,方指补子形状为方形。镇国公以下,补子均为方形。端罩,是裘装。类似翻毛大衣,毛露在外面。贝勒、贝子用青狐,月白缎做里。镇国公、辅国公用紫貂,月白缎作里。常服袍,是百官平常穿的袍服,颜色和花纹无定制,自随所用。行袍,形制同常服,比常服短,右襟更短,是乘骑所用之服。朝冠,由冠盔、冠檐、冠顶组成。冠檐是露在额上盔外反折向上的一圈。冬冠用各种毛皮为之,夏冠檐不反折向上而敞直,用竹、草、藤之类编织。冠上加缀红缨。冠顶层数与镶嵌的珠数是区别官职的标志。贝勒,顶二层,东珠七,上衔红宝石。贝子,顶二层,东珠六,上衔红宝石。镇国公,顶二层,东珠五,上衔红宝石。辅国公,顶二层,东珠四,上衔红宝石。

3.民衣

普通牧民穿的衣服,是蒙古族服装的主流,绝大多数人穿用民衣。民衣男女有别,童叟分式,种类繁多,颜色各异。民衣通称衣饰。衣饰指衣裳与饰物。如果细分,衣裳可按人体结构分为头衣、体衣、足衣三部分。饰物可分为首饰、腰饰、足饰等。

1)头衣

帽冠,服饰的重要组成部分,也称首服。在历史上帽冠可按性别、年龄、职业予以区分,但是随着社会的发展,人的文化素质的变化,现代逐渐消除了这种区别。黑龙江蒙古地区的帽冠,主要有以下几种。

缠巾:是古代蒙古族用以缠头的布巾或绸巾。过去不论男女老幼都有缠头的习俗。暖季缠头耳朵露在外边,寒季缠头也可把耳朵缠在里边。早期缠巾不打结不留穗。后来为了美观起见,以男右女左的古俗垂下巾穗。近代受中原文化的影响,又演变为男左女右打结巾穗。未婚妇女和小孩子缠头不封顶。

帽子:蒙古语称"玛拉格"。蒙古族的帽式种类繁多,大致可以分为以下八种。大圆檐高圆顶钹形冠帽。有七宝重顶冠、珠子卷云冠、金凤漆纱冠、白藤宝贝冠等,用毛毡、呢绒、皮草、绸缎、布帛、竹草等为之。帽顶端中心用红珊

31

图13 尖顶立檐帽(左)、圆顶立檐帽(中)、圆顶卷檐帽(右)

图 14　元代蒙古族妇女的固姑帽

瑚、红玛瑙或红线穗、雉尾、鹅翎装饰,这类冠帽在元代最为盛行。圆顶无檐帽。有圆尖顶、漫圆顶两种。如陶日奇克玛拉格、喀拉喀帽属圆尖顶,帽顶端有用红线编织的算盘疙瘩。漫圆顶圆帽。帽顶无装饰,而帽边缘有各种装饰。圆顶立檐帽。有圆顶立檐、尖顶立檐、平顶立檐三种。京帽,俗称红顶子帽,属于圆顶立檐。布利亚特帽,又称红缨帽,属尖顶立檐帽,立檐帽一般在后面都缀有两个红飘带。圆顶卷檐帽,又称礼帽,是在中原毡帽基础上,逐渐演变而成,现代蒙古族戴这种礼帽的人居多。暖帽,自称蒙古帽,他称鞑子帽,近代称作风雪帽。有尖顶、漫圆顶两种。前额有很窄的小檐翻卷。后有坡,内挂貂、獭、银鼠之皮,遮盖颈部,抵御风雪,暖和、美观。笠帽,由藤、竹、草、木编织而成,形如倒置的升斗,方底方顶,上小下大,也有圆底圆顶者,轻便、凉爽、简易、大方。动物形帽,如鹰帽、喜鹊帽、虎头帽、鹿头帽等。造型逼真,富有生活气息,多为儿童所用。固姑帽,这是元代草原上最盛行的一种女式帽冠。固姑呈圆筒形,上窄下阔,也有的帽顶呈方形的。高一尺五寸至二尺之间,用木或铁做帽架,外边围以桦皮、青毡或绫罗,并缀以珠玉,帽尖插一枝条,用翠花、金帛,或孔雀翎、雉尾饰之。除上述蒙古式帽外,其他民族的鸭舌帽、制帽、凉帽、草帽、四喜帽、剪绒帽、土耳其帽等也都传入蒙古地区,被蒙古族所接受。

皮围脖：是蒙古族从狩猎生产时期流传下来的一种简易防寒服饰。一般用整个的貉子皮、狐狸皮、貂皮、羊羔皮做围脖，制作时，不能将皮张割开，要保持动物原形。

耳包：有圆形、桃形、耳形，里面缝以各种兽皮，外面以彩缎做衬，绣以各种图案，并配以精美的飘带垂于胸前。

皮围脖与耳包，虽不属帽冠，但它的功能起到了与帽冠同一的作用。为此，将它列入头衣范畴之内。

2）体衣

过去按中原地区的说法，对衣服的称谓是上为衣（上衣）、下为裳（裤子），合称为衣裳。而蒙古族除了有区别的衣和裳外，还有一种衣和裳合而为一的袍服，而且袍服是蒙古族的主要服装。综合起来衣裳主要有以下几种。

蒙古袍：是蒙古族所穿长衫的统称，蒙古语称"蒙古勒浩布赤斯"，也称"德额勒"。其中单衫称"恰莫赤"，夹袍称"特日力格"，棉袍称"葩莫"，皮袍称"裪哈"。男袍，长袖、宽襟、左衽、无领、身长而肥大、不开气、无纽扣用布带系、腰间扎带子。女袍，短袖、不扎腰带，其他与男式相同。元朝以后蒙古袍左衽改右衽，无领变高领，同时还有方领、圆领等不同款式。男袍以蓝色、墨绿色、紫色、咖啡色、烟色为主，其中老翁喜穿古铜色。女袍以红色、粉色、绿色、浅蓝色、乳白色、花色为主，其中老妪喜欢穿墨绿色。蒙古袍的领口、袖口、下摆、衣襟均用各种花边镶饰。

图15　蒙古族女性老年、壮年服饰

坎肩：蒙古语称"奥吉"或"乌吉"。奥吉有两种，一种是无领无袖，短及腰间，套在长袍外边，男女皆穿，但多为男性用；另一种是女式坎肩，长到过膝，前后左右均开衩，胸与襟镶花边，套在长袍外边穿。近代，坎肩款式变化多端，坎肩大襟既有对襟，又有左衽、还有右衽；有前后开衩，也有两侧开气；有带领的，

33

也有无领的。古代时，未婚妇女不穿坎肩，当代已无区别，我国蒙古地区，鄂尔多斯部落妇女的坎肩最为多彩。

图16　蒙古族女性青年服饰

披肩：蒙古语称"扎哈"或"贾哈"。披肩用以护胸、背及两肩。女式"扎哈"背部下垂呈椭圆形；男式"扎哈"较长，可扎在腰带中。披肩里面挂珍贵轻软毛皮，外面绣以各种花纹图案。披肩在蒙古袍外穿，非常潇洒美观。

比甲：是前有衣裳但没有衣襟，后身较长，无领无袖，用布带襻结的一种短衣，方便骑射。后来的坎肩、袍罩等就是由比甲发展演变而来。

裤了：蒙古语称"额莫德"。蒙古族不甚讲究裤式。古代不论穿多么珍贵的衣服，里面也只穿一条白布裤子。裤子款式肥大，长腰，前不开口。

套裤：据文献记载，蒙兀室韦时期就习于穿胯，胯就是无裆、无腰的套裤，上部有系带，套在裤子外边，用带系在裤腰带上。套裤有棉的，也有皮的，是牧民防寒最方便、最实用的一种服装。

护膝：是用羊皮做的约一尺多长的一个皮筒，套在裤子外边膝盖处，以防寒冷，简便、易做适用。

图17　蒙古族男性壮年服饰

3）足衣

指靴、鞋而言。蒙古族在游牧时期以靴为主，半农半牧后才有鞋出现，后来逐渐靴鞋并用。

靴鞋：蒙古语把靴子统称为"古图勒"，鞋称"沙亥"。草原上的蒙古族，在过去不分男女老幼都穿靴子。靴子有皮制、布制、毡制三种。皮靴叫"阿日森古图勒"，布靴叫"马亥"，毡靴叫"伊斯给古图勒"。具体可分为以下六种靴鞋。

蒙古靴：革制，特点是尖上翘，犹如鹰嘴倒置，所以也称鹰嘴靴。连接靴帮与靴勒接头处，连接左右两侧靴筒的接头处，均镶嵌彩色牙条。冬季穿的蒙古靴，靴里衬毛皮或毡，夏季穿的蒙古靴，靴里衬革皮或布。

马靴：革制，它的特点是高筒。靴尖有上翘的，也有圆头的。靴头宽大，靴勒高瘦。因骑马放牧或征战用，故称马靴。马靴右只左侧、左只右侧靴帮后跟和靴筒上都加有一个皮疙瘩，目的是骑马磕鞍鞴时，减少对靴子的磨损。马靴所以要高筒，也是为了骑马的人磕鞍鞴时不磨腿。

马亥：布制靴。靴帮与靴勒上绣制各种花纹图案，尤其妇女、小孩子穿的马亥图案更为精美。马亥穿着柔软舒适，夏季防蚊虫叮咬，冬季防滑、防寒，乘马行路灵巧方便。

毡靴：用羊毛或驼毛擀成的靴子，与擀毡袜子的工艺同。毡靴的特点是轻便，保暖性好，尤其雪地更适用。

翻毛靴：用野生动物腿的皮子制作的。制作时，将皮子熟好，毛朝外，皮板朝里缝制，靴里衬以毡。特点是轻便不沾雪，打猎时在深山老林中穿用最好。

图18　布靴马亥（左）与蒙古皮靴（右）

绣花鞋：明朝以后，草原上出现了不带高勒的绣花鞋。绣花鞋种类繁多，有双鼻梁绣花鞋、高脸绣花鞋、尖舟形绣花鞋、高底座绣花鞋、圆脸绣花鞋等。绣花鞋的图案大致可以分为三类，即花卉、昆虫、禽鸟。这些图案都来自游牧民族的实际生活，蒙古民族历来是逐水草而牧，对草原上的花卉、昆虫、禽鸟了如指掌，所以蒙古妇女把这些花草虫鸟描绘得栩栩如生也在情理之中。绣花鞋多为妇女、儿童穿用。

除上述六种蒙古式靴鞋外，还有从鄂伦春、鄂温克、满族、汉族传入的奇哈密、胶鞋、皮鞋等。

图 19　蒙古族妇女的绣花鞋

4.饰物

也称佩饰。分为头饰、腰饰、足饰等。佩饰是蒙古族服饰的重要组成部分。蒙古族身穿蒙古袍后,还要佩戴一些饰物和生活用具。这些饰物和用具,一般都是手工艺品,经过潜心制作均成为艺术珍品,既有欣赏价值,又有收藏价值,更有实用价值。蒙古族的饰物主要有以下几种。

1)头饰

也称首饰,多为妇女用,个别头饰男人也用,但为数很少。

额莫格:是小耳环。银质为多,镂以各种图案,有的镶嵌各色宝石、珊瑚,小巧玲珑,多为未婚女青年所戴。

绥赫:是耳坠。用银片和圆柱形或圆球形珊瑚串起来的一种饰物。3 厘米~5 厘米长。一个耳上戴 2~4 只,多者戴 8 只。已婚妇女戴耳坠为多。

哈特呼日:是钗。金、银、玉所制。形状各异,工艺有简易的,也有复杂的。一般

图 20　银钗(上)、银簪(下)

是龙、凤、花、鸟、蝴蝶、蝙蝠形的为多,是已婚妇女盘云髻上所用的。尤其新婚妇女发式,必须插钗,以示华丽荣耀。

旭日:是珊瑚带。把绿松石、玳瑁、琥珀、珊瑚加工成珠、条、圆柱、扁圆、方、菱等形,用线串起来,然后连缝在一条宽 3 厘米~4 厘米,长 20 厘米~30 厘米的布带上,盘在前额上方的头发上。

扎斯勒：是银座，也叫头箍或额箍。实际是固定各种头饰的一个总盘。所有的珠、链、疏、穗、片等都在银座上各就其位。蒙古妇女头饰名称，因地而异，各自不同，但是都少不了这个总盘，在总盘下分流出各式各样的头饰名称和发式名称。

簪子：是绾住头发的一种首饰。银制，柳叶形为多。妇女盘头时少不了的一种饰物。

2）手饰

顾名思义，是戴在手上的饰物。主要有以下四种。

字勒京：是戒指。金银制品，有的镶嵌宝石、珊瑚、绿松石等。男女均戴。未婚姑娘戴在小指，已婚妇女戴在中指。

箔箍：是手镯。银、玉制品。蒙古族习惯双手戴镯，但未婚姑娘只戴一只手镯。

珊瑚链：是年轻姑娘和小孩佩戴的一种手饰。将珊瑚珠串起来，类似手镯似的戴在手腕上，很美观。

图21　耳坠（左上）、珊瑚带（右上）、银叉（左下）、银镯（右下）

阿勒楚日：是手帕。青年姑娘在绸缎上自己刺绣而成。待人接客时拿在手中。以炫耀自己的技艺。平时挂在上衣右襟上方或放在荷包内。

3）腰饰

是佩戴在腰间的饰物和用具。主要有以下几种。

腰带：蒙古语叫"布斯"。它既属服装范畴，又属于饰物。总的来说，蒙古族男女老幼均结腰带，以方便乘骑、走路，冬天又防寒风。但是妇女则不同，未婚女性可以系腰带，并在腰后两侧留有带穗，以区别是女性；而已婚妇女则不系腰带，俗称"布斯乌贵"，意为不系腰带的人。后来"布斯乌贵"一词逐渐演变为"女人"的代名词了。

赫特：是火器，汉语称火镰，用精铁与燧石相撞所产生的火花，用一种草制的火绒引燃而用。将这种燃火器装在一个秀丽的彩袋内，与蒙古刀合挂在腰间,统称为"赫特呼图嘎"。

蒙古刀:蒙古语称"呼图嘎"。是游牧民用的餐具,由刀、刀鞘、象牙筷、绶带组成。刀与柄长25厘米~26厘米,刀鞘长16厘米~17厘米,象牙筷长19厘米~20厘米。把刀插在鞘里后,整个蒙古刀长26厘米~27厘米。蒙古刀的刀柄与刀鞘均用檀木,然后用银片或铜片镶嵌。装饰的银片、铜片上镂有二龙戏珠、蝙蝠捧月、奔马飞鹿、喜鹊登梅、吉祥如意等各种图案。它不仅仅是个餐具,同时也是一件供人们欣赏的艺术品。刀鞘里不仅能放刀,同时旁边还有放象牙筷的两个小孔。筷子均用象牙或象骨制成。蒙古刀是蒙古牧民不可缺少的工具。在草原牧区,吃手把羊肉、宰杀牛羊都用蒙古刀为之。上山放牧、打猎还可防身。蒙古刀有多种功能。平时人们把它与赫特佩挂在腰带的右侧。后来由于火柴的广泛应用取代了火镰,人们只佩挂刀,可是习惯上仍称"赫特呼图嘎"。

荷包:蒙古语称"孛仁哈布塔盖"。因形如睾丸而得名。当然荷包并不限于这一种形状,现在的荷包有荷叶形、桃形、石榴形、葫芦形、番茄形、椭圆形、心形、长条形、菱形等。制作荷包时,首先用糨糊将四五层布粘在一起,打成布板晾干,北方人俗称"搁板"。然后把搁板剪裁成荷包形状,再用鲜艳的绸缎做面料,粘在荷包布板上,用针鼻蘸

图22　火镰与蒙古刀

图23　蒙古族姑娘学做荷包

图24　烟荷包

烟粉水汁把图案描在面料上,接着用彩线刺绣。绣完后里面缝上衬布,荷包袋口穿上彩色抽带,便成为荷包。荷包的绣制来自蒙古女性之手。蒙古族女孩长到十二三岁时,就开始向母亲或姐姐学习做针线活,到十七八岁后,就可以独自绣制了。荷包,是一种饰物,但也有一定的实用价值,可以装鼻烟壶、

图 25 鼻烟壶

烟草、香料、首饰、针线、手帕之类物品。荷包的图案来自草原游牧生活。荷包主要作为信物和礼品相互赠送,以示纪念。青年姑娘要把亲手刺绣的荷包赠给爱慕的情人作为订婚信物;两个朋友之间相互交换或单方赠送可作为纪念;有人远离家乡时,家人给他佩戴荷包以作思乡之物;街坊有个大事小情送荷包,表示邻里情谊;外地来贵客馈赠荷包以示尊敬;老人给晚辈送一个荷包可作为吉祥之物等等。男人和妇女均佩戴荷包。

古呼热:是鼻烟壶。把它装在精制的鼻烟壶袋中佩戴在身上,也很潇洒。

哈布塔盖:是烟口袋。制作烟口袋时要用两片浆过的硬布缝制成宽9厘米、长18厘米左右的长方形小袋,内部用布挂里,外部用绸缎做面料,上面刺绣图案,然后将上半部折叠成4厘米宽的烟口袋嘴,用抽带抽紧,抽带穗约长10厘米~15厘米,末端用玛瑙、珊瑚做装饰。哈布塔盖用于装烟草。

4)足饰

是指戴在脚上或靴鞋上的饰物。这类饰物古代时较多,近代以来逐渐消失。现在保留下来的有以下几种。

脚镯:银、铜制品。老年人戴在脚脖上。

骨串:将黄羊、狍、野猪等兽骨磨成直径1厘米左右的圆球或其他形状,然后用绳穿成串,戴在脚脖上。

刺马针、匕首,插在皮鞋靿中。既是防身武器,又是生活用具。一物多能,安全方便。尖羊角,插在靴鞋的后靿中。主要用于制作马笼头、马嚼缰等皮制用具时穿眼搭缝引皮条等时用。

第二节 饮 食

饮食是民族文化的重要组成部分,"民以食为天",说明了饮食文化的重要性。饮食文化与民族的物质生活和精神生活有密切关系,一个民族的生产方式,往往构成了这个民族的饮食特点和习惯。黑龙江蒙古族的饮食主要有四种,即查干依得根(白色食品即奶食品)、乌兰依得根(红色食品即肉食品)、豹日依得根(紫色食品即粮谷食品)、呼和依得根(青色食品即菜果)。

1.奶食品

主要分为奶脂、奶制品酪类、奶制品饮类三大类。

1)奶制品脂类

有生奶油(涿亥)、奶皮子(乌乳莫)、白油(查干陶苏)、黄油(昔日陶苏)、黄油渣(戳戳亥)等五种。

生奶油:就是将鲜奶经过过滤后,装在容器里,不遮盖,在20℃左右的温度下放置七八个小时使鲜奶发酵,形成奶豆腐,在奶豆腐上面浮着一层脂肪,这就是生奶油,在东蒙地区称"乌乳莫"。是奶食品中的上品,可搅拌炒米、稷子米饭吃,也可放在奶茶、面食、蔬菜中食用。

图26 生奶油

奶皮子:是把鲜奶放在容器中加热,煮开后不断地用勺扬汤止沸,使奶锅中产生很厚的一层泡沫,再用炊火煨,泡沫逐渐凝结成一层脂肪,放置10个小时左右,奶汁冷却后,用根细棍条从奶锅中心将结成的脂肪挑起来,形成半圆形,放在盖帘上,在阴凉处晾干,即成奶皮子。奶皮子酥脆适

图27 奶皮子

口,味美香甜,是奶食中的佳品。通常用于祭祀、进贡、送礼或招待尊贵的客人。

白油:从生奶油中提炼,将生奶油放置在过滤袋中,挂在高处进行过滤,去除生奶油中的水分。然后将去除水分的生奶油放入容器中进行搅拌,将奶水分离出去,剩余的物质就是白油。白油有解毒的功能,尤其对有胃肠病者,吃点白油能起到缓解的作用。

黄油:是从白油中提炼而成。将白油放在锅中加热后,逐渐形成纯净的黄油。《蒙古族饮食文化》一书则认为,白油与黄油,是同时从生奶油中提炼的。将生奶油放置容器中加热后,浓度较稀在上面的是黄油,而浓度较稠在下面的是白油。

还有一种戳戳亥(黄油渣),也属于奶脂类。这是提炼黄油后剩余的残渣物,也可食用。

2)奶制品酪类

有乎日德(奶酪)、查嘎(凝固熟酸奶)、阿日扎(软奶酪)、阿如勒(干奶酪)、额哲该(奶干)、必西拉格(甜奶酪)等六种。

乎日德:是指奶酪。将发酵的酸奶豆腐用锅加热,蒸发水分,并将昔日斯(酸奶水)撇出,剩余的干固质用勺背搅和,直到凝固成一体为止,然后装入模具成型,阴干,即成奶酪。食之半硬半软,微酸,健胃,不腻,增加食欲。

图28 奶酪

查嘎:实际上是指半凝固的熟酸奶,也就是酿造奶酒剩余的奶液,再进行加热,便成半凝固的物体就是查嘎。

阿日扎:是指软奶酪。将查嘎装进布袋中,放在两块木板中间,上面用有一定重量的物体压上,使其水分被挤出,剩余的就是软奶酪。

阿如勒:是指干奶酪。把阿日扎,即软奶酪放在木板上切割成条、块或用

41

图29　奶干

手攥成小碎块,晾干,即成阿如勒。

额哲该:是指奶干。将去脂奶加发酵的酸奶水,用锅加热烧开,蒸发水分变成干固质,然后装入过滤袋中过滤,再从过滤袋中取出,切割成条或用手攥成小块晒干,即成奶干。奶干质硬,味甜可泡奶茶,也可嚼吃。奶干不酶,存放时间长,携带方便,四季皆宜。

必西拉格:是指甜奶酪。甜奶酪有两种:一种是去脂奶甜奶酪。将去脂奶加热再加入百分之十左右的发酵的奶水即昔日斯或艾日格,去脂奶立刻变成粥状,继续加热后将酸奶撇出,剩余干固质包在布包中,放在两个板中间,上面压重石,将水分挤出,然后从布包中取出晒干即成。另一种是生奶甜奶酪,将生奶加热再加入酸奶水或艾日格,加热的生奶立刻凝固,这时用勺搅动,再加热,其余工序与去脂奶甜奶酪同。甜奶酪一般在春秋时节用羊奶、山羊奶制作。

除上述六种外,还有楚日、舒古日莫格、乎日玛格、楚日玛、尉日莫格,等等。奶酪类制品在蒙古地区,同一种食品名称有别,做法各异,所以只能介绍大致状况。

3)奶制品饮类

有牛奶(乌年苏)、马奶(沽温苏)、驼奶(英格因苏)、羊奶(浩宁苏)、山羊奶(依曼苏)、奶酒(萨林阿日黑)、马奶酒(策格)、酸奶子(艾日格)、粥状奶酪(塔日格)、酸奶汁(昔日斯)、奶茶(苏台切)等。牛、马、驼、羊所产的鲜奶还可分为:初奶(乌日格苏)、生奶(妥黑苏)、熟奶(伙如鲁格森苏)、去脂奶(宝勒高格森苏)、奶豆腐(额德格森苏)等。

鲜奶:就是指从乳牛、牝马、雌驼、母羊乳房中挤出的奶汁。产仔后第一次挤出的奶叫初奶,色黄、质浓、营养丰富;生奶是指平常挤出的鲜奶经过过滤后饮用的奶;熟奶是指鲜奶经过高温煮沸后的奶;去脂奶是指经过高温将

42

脂肪分离出后的奶；奶豆腐：是指生奶发酵后变成豆腐状的酸奶。鲜奶的营养成分极为丰富。据《蒙古饮食文化》一书介绍，鲜奶中平均每 500 克含蛋白质 1.75 克、脂肪质 20 克、碳水化合物 23 克、钙 550 毫克～600 毫克、磷 1 000 毫克、钾 600 毫克～750 毫克、镁 50 毫克～100 毫克。特别是马奶的化学成分，更为引人注目。每 100 克马奶中含蛋白质 2.2 克、脂肪质 1.6 克、乳糖 6.8 克、维生素 B_1 10.09 毫克、维生素 B_2 20.061 毫克、维生素 C 11.5 毫克、维生素 E 0.24 毫克、钙 61.6 毫克、磷 25 毫克、铁 0.27 毫克、铜 0.01 毫克、锌 0.7 毫克、锰 0.01 毫克、镁 5.8 毫克以及适量的铬、钴、碘、钾等。羊奶脂肪质占 8.6%、蛋白质占 6%、乳糖占 4.5%、矿物质占 0.9%、乳酸占 26%。总之，鲜奶对人体益处颇多，不仅能健身，同时又能医疗各种慢性病，还是招待客人的特殊饮料。

奶酒：蒙古语称"萨林阿日黑"。酿造奶酒用牛、羊奶，但主要用牛奶。将用牛奶制成的艾日格盛在锅中慢火加热，锅上装一个两三米高的圆锥形的木制蒸屉，蒸屉上口吊一口小型生铁酿酒锅，蒙古语称"吉勒布其"，酿酒锅下边，蒸屉上口置一个陶瓷或其他质地的装酒容器。最后将蒸屉与吊锅连接处用布或毡封闭，以免漏气。这时酿酒吊锅里盛上凉水，下面盛艾日格的大锅继续加热，锅内的艾日格遇热变成气体蒸发，蒸汽碰到装凉水的酿酒锅锅底后，变成水珠，滴入挂在蒸屉里面的容器中，即成奶酒。这种初酿酒叫"苏布苏"，也就是淡酒；将苏布苏再酿一次，叫二酿酒，也叫回锅酒，称"海日古路格森阿日黑"；将回锅酒再酿一次，叫三酿酒，称"阿日扎"；将阿日扎再酿一次，叫四酿酒，称"浩日扎"；将浩日扎再酿一次，叫五酿酒，称"昔日扎"；将昔日扎再酿一次，叫六酿酒，称"宝日扎"。酿造的次数越多，酒的质量就越好，酒的度数也相应的提高。对奶酒的名称以及工艺流程说法不一。据《蒙古族风俗志》记载："六蒸六酿工艺流程者方为上品。其名称也根据回锅的次数多少而异。头次酿出的奶酒度数不高，叫阿尔乞如；回锅后再加些鲜奶子，二酿的酒称阿尔占；三酿的叫浩尔吉；四酿的叫德善舒尔；五酿的叫沾普舒尔；六酿的叫熏舒尔。"这里记载的阿尔占、浩尔吉与阿日扎、浩日扎是同名异译。其他名称就不同了。

马奶酒：有叫"额策格"的，也有叫"策格"的，实际"策格"在蒙古语中是

酸马奶之意。在一些历史著作中也有称"忽迷思"的。酿制马奶酒,首先将马奶装入皮瓮或特制的装马奶酒的容器里,然后兑入用牛奶制成的已经发酵的酒曲或陈奶酒曲做引子,使马奶发酵。装好奶和酒曲后,每天用一根特制的木杵不断搅动,隔两三天后尝尝,味微酸者为佳,数天后乳脂分离,酒浆自出。这样酿制的马奶酒酒精度极低,一般在 1.5%~3%,饮之兴奋不易醉。马奶酒醇香浓烈,营养丰富,是招待客人的上品。元代时,宫廷宴会均饮马奶酒。马奶酒味酸、甘、涩,药用价值很高。据蒙古医典介绍,酸能开胃,助消化,祛湿,行气;甘能补弱,治伤骨,舒络,解毒;涩能化瘀,消肥胖,润肤,生肌。蒙古国设立有专门的马奶酒疗养院,可见其作用匪浅。马奶酒不仅仅是可口的饮料,同时对人体具有滋补功效。马奶酒中蛋白质含量占 2.7%~3.5%,脂肪占 1.6%~2.46%,乳糖占 6%,矿物质占 0.31%,并含有大量的维生素,对治疗结核、胃肠病、气管炎、风湿症、妇科病均有良好疗效。马奶酒的历史由来已久,据《蒙古秘史》记载,成吉思汗第十代先祖孛端察儿时期,生活在通戈力格河畔游牧的蒙古部落就酿制马奶酒,孛端察儿经常到这个部落去讨"策格"喝。这是蒙古族饮用马奶酒最早的文字记载。在《马可·波罗行纪》中有"鞑靼人饮马乳,其色类似白葡萄酒,而其味佳,其名曰忽迷思"的记载。《鲁不鲁乞东游记》中,对蒙古族制造马奶酒作了详细的叙述,他说:"酿造黑忽迷思时,搅拌马奶,直至奶中所有的固体部分下沉到底部,像葡萄酒的渣滓那样,而纯净的部分留在上面,像乳清或白色的发酵前的葡萄酒汁那样。纯净的液体则归主人们喝,它无疑是一种非常好喝的饮料,并且确实很有效力。"到了元代,马奶酒已成为宫廷中的国宴饮料,称"元玉浆",升为"蒙古八珍"之一。所谓蒙古八珍指醍醐、麆沆、野驼蹄、鹿唇、驼乳、麋、天鹅炙、元玉浆。到了现代,马奶酒沿传不衰,成为蒙古族男女老幼人人皆饮之佳酿。酿造马奶酒,当在青草茂盛,骒马产驹之季,开始挤马奶酿造"策格",入秋后,马驹合群,停止挤奶。因此,从入伏到中秋为"策格乃仁查嘎",即饮马奶酒的欢宴季节。

艾日格:即酸奶子。将鲜奶放入奶桶或奶缸中,保持 25℃~30℃的温度使其发酵,奶开始起泡沫,味变微酸。此时,用木制杵杆不断地搅拌,最低要搅拌一千多次,将奶脂分离出来,即成酸奶子。另外将已经发酵的奶豆腐的酸奶汁倒入奶桶中,然后加奶,使其发酵,也可制成酸奶子。酸奶子,保持稍稠的液体状态,它是酿制奶酒的原料,也是平时饮用的饮料。它有止渴生津、解暑散表的作用。

塔日格:是粥状液体奶酪。一般都在冬季制作。先将酸奶汁加热放入瓮中,然后加入生奶或熟奶均可,再用木杵进行搅拌,搅匀后盖好瓮盖,使其保持一定的温度,即可成为塔日格。塔日格形为糊状,味甜而微酸,饮而不厌。

昔日斯:是酸奶汁,这是从发酵的各种奶中分离出来的黄色夹带微绿色的一种汁。味酸,很少有人饮用,有时可做药引子,也可做塔日格的原料。

奶茶:蒙古语称"苏台切"。奶茶的主要原料是茶与奶,辅料有羊油、奶油、奶皮子、羊尾肉、炒米、炒面、盐等。煮奶茶时先将茶砖捣碎放入茶锅中,然后加清水加热煮沸,用勺扬汤止沸,经几次搅拌后捞出茶梗茶叶,加入鲜奶,继续加热熬茶,用勺扬汤止沸,最后放少许盐,即可饮用。这是较为普遍的煮茶方式。根据各地区各家庭需求的不同,有的在奶茶中放奶油、奶皮子、羊尾肉,有的用羊油炒面、炒米后再加水加茶。东部地区蒙古族有的部落饮用的奶茶,是在清水中倒入鲜奶,煮沸后加盐即饮,不加茶和其他任何辅料,称这种奶茶为"清奶茶"。用茶砖煮奶茶,这是现代蒙古族的风俗。过去没有茶砖的时候煮奶茶用的茶料有好多种。据史料记载,有柞树叶、榛子树叶、文冠树叶、地榆叶、梨树果叶、山丁果叶、欧李果叶、黄芪、北芪、茶花、山藤、覆盆子、木香花、莎蓬、燕麦、稷子等等。分别用这些植物的叶、茎、根、花、果煮奶茶或单独泡茶。这些植物营养丰富,具有一定的药用价值。尤其茶砖,有丰富的维生素C、单宁、儿茶素、蛋白质、鞣酸、芳香油等人体必需的营养成分。奶茶有提神、利尿、养胃、解毒、祛火、明目之功效,增强人的抵抗力。

2.肉食品

蒙古族从森林走向草原,从狩猎过渡到游牧,除了食用动物乳之外,肉类也是他们的主要食物。在漫长的历史长河中,创造了名目繁多种类各异的肉食佳品,有些传统食品经过几个世纪的流传检验,久负盛名。蒙古族所食肉类有：家畜、家禽有牛、牦牛、绵羊、山羊、骆驼、鸡等；野兽、野禽有驼鹿、驯鹿、狍子、岩羊、盘羊、青羊、黄羊、山兔、旱獭、松鸡、榛鸡、沙鸡、雉鸡、鹌鹑、大鸨、灰雁等。

畜禽兽种类虽多，但主要吃羊肉，羊肉制品有如下几种。

秀斯：口语也称"舒斯"，原意为汁、液或浆，现在引申为吃肉食品的敬词。摆秀斯宴，是蒙古地区最古老的传统习俗，凡遇生诞、婚嫁、丧葬、喜庆、年节、祭祀、礼仪、集会、宾宴等都要摆秀斯。宰杀摆秀斯的羊，要在羊胸口割一小口，将右手指伸进，掐断其动脉，血流进腹腔而死。然后剥皮、拆卸、清理内脏，以备加工食用。秀斯的种类很多，主要根据内容和需要来确定等级。

1）全羊宴

蒙古语称"布合勒"，意为"全"或"整个"。这是秀斯中的最高等级。全羊宴有两种。一种是将羊宰杀后，清除内脏，不拆卸，下锅煮，煮熟后将整羊盛入木盘中上桌。另一种是拆卸后，将两个前肢、两个后腿、后腰、脊椎、羊头等七件盛入木盘上桌。将这七件逐个分解，可分成两个肩胛、两个肱骨、两个前臂骨、两个胯、两个股骨、两个胫骨、羊头等共十三件。摆秀斯时，先将两个前肢分左右放在木盘前半部，再把两个后腿分左右摆在两个前肢的后面，四肢中间放脊椎，脊椎上面扣上后腰，看上去就向一只羊趴在盘中。最后将羊头放在后腰上。也就是说，除了羊的前胸、短肋、五脏、蹄子之外的肉全部上桌。摆完秀斯后，还要用奶食品作以装饰，以示吉祥。

2）小全羊宴

蒙古语称"哈嘎斯秀斯"。用羊后腰、两个前肢、胸椎、无下颌的羊头等五件摆秀斯。摆放时，先将胸椎横放盘中，然后将两个前肢放置在胸椎前两侧，上面扣上后腰，腰上放置羊头。小全羊宴的用料各地不一，有的地方则用肩胛、四条长肋、胸椎、胫骨等四件摆小全羊宴来代替全羊宴。

3）半羊宴

蒙古语称"窝日格勒秀斯"。用羊后腰、右前肢、左后腿等三件摆秀斯。摆放时,前肢在前、后腿在后,上面扣以后腰。

4)全腰宴

蒙古语称"布合勒乌查秀斯",也称"乌查宴"。摆放时将羊后腰脊向上并配以胸椎、肩胛、四条长肋骨、胫骨等,然后用奶食品加以装饰。

5)短腰宴

蒙古语称"敖呼尔乌查秀斯"。将羊后腰从尾根骨向上去掉五节后保留三节腰骨,放在木盘中,并用胸椎、胫骨围起来,然后用奶食品加以装饰。

6)贵勒格乌查秀斯

将羊后腰从尾根骨向上去掉五节后,取六节带脊椎骨的后腰,共卸成三块,两节为一组。一般宴请一两位宾客时摆这种秀斯。

7)羊头宴

蒙古语称"陶鲁盖秀斯"。就是用整羊头(带下颌)摆秀斯。这种秀斯一般用于祭祀上供,如祭祀成陵、祭祀翁棍敖包、祭祀长生天、祭祀旗纛等。

8)肩胛宴

蒙古语称"达勒秀斯"。用无下颌的羊头、胸椎、两个前肢、后腰等五件做肩胛宴。两个前肢似卧羊形摆放,胸椎横放在前肢上面,胸椎上面扣以后腰,后腰上置羊头。还有些地方只用羊的右前肢和胸椎做肩胛宴。

9)四肋宴

蒙古语称"达勒都日本温都尔秀斯"。将羊的两个前肢分解后将软骨去掉,装在盘中,上面放置四条长肋。这叫四肋宴。但这种秀斯禁忌招待舅舅、外甥等母系方面的亲属。

10)胯骨宴

蒙古语称"苏吉敦达其木格秀斯"。以羊股骨、胯骨、胫骨等三件为主的宴席叫胯骨宴。还可以以其他肉件做配料。这种秀斯主要招待女性客人。

11)前胸宴

蒙古语称"额布出秀斯"。将羊前胸肉整个煮熟,盛盘上桌。这种秀斯主要招待女性客人。

47

12）前肢宴

蒙古语称"哈因秀斯"。将羊前肢按节卸开装盘，并配以碎肉来招待客人。

13）烤全羊

蒙古语称"珠玛"，也有的叫"郝尼希日那"。烤全羊是从古到今蒙古族宴席中最讲究的一道名菜。民族特点最浓，色味香形俱佳，只有在成吉思汗陵祭奠、民族大庆典、大型宾宴上才献烤全羊。这种饮食风俗沿传至今不衰。烤全羊要用两岁绵羯羊，毛无杂色，用掏心法宰杀，用开水烫后煺毛，开腔取出内脏，羊腔用清水洗净，然后放置各种调料腌浸腹腔，外面刷上奶油，整羊腌透后，风干再放入烤炉，将整羊用铁链吊挂，关闭炉门，

图30　烤全羊

四面加热，烤五个小时后出炉。烤全羊，色泽金黄，羊皮酥脆，肉味鲜美。烤全羊上席前，要装入大木盘，羊体平卧盘中，前腿跪曲，后腿前弯，头高抬，尾下摆。羊头挂一条白色哈达，以示吉祥。近几年改挂一条红绸布。然后，抬进餐厅，让客观览。绕场一周后回餐厅改刀后上席。上烤全羊要分部位装盘上桌。先上羊皮，再上羊肉，接着上羊下水，最后上羊骨、羊汤。伴随着上荷叶饼、鲜葱、面酱等。使每个用餐者都能享用全羊的各个部位。

14）奶油烤羊腿

首先将羊腿用各种调料腌制，腌透后阴干，表皮抹一层奶油，然后放在炉中烤或放在炭火上烤，烤熟后，外焦里嫩，色泽金黄，酥脆适口，香而不腻。

15）成吉思汗火锅

古代时叫铁板烧，现代叫涮羊肉。因为源于成吉思汗时代，所以称成吉思汗火锅。相传它的来源有两种说法：一说是1240年成吉思汗率兵进军乃蛮部，途中围猎宿营时，看见士兵在篝火上燎肉吃，肉熏得焦黑。他灵机一动，将一个士兵的铁盔扣在篝火上，然后拔出腰刀割一片肉放在盔上，立刻烤成外焦里嫩的炙肉片，铁板烧从此诞生。另一说是成吉思汗征西夏时，让每个军士

带一皮囊熟羊肉,行军中食用。由于天天吃冷羊肉,人们都吃腻了。有一天宿营时,成吉思汗发现一个军士正在用头盔在篝火架上烧水,他立即从皮囊中割下一块肉放在头盔里,翻了一个滚,捞出来就吃果然适口,从此火锅诞生了。在当时来说,只是解决吃熟肉和吃热肉的问题。后来在历史的长河中几经沧桑,成吉思汗火锅已经演化为现代的涮羊肉。现代的涮羊肉早已脱离了原始形态,已经成为高工艺的烹调技术。成吉思汗铁板烧西传欧洲,又传东亚,日本国札幌有"成吉思汗——铁板烧饭庄",香港有"成吉思汗蒙古烤烧海鲜火锅饭庄"。遗憾的是在成吉思汗的故土这一技术却已失传。近年由于中外文化交流的频繁,铁板烧工艺又重返家园,北京、沈阳、哈尔滨、深圳等地相继出现了传统的成吉思汗铁板烧。

16)九九全羊宴

亦称九九全羊席。一般来说全羊要具有"型体完整、部位齐全、味道全美"三大特点。但具备其中任何一个特点的也叫全羊。九九全羊席从形式上看并不具备"型体完整"的特点,但其他特点很突出,因而也是典型的全羊。九九全羊席的制作方法是,选择肥羯羊宰杀,然后分卸成四肢、肋条、胸口、椎骨、头尾皮血、内脏等九份。每一份烹制成不同味道的九种菜,共烹制九道八十一种菜。九九全羊席第一道菜是九盘凉菜,第二道是九盘下水,第三道是九盘头尾皮血制成的菜,第四道是九盘汤菜,第五道是九盘爆菜,第六道是九盘干炸菜,第七道是九盘熘菜,第八道是九盘炒菜,第九道是九盘烧菜。九九全羊席由来已久,是蒙古族最古老的、高贵的大型宴席。

17)肉干

是蒙古族传统风味食品。春季宰杀牛羊,将肉切成长条,用盐卤,然后晾干,即成肉干。春天气候凉爽,肉条既不生蛆又不腐烂,肉质不变。晾干后体积小容易保存,游牧时携带方便。吃肉干时用水煮或蒸均可,味与鲜肉无异。

18)肉粉

将牛羊肉切成块,在盐水中煮熟,然后晾干磨成肉粉,装入皮囊中保存。食用时将肉粉盛入碗中一汤勺,用开水沏,盖上碗少许时间,便泡成一碗香喷

49

喷的肉松。每 10 斤鲜肉能晒出 3 斤粉。体积小，游牧旅行携带容易，食之方便。

19) 手把肉

蒙古族吃肉食方法的一种通称。游牧民平常吃肉时不用筷子、叉子之类的工具，而是一手持刀、一手执肉，一块一块地割肉吃，有时没有刀具，就用两手把着肉撕着吃，故得名手把肉。手把肉不是固定的专门的一道菜肴，它是对食肉的方法而言。经过岁月的流逝，现在手把肉逐渐变成了一道肉菜的专有名称。现代人所说的手把肉，就是将羊肉拆成若干块，洗净后下锅煮，不加任何调料。煮熟后盛入木盘上桌，大家围坐在一起，各自用自己的蒙古刀边割边吃，吃时蘸盐水或韭菜花，别有一番风味。

20) 蒙古八珍

也称北八珍、草原八珍，是蒙古族烹调食品中的上品。元朝时就已传入中亚、欧洲各国。有元一代，蒙古八珍是国宴一席、宫廷佳肴，是招待各国使节和贵宾的不可缺少的菜肴。八珍即指醍醐、麆沆、野驼蹄、鹿唇、驼乳、麋、天鹅炙、元玉浆。醍醐：《新华字典》解为"精制的奶酪"，《辞海》解为"做酪时，上一重凝者为酥，酥上如油者为醍醐，熬之即出，不可多得，极甘美"。实际上就是奶皮子，即乌乳莫，从奶中提炼出的精华。古代人食米、面都可加醍醐，也可单独烤吃，香甜酥脆。麆沆：麆为麋之子，麋即獐，所以麆是獐的幼羔，獐肉为高级补品，獐羔肉尤为鲜美。麆沆，就是将幼獐用水蒸煮加调料而食。野驼蹄：即蒙古骆驼蹄，在北方与熊掌齐名。食法有两种，一是红烧驼蹄，二是清焖驼蹄。驼蹄富有胶质，有弹性，营养丰富，食之味美。鹿唇：稀有佳品，北方名肴，配以松蘑，味极鲜。驼乳：高级补品，尤其白驼乳更为名贵，驼乳细腻，渗透力强，有药用价值，对治疗痞疾、肿瘤效果最好，若能天天饮用驼乳，可免疫。麋：即驼鹿，长有鹿角、驴尾、牛蹄、驼颈俗称"四不像"，与獐、狍、黄羊并列，清炖麋是蒙古菜谱佳品。天鹅炙：即烤天鹅肉，制法相当于现代烤鸭，不过与烤鸭不同的是在天鹅肉上擦奶油，里面加野葱，然后在无烟的炭火上烤，使奶油渗透到天鹅肌肉中，颜色金黄，外焦里嫩，味道鲜美。元玉浆：即马奶酒，有清热、祛火、解毒、养精之功效。马奶酒为国宴第一道饮料,老少皆宜,深受内外宾客欢迎。蒙古八珍,都是北方森林草原土产。在历史上曾一度泯灭,清朝以后重新登上烹饪舞台,尤其中华人民共和国成立后,出现了新的局面,深受顾客青睐。

21)全羊汤

从羊的各个部位取适量的肉,加适量的内脏,切成小块合在一起,熬制成汤。味道鲜美,具有祛寒解热的功效。

22)羊脏汤

亦称羊下水汤。取羊心、肝、肺、肾、肚、肠,洗净切成小块,并加以牛酥、胡椒、葱、姜之类熬制成汤。清心适口,不腻不膻,可治肾虚劳损。

23)羊骨汤

羊骨汤可分为全骨架汤和某一部位骨汤。羊骨汤渗透力强,具有祛风湿、舒筋骨、排汗解热的功能,对治疗虚劳、感冒很有益处。

24)白羊肾汤

白羊肾与肉苁蓉、胡椒、草果、陈皮熬制成汤,并加以葱白、盐、酱调之。可治虚劳、阳衰、腰膝无力。

25)羊肚汤

取羊肚一具,内装粳米、葱白、生姜、豉、蜀椒等,下锅熬制,煮烂后五味调和空腹食之,可治中风。

26)巴尔布汤

取羊后腿肉与那合豆(回回豆)、草果、萝卜合一起熬制成汤,加以姜、胡椒、盐等调之。可补中、下气,宽胸膈。

27)沙吉木尔汤

取羊后腿肉与草果、那合豆、蔓菁根一同熬制成汤。可补中、下气,和脾胃。

当然蒙古族的肉食品不仅仅限于上述几种,他们在游猎,游牧生产实践中,创造了诸多种肉食佳肴,如红烧羊胸、炒驼峰、清焖羊蹄、雉鸡丸、炙灰鸽、

51

酱雪兔、烤旱獭、泥烧鹌鹑等等。

3.粮谷食品

黑龙江蒙古族,接触农业较早,农业文化对嫩江流域的蒙古族影响较深,所以饮食中的粮食比例逐渐增多。粮食制品分为面粉、米谷两类。

1)面粉

主要用小麦面、荞麦面做各式各样的食品,尤以荞麦面为主。面食品还保留着民族传统的特点。制作面食品主要有蒸、炸、煮、烙四种工艺。蒸类食品有包子、馒头以及其他馅类面食;炸类食品主要有点心、果子;煮类食品有图古勒汤(犍牛面)、猫耳汤、肉面汤、削面汤、饺子等;烙类食品有亥莫格(锅出溜)、馅饼、羊油饼、葱花饼、千层饼以及荞麦面饽饽等。

包子、馒头之类的食品已与中原饮食文化大同小异,基本无区别。在蒙古地区主要有羊肉包子、牛肉包子、狍肉包子、犴肉包子、奶油糖馅馒头、枣馅馒头、奶酪馅馒头。

炸果:制作点心、果子时,先把白面与植物油、鸡蛋、白糖合在一起,把面和好后,擀成薄片,用刀切成各种形状,用牛肠油或羊油炸即成。炸果香甜酥脆,味美可口,是祭祀、年节以及招待尊贵客人的佳品。

图古勒汤:汉语译作犍牛面。把荞麦面用温水和好后,擀成薄片,用刀切成菱形小块,用白水煮熟捞出。然后把锅刷干净放适量牛奶烧开,将煮熟的菱形面片放入牛奶中煮沸,放适量奶油与盐即可吃。犍牛面滑润可口,奶香怡人,是蒙古族的风味小吃。一般在接羔接犊时,吃这种面食。

猫耳汤:因形状似猫耳而得名。把荞麦面和好后,揪成大拇指大的小块,然后用拇指一捻,便捻成猫耳状的半圆形小片。锅里兑制吉菜汤,放入雉鸡肉丝或山兔肉丝,或者羊肉丝均可。肉丝煮熟后将猫耳形面片下锅,煮熟后加盐及调料即可食。这是蒙古族迎接归猎者所用的一种小吃。

肉汤面:将白面或荞麦面和好后擀成薄片,切成 2 厘米宽 10 厘米长的条,下入煮羊肉的肉汤中,煮熟即可食。这是常见的一种食品。

山葱饺子:用山葱(芒格尔)或山韭菜(高古德)、羊肉馅包成的山葱饺子、

52

山韭菜饺子是草原上的特色佳肴。这种饺子不膻、不腻、鲜嫩、可口。

亥莫格：俗称锅出溜。类似煎饼。做时将荞麦面和成粥状，放入葱花、肉粉、调料粉、盐等辅料，用筷子搅拌。然后将锅烧热放入羊肉或植物油，将粥状稀面摊在锅中，像煎饼一样一张一烙，熟后即可食用。工艺简单，味道鲜美，是一种方便小吃。

蒙古馅饼：是具有东部地区蒙古族特点的食品。首先把荞麦面和成软面，揪一小剂子放在手心，拍成薄片，填馅后团成圆形，然后用手拍成薄饼，直到里面的馅暗见而不露为止。先用干锅烙熟后再过油食用。这种馅饼的特点是颜色金黄，皮薄馅足，香而不腻、柔软可口。辽宁省阜新蒙古族自治县蒙古贞部落的馅饼尤佳，全国驰名。这是蒙古地区招待客人的必备食品。

葱花饼：是将白面或荞麦面和好后，擀成薄片，薄面片上洒上黄油摊匀，再撒上葱花、盐，切成二寸长的段，每段用手拍扁再擀成薄饼，锅里放油加热烙熟即可食用。

千层饼：是将白面用温水和好后，擀成极薄的片，倒上羊油摊匀卷成卷，拍平再擀薄，然后用白油或黄油烙饼。这种饼的特点是起层多，故名千层饼，味道香、软。

荞麦面饽饽：是上山打猎时用的一种食品。将荞麦面用凉水和好，团成圆团或长圆形，用炭火、牛粪火或火盆中的火烧熟。外出打猎时带在身上，不论时间多长，这种饽饽除了外面有一层硬壳外，里面始终是软的，而且不易霉坏，适宜野外作业食用。这是一种较为原始的简单的食品。

荞麦面肠：蒙古语称"格德斯"。是半农半牧区蒙古族的风味食品。每逢宰杀牛、羊、猪时，将肠翻卷洗净，然后在血中加入荞麦面、葱花、板油丁、盐等搅拌匀后灌入肠中，煮熟即可食用。这种荞麦面肠与满族的血肠，无论做法、用料、品味均不同，是一种有特殊味道的灌制品。

2）米谷

主要是稷子、糜子、谷子和野生的西田谷所碾制的米。

炒米：是驰名中外的蒙古族传统食品，不仅牧区、半牧半农区吃用，就连

53

农区、城市也都吃炒米。炒米各地称谓不同,有的地区称"乎日森布这"(炒米),有的地区叫"乎列布达"(干米),有的地区则叫"敖特布达"(游牧用的粮)等等。这是草原牧民日常食用的主食之一。炒米是由稷子做成的,也有用糜子做的。要经过烀、炒、碾三道工序。首先用大锅烀(蒸)稷子。先在锅里盛上水,烧到八分开时将稷子倒入水锅,盖好锅盖,继续加热,烧开后揭开锅盖,上下翻动均匀,然后盖好锅小火闷。六七分钟后再上下翻动,这样连续翻动三四次后即可出锅。稷子出锅时要掌握火候,必须籽粒膨胀发圆,有透明感,但不能烀到"爆花",即裂口。稷子与水的比例一定要适当,达到稷子烀好水即干的程度最佳。稷子烀好后,要用锅炒,炒的关键仍然是火候。炒稷子时锅里放细沙,用强火使沙子发热,然后将烀好的稷子放入热沙子中炒,每次炒二三斤左右。炒时要用特制木耙快速搅拌,搅拌时发出爆花声,爆花声停止立刻出锅,晾凉筛出细沙即可,然后反复炒作。稷子炒好后,要用石碾碾去皮糠,出风,即成炒米。好的炒米色黄而不焦,粒脆而不坚,具有浓郁的糊香味。炒米的食用法有多种多样,可用酸奶豆腐搅拌,加奶油、糖,也可用煮沸的鲜奶浸泡,也可干嚼,也可放在奶茶中。炒米不仅草原牧民喜欢吃,农区的蒙古族也喜欢吃。现代在城市宾馆、饭店用炒米拌奶茶当早点的颇多,成为城市人的一种时尚。同时也是蒙古族招待客人不可缺少的食品。每逢宾客入帐,总是要放上一张小桌,摆上乳酪、乌乳莫、白糖、奶油四种白色食品,然后盛上一碗炒米来招待客人。炒米是游牧民根据自己生产特点创造出来的一种食品。游牧流动性大,水与火又不及时。炒米不仅携带容易,而且吃也方便,有火有水更好,无火无水也可,是适于游牧、旅行的最好的一种食品。

特勒莫尔布达:即稷子米饭。将稷子用锅烀(蒸)熟,晾干,用石碾碾成米,褪皮去糠。吃时锅内盛水烧开,下米再煮开,用笊篱捞入盆中,再用锅蒸即可吃。特点是米粒膨胀、发亮,口感柔和。泡鲜奶或拌奶豆腐吃更佳。

酿布述:即黄米粥。有两种吃法:一种是先将糜子用石碾碾成米,褪皮去糠。先将羊肉切成块,下锅煮熟,再放入黄米,与肉同煮,煮成粥状,即可食。黄米粥又黏又香,味道鲜美。另一种吃法是煮成黄米粥后,放入黄油、红糖,口味香甜不腻。

耶日别珠失：即西田谷粥。秋天将野生西田谷籽收获，出风去皮晒干保存。待开春后，将干肉粉与西田谷放在一起煮粥吃。

扎日莫：即西田谷糕。将西田谷籽炒熟后与黄油渣搅拌，固定成型，切成方块，即可食用。

4.菜果食品

菜果食品历史悠久，黑龙江蒙古族先民早在游猎时期就利用野果野菜充饥。所以利用菜果食品的历史要比利用粮食制品的历史早得多。蒙古族进入游牧生产以后，从山林迁徙到草原，草原上生长的可食性植物更多，这种特殊的生产方式和地理环境，为食用野生菜果提供了方便条件，因此这种吃野生植物的饮食习俗相传至今。黑龙江蒙古族的菜果食品主要有野果、野菜、家植蔬菜、真菌类四种。

1）野果

共有八种，即山里红、山丁子、稠李、山杏、欧李、榛子、龙葵、鸡桑。

山里红：蒙古语称"道兰"。生长于沙丘，是乔木上结的圆形小红果，直径为1.5厘米～2厘米。幼果为绿色，秋后成熟后变为紫红色。摘下即可食，味酸甜。除了秋天吃鲜果外，还可以保存到冬天吃。秋天将山里红摘下后装入坛或瓮中，封口，然后深埋于地下，过春节时将坛取出，瓮中的山里红色味与鲜山里红一样纯正鲜美。

山丁子：也有叫山荆子的，蒙古语称"乌日勒"。生长于沙丘，是树上结的圆形小果。直径在0.5厘米～1厘米。幼果呈绿色，成熟后为黄红色，发亮，味酸微甜。除了生吃外，蒙古族利用土法制成山果罐头保存。先将山丁子装入容器中封闭，然后用锅蒸煮容器，使山丁子不直接接触锅中热水，而在容器中受热，受热后脱水变成酸汁，山丁子泡在原汁中，晾凉后可保存好长时间。

稠李：蒙古语称"哔勒"。成熟的果呈紫色或紫黑色。熬成粥状后做馅烙饼吃，香甜可口。也可以酿造果酒。

山杏:蒙古语叫"贵勒斯"。属灌木,生长于沙质草原。盛夏结果,呈绿色稍有红纹,扁圆形,直径为2厘米~2.5厘米。采摘后即可食,质硬而脆味酸。有止渴,生津,消炎作用。秋天山杏老成后,拾回砸开果壳取出杏仁,用锅炒熟可食,味淡香微苦,油而不腻。

欧李:蒙古语称"乌兰"。是草本植物,生于沙质草原。高50厘米~1米。结小圆果,直径在2厘米左右,幼果为绿色,成熟后鲜红色,熟透后紫红色。味甜微酸,质软。欧李可捣成粥状,包在面中。烙欧李饼吃,是为草原上的风味食品。

榛子:蒙古语称"西敦"。是榛树上结的圆形坚果。直径在1.5厘米左右,发褐色,炒熟后砸开坚壳吃榛仁,香甜酥脆,油而不腻。

龙葵:又名幽幽,蒙古语称"璃亥乌珠莫"。草本植物,结小圆果,直径1厘米左右,幼果绿色发苦,成熟后紫黑色酸甜。捣成浆后可烙幽幽饼吃,也可土法酿造龙葵酒。

鸡桑:也有的叫桑椹,蒙古语称"依拉玛"。是落叶乔木,生

图31 百合(左)、扫帚菜(中)、龙葵(右)

长于沙丘。盛夏结果,幼果绿色,呈不规则的椭圆形,体积似大芸豆,表面不光滑,有凹凸不平的颗粒状,成熟后呈紫黑色。可酿造土酒,也可直接食用,味甜质软。

2)野菜

共有16种,即羊蹄叶(皱叶酸摸)、灰菜(绿珠藜)、猪毛菜、苋菜、野豌豆、车前子、桔梗、大籽蒿、水蒿、山白菜、苣荬菜、蒲公英、野韭、黄花、百合、山葱等。

羊蹄叶:蒙古语称"胡日干其黑"。生长在草甸草原,主要采集嫩叶炖吃。

藜:也称灰菜,蒙古语称"虐勒"。既可炖吃也可做汤。此种菜吃多会泻肚。

猪毛菜:蒙古语称"哈木乎勒"。嫩时枝叶都可以吃,入秋发黄后不可食用。吃时用开水焯一下可做包馅,也可以炒菜。

苋菜:蒙古语称"那仁璃告"。用途广泛,它可以做馅、炒菜、炖菜、汤菜均可。

图32　马蹄菜(左)、苋菜(中)、麻珍菜(右)

野豌豆:蒙古语叫"格西"。野豌豆品种较多,有广布野豌豆、灰野豌豆、山野豌豆等。主要生长在草甸草原,油质大,适宜炒吃。

车前子:也称车轱辘菜,蒙古语称"乌呼尔乌日根"。主要生长在路边,草原上很少生长,属于稀有菜类。蒙古族用车前子主要做面糊吃。即把车前子先做成汤,然后将荞麦面和成糊状,放入锅内煮熟,形成面糊。有时放上羊肉,面糊味道鲜美。

图33　车前子(左)、苣荬菜(中)、蒲公英(右)

桔梗:蒙古语称"胡日敦查干"。生长于草甸草原。可炒吃,也可用盐腌吃。

大籽蒿:蒙古语称"查干额日莫"。生长于路边。用开水焯后可做馅吃。

水蒿:蒙古语称"昔日勒吉"。生长在河岸,嫩时枝叶均可炒菜吃,也可用水焯后做馅,但长成后茎枝粗,纤维多,不可食。

山白菜：也称紫菀，蒙古语称"奥敦策策格"。生长于草甸草原，主要用于炖肉。

苣荬菜：有的叫苦菜，蒙古语称"亦得热"，东部地区蒙古方言称"嘎顺璃告"。生长在田间较多，可以生吃，也可用开水焯后蘸盐水吃。

蒲公英：土名婆婆丁，蒙古语叫"巴格巴该策策格"。生长于草甸草原，游牧时期蘸盐水吃，现在蘸酱吃。

野韭：蒙古语称"高高德"。生长在草甸草原，野韭分布比较集中，往往是一片一片生长。韭菜食法多种，最常见的是吃手把肉时食用韭菜。把韭菜洗净后，随吃手把肉随吃生韭菜，它可以去膻解腻。后来又用于做馅或炒吃。到秋韭菜开花后，将嫩韭菜花采摘洗净，然后用石臼捣成韭泥，放适量盐，称韭菜花，蒙古语叫"搔日斯"，吃手把肉时蘸韭菜花，别有风味。

黄花：也叫萱草，蒙古语称"昔日策策格"。生长于草甸草原。主要食用花，做汤最为鲜美，除吃鲜花外，也可晒干储存，以备冬季做汤或炒菜用。

百合：蒙古语称"萨日娜"。生长在草甸草原。鲜花与茎块均能食用。花，既能生食也可做百合汤，茎块可根据喜好

图 34　黄花（左）、灰菜（中）、猪毛菜（右）

分别用糖或盐或酸奶汁腌制。储存后可在冬季食用。

山葱：蒙古语称"莽格尔"。生长在路边或草原上。它是吃手把肉不可缺少的佐料。吃手把肉时，将莽格尔切成小段用盐水泡，然后将肉蘸莽格尔吃，肉味醇香，肥而不腻，相当于现代的火锅料。根茎似蒜头，也是调味品，可调解肉膻。

3）家植蔬菜

是黑龙江蒙古地区清代末叶才发展起来的一种新产业。光绪年间蒙地开放后，冀、鲁、豫各省的农民来黑龙江各蒙旗进行垦殖，开发农业，他们将中原农业文化带到黑龙江的同时也带来了蔬菜种植技术。蒙古族与中原农民杂居时期学会了蔬菜种植,开始种白菜、土豆、萝卜等基本品种,后来又学会了栽种茄子、辣椒、柿子的技术。民国、伪满洲国时期蔬菜品种已达十几种。新中国成立以后,发展迅速,中原种植的蔬菜黑龙江蒙古地区大部分品种都有,如长白菜、牛心菜,卷心菜、大叶青、红萝卜、青萝卜、白萝卜、紫心萝卜、胡萝卜、黄土豆、白土豆、麻脸土豆、串地龙土豆、长茄子、圆茄子、线茄子、白茄子、大辣椒、小尖椒、甘蓝、菠菜、芹菜、韭菜、生菜、西葫芦、南瓜、东瓜、西瓜、黄瓜、稍瓜、大葱、大蒜、蒜薹、鲜姜、香菜、柿子、豆角、豇豆角、油豆角、圆葱等四十多种。

4)真菌类

共有五种,即白蘑菇、花脸蘑、黄蘑、土豆蘑、鸡腿蘑。

第三节　住　宅

蒙古族的住宅是蒙古文化的重要组成部分,具有鲜明的民族特点和地域特点。原始人类,一般都是从巢居到地面,或者从穴居到地上。蒙古族的祖先,究竟从哪一种方式演变而来史无可考。至今为止,只有在地面居住的记载。蒙古族的住宅从历史到现在主要有以下几种形式。

1.皮棚

是蒙古族在森林中进行狩猎生产时期的住宅。皮棚类似鄂伦春人的"斜仁柱",但又不相同。它是以一棵粗壮的活树为中心,然后用木杆或树枝为支架,一头担在树上,一头撑在地上,大约一人高,向树的四周辐射,呈上尖下圆的圆锥形。一侧留出入口为门,上面覆盖柴草和兽皮,以遮阳、避雨、防风、御寒。由于上面用兽皮覆盖,所以称这种简易住宅为皮棚。如《蒙古风俗鉴》所云:"古时,蒙古族居住的房屋,都是圆形、拱顶的隐蔽窝。原始时,以活树为中柱,用草围起来搭成茅棚而住。"①这是蒙古族早期的住房,也是后来蒙古包的雏形。当代的蒙古包是根据皮棚的原理与造型,逐步改进完善而形成的。这种

① 罗布桑却丹:《蒙古风俗鉴》,赵景阳译,9页,辽宁民族出版社,1988。

皮棚,在狩猎生产时期,取材容易,简单易做,隐蔽方便,经济实用,可随时废弃、随时搭盖,非常适合狩猎生产的特点。

2.蒙古包

是蒙古族在草原上进行游牧生产时期的住宅。蒙古语称"蒙古勒格日"或"奔布戈格日",意为"蒙古居室","圆形房屋"。汉语释穹庐毡帐。《黑龙江外记》载:"穹庐,国语曰蒙古博。俗读'博'为'包'。"[1]所以蒙古包一词则是蒙满合璧词,满语称"家"为"博",将蒙古族住的毡帐叫"蒙古博",意为蒙古族的家,汉译时,将"博"译为谐音"包",故称蒙古包。蒙古包、穹庐实指一物。《黑鞑事略》云:"穹庐有两样,燕京之制,用柳木为骨,正如南方罘罳,可以卷舒,面前开门,上如伞骨,顶开一窍,谓之天窗,皆以毡为衣,马上可载。草地之制,用柳木织成硬圈,径用毡挽定,不可卷舒,车上载行,水草尽则移,初无定日。"[2]一般牧民所居之蒙古包呈圆锥形,面积大小不等,包座直径一般在4米~6米之间。分为移动式、固定式两种。牧区游牧迁徙所用的蒙古包为移动式,半农半牧区定居所用的蒙古包为固定式。两者形状结构一样,只是覆盖的质料不同。移动式蒙古包以毛毡覆盖,固定式蒙古包以柳木泥土覆盖。建造蒙古包的材料,大体上有三种。一是木材。主要做套闹(包顶盖)、乌尼(连接包顶盖与包身的椽子)、哈那(支撑乌尼、套闹的包身)、哈勒嘎(包门)、巴根(柱子)等五种物件。二是毛毡或布。主要做额如合(盖在套闹上的毛毡或布)、德格布日(覆盖在乌尼上的毛毡或布)、土日嘎(包哈那的毛毡)、霍勒土日格(覆盖在德格布尔上面的装饰布)、门帘等五种物品。三是麻毛绳。主要做哈那的箍带、乌尼的压绳、固定哈那与哈那之间相连的索绳等。蒙古包的结构由三部分组成。毡房顶盖叫套闹,是直径1米左右的圆形天窗,像一口倒扣的锅。这个圆形天窗就是将一个慢弯弓背形的十字木架固定在一个直径1米左右的圆木圈上,这个十字形木架叫合车,圆木圈叫套闹乎力耶。在十字木架的四个空间各放一根与十字木架同等弯度的木棍,这四根木棍叫塔嘎。然后从十字木架中心到圆木

---

① [清]西清:《黑龙江外记》,64 页,黑龙江人民出版社,1984。

② [宋]彭大雅:《黑鞑事略》,徐霆疏证,刊《丛书集成》,3 页。

圈边缘之中间再置一小圆木圈,由塔嘎将大小两个木圈固定,这个小圆木圈叫塔嘎乎力耶。这就是套闹。套闹的功能是通风、透光、出烟。在套闹上要覆盖额如合,额如合为正方形,用毛毡缝制,上面有各种美丽的图案,四角缝有毛绳。三个角的毛绳是固定的,另一角的绳是活的,需要通风、透光或出烟时将绳一拉,套闹就开成一个半圆形的孔,夜间或有风雨时将绳一扯,即将套闹盖上,冬不积雪,夏不存雨,能开能关,灵活方便。额如合,因位处火塘之上、套闹之顶、毡房之最高处,所以特别受尊崇。每当转场时,额如合要与神龛同车迁徙,游牧民禁忌将额如合随处乱放,更不准在额如合上面跨过。若有违禁之事发生,额如合要进行火净仪式才行。因为它在一定意义上象征着门户。毡房下部叫哈那,也就是毡壁,用若干根2米左右的细木杆,用毛绳或皮绳将木杆相互交叉连接,每一交叉连接处是活的,所以能张能收,张开后成方块形或长方形,每一块为一扇哈那,一个毡包所用的哈那4块、5块、12块不等,根据自己所需大小来增减,用时将哈那拉展开。数扇相连,便成为圆形围墙,迁徙时拆卸后折叠,又可做勒勒车的铺板。正如《呼伦贝尔纪略》记载,蒙古包哈那的构造"就地划直径丈余之圆圈,周围排立木柱,柱间用木棍纵横组织如格,箍着柱上,成一围墙"。蒙古牧民用八扇以上哈那,包内就需要立柱,一般需要立二至四个柱子即可,以增加蒙古包的力度和强度。哈那外边要用土古日嘎围上,土古日嘎是专围哈那的毡片。做哈那的用材,最好是柳条,既轻便又不易折。毡房中部,即套闹和哈那连接的部分叫乌尼,用若干根2米左右的木杆,将套闹与哈那连接成伞骨形支架,起着檩木与椽子的作用。做乌尼的选材一定要用松木,乌尼上要覆盖德格布日毛毡,德格布日上还要覆盖装饰各种图案的火勒土日格。毡房门,高3.5尺,宽2.5尺,有木板门与毡帘两种,多朝日出方向开门。蒙古包的哈那、乌尼、套闹全部覆以毛毡后,要用绳拉紧固定。固定哈那的箍带叫布斯勒古日,分为上中下三道。固定乌尼的压绳叫答如拉特,分为前后四条。

蒙古包,是蒙古族家庭的象征。一座白色的毡帐,就是一家游牧民。正如《蒙古族风俗志》所记载的一首民歌:

因为仿制蓝天的样子，
才是圆圆的包顶；
因为仿造白云的颜色，
才用羊毛毡制成。
这就是穹庐，
我们蒙古族的家庭。

图 35　蒙古包

因为模拟苍天的形体，
天窗才是太阳的象征；
因为模拟天体的星座，
吊灯才是月亮的圆形。
这就是穹庐，
我们蒙古族的家庭。①

　　这首民歌形象地描绘了蒙古包与蒙古族的关系、蒙古包的造型与结构。的确，蒙古包是游牧民族为适应自己的游牧生产生活而创造的，所以它具有游牧文化的移动性特点。游牧民族逐水草而居，每年迁徙二至四次不等。当每游牧到一个新草场时，牲畜、人丁、家资全部随迁。这就要求游牧人的居室、器具、饮食、服饰等都适应迁徙才行。蒙古包就是与这种游动性社会相适应的产物。蒙古包从古以来，就是草原的最完美的点缀。古代，蒙古族以氏族为单位实行"古列延"游牧时，氏族长的毡帐与晃车结成一层一层的环形圈子营驻。远处望去，就像在碧绿的翡翠板上镶嵌着白色宝石的圆环，如同宇宙中的行星轨道。近代，蒙古族以家庭为单位实行"阿寅勒"游牧时，三五一群的白色毡帐，布满辽阔的原野，如同天体星罗棋布。这种白与绿的相互辉映，体现了蒙古族既原始又现代、既古朴又艺术的审美观念。

　　总之，蒙古包结构奇特，拆搭容易，搬迁方便，防风避震，冬暖夏凉，别具

① 王迅，苏赫巴鲁：《蒙古族风俗志》，23～24 页，中央民族大学出版社，1989。

风格。

3.马架

是蒙古族从游牧过渡到半定居时期的住宅。民国时期马架房在黑龙江蒙古地区最为普遍。这种住宅结构简易，房墙矮窄，面积狭小，三条檩木，大山墙开门。总面积一般在 10 平方米～15 平方米之间，用土坯、土垡或夯土筑墙，用秫秸做房薄(盖)，上面抹碱土，以防漏雨。室内拐把炕，开西窗，锅灶与炕相连，中间无间壁，只有 1 尺多高的小墙相隔，里外屋为一体。室外无院落，只有拴马桩，羊栅栏等。它是从地窝棚基础上演化来的一种房舍。

4.土平房

是蒙古族实行半牧半农时期的住宅。一般选择距离牧场较近的高地建筑土平房。土平房一般为五条檩木或七条檩木的两间房，最多有九条檩木的三间房。南向或东南向。开西窗、南窗，南、西、北三面搭炕。房墙用土坯，房笆用秫秸或芦苇，门窗用木料，烟囱在房顶。房墙与房盖均用碱土泥抹光，既防雨水又防寒而且光滑美观。室内西北角供佛龛，门外右侧上方或西山墙南头上方供吉雅其神和宝木勒神。长辈住南炕，其他人住北炕，西炕一般不住人。如果是三间房，父母与季子住西屋，其他子女住东屋。土平房都围一个小院套，用土坯筑院墙，并配有大门。房西是羊圈、牛圈，南窗下是拴牛犊的木桩，西南角是拴马桩。

图 36 土平房

5.草房

与土平房产生于同一时期。蒙古地区不产碱土的地方，均搭盖尖脊的草房。草房的特点是房盖起脊，用草苫房，

图 37 大山墙开门的草房

不用泥抹,故称草房。并在房墙外另筑烟囱。其他结构与土平房相同。

6.砖瓦房

是蒙古族以农业为主地区的住宅,是完全定居后的产物。特别是建国以后,砖木结构的房屋逐渐增多。这种住宅采光科学,宽敞明亮,布局合理,利用率高。具有造型美观,质地坚固,冬暖夏凉的特点。这种住房已成为黑龙江蒙古地区的主流。

7.官邸

是蒙古衙门的驻地。各朝代都建有豪华雄伟的蒙古官府。蒙元时期,泰来县的塔子城,明水县境内的乃颜城都是帖木哥斡赤斤国王后裔所居之地;肇东市境内的肇州城、齐齐哈尔附近的明安伦城、木兰县境内的蒙古山寨、孙吴县境内的失宝赤万户府、克东县境内的蒲峪路屯田万户府等,均为元代各级蒙古官员的府邸。明代时,由于战乱,蒙古官府驻地受到严重破坏。清代后,官邸建设有了新的发展。杜尔伯特旗、郭尔罗斯后旗、依克明安旗等三蒙古旗札萨克住地均为砖木石结构的建筑。札萨克以下不执政的闲散公爵也都建有自己的府邸。杜尔伯特旗境内,有后新屯长贝子府、东吐莫屯何公爷府、保日浩特屯包公爷府、克尔台屯肖协理府。郭尔罗斯后旗境内,有东公府、西公府。依克明安旗境内,有巴桑公府。这些府邸都是二层、三层套院,有影壁,门前立石雕狮子,办公用房与住宅用房配套,各种设施齐全,都是仿照宫廷建筑,森严壮观。

8.寺庙

黑龙江蒙古地区共有 41 座喇嘛寺庙,有蒙古式建筑,也有藏式建筑。庙群错落有致,庙殿相互辉映,庙堂高大宽敞,庙门朱红庄严,庙前旗幡鼎立,庙顶鎏金宝瓶。前檐后廊,青砖铺地,古香古色,十分幽静。仅杜尔伯特旗富余正洁寺就占地 7200 平方米,正殿两层楼阁,门前三层台阶,每阶三十三级,共九十九级;正殿到大门全青砖铺路,路中间是藏式白塔;门外是一幢彩绘影壁,门两侧一松一柏,布局讲究,景色怡人。

第四节 交 通

蒙古族从事游牧生产，流动性大，所以马成为蒙古族的主要交通工具。不论男女老幼，旅行、访亲、办事、放牧、通讯、狩猎、战争都离不开马。除马以外，随着生产方式的变化，交通工具也在发生变化。概括起来有以下几种。

1.查那

即滑雪板。这是蒙古族游猎时期冬天用的一种交通工具。当时由于在山林中狩猎，雪大、山高、树密、路远，其他工具都不适用，只有滑雪板才能做到日行百里，当天归巢，既灵活又方便，还有速度，是狩猎的最好帮手。

2.乌纳格毛日

即乘马。是蒙古族游牧时期的主要交通工具。一般选择4岁以上的骟马或牡马，经过吊、驯、蹓、跑的长期训练，才成为合格的乘骑。一般的乘马日行100里以上。

65

3.肇仁毛日

即走马。以快步走为主，走马分为大走马、小走马。大走马迈大步，快而稳；小走马捯小步，快而平。走马代步的特点是不跑、不颠、以快走为奇，人

图38 草原上的乘马

骑走马赶路非常舒服。走马有专人驯练，要经过严格的调教才能成为走马。

4.乌日根毛日

即杆子马。是专门套马时所骑的马。杆子马是放牧不可缺少的工具，套烈性马，要没有杆子马根本套不住。杆子马的特点是人骑到马背上后，不用扯嚼缰，用腿一敲鞍鞒，马就开始跑，套马杆子指向哪匹马，杆子马就盯住哪匹马，跟在后面穷追不舍，直到把马套住为止。一旦把马套住，杆子马便停步，前腿竖高，两后腿往后坐，把套住的马拉倒。杆子马与走马，都要经过专门的驯马

手训练,经过相当时间的调驯才能成功。

5.勒勒车

蒙古语称"抗盖特日格",也叫大鞅子车。是草原上普遍使用的一种轻便车,俗称"草上飞"。这种车全部用桦木制造,质硬不怕磕碰。车的结构为木轮、木瓦、木轴、木箱、木棚、木辕。车轮较高,与牛的身高相当,适于草地、雪地、沙漠、沼泽地运行。每车套一头牛,一人可带几十辆。游牧、迁徙、转场可用勒勒车载运蒙古包、日常用具、食品、服装、工具等。每到驻地,搭起蒙古包后,用勒勒车将蒙古包围起来,围成一个圆形,古代叫"古列延",现代叫"库伦",院落之意。这种勒勒车,制造容易,装卸省力,牵引方便,深受游牧民的欢迎。

图39 迁徙中的勒勒车队

6.美罕车

意为带棚的车。类似勒勒车,但比勒勒车制作的精细。车上有布棚或毡棚,棚前后均有门帘,夏防阳雨,冬防风雪。车棚上和门帘上绣制各种花纹图案,非常艺术美观。每当游牧迁徙或送亲做客时,家中老幼或客人都要坐美罕车出行。尤其部落头人或有身份的人出行更要坐美罕车以示身价。

图40 美罕车

7.雪橇

又名爬犁。这是草原上冬天在雪地里使用的一种交通工具。可以用马运载,也可以用牛运载,轻巧快捷。

图41 黄车

8.骆驼

驼运在蒙古交通运输中有其重要地位,骆驼既可以乘骑,又可以运载,还可以拉车。每峰骆驼可载重 300 斤,一天行程 80 里,20 天不进水草也可照常行进,故称"沙漠之舟"。元明时期,黑龙江蒙古地区的驼运很盛行,后来由于气候植被的变化,骆驼逐渐减少。黑龙江松嫩草原上生长一种植物叫蒺藜,开小黄花,果实有尖刺,骆驼蹄最怕蒺藜扎,随之牧养骆驼日趋衰落,清中期后基本消失。

图 42　雪地用的爬犁

9.驿站

是黑龙江蒙古地区交通的重要组成部分。驿站的任务是通达边情,布宣号令,沟通上下,邮递传命。元代时,黑龙江归辽阳行省管理。当时辽阳行省设有东

图 43　草原上的马车队

西两条驿道。西路从黄龙府(吉林省农安)至失宝赤万户府(黑龙江省孙吴县霍尔莫津屯),共经 17 站,其中在黑龙江境内有 14 站。东路从黄龙府至奴儿干(今俄罗斯境,黑龙江入海口附近),共经 19 站,其中在黑龙江境内有 15 站。清代时,黑龙江地区也有两条驿路。第一条由吉林乌喇至瑷珲。始建于 1683 年(康熙二十二年),1686 年(康熙二十五年)春正式开通。清政府派户部郎中包奇、兵部郎中能特、理藩院郎中额尔塞三人前往主持修驿。郭尔罗斯后旗,杜尔伯特旗各派两名向导详加勘察丈量。初设 25 驿,吉林境内 6 驿,黑龙江境内 19 驿,全程 1 711 里。其中经郭尔罗斯后旗地有茂兴站、古鲁站,经杜尔伯特旗地有他拉哈站、多耐站、温特浑站,经依克明安旗地有塔哈站、宁年站。1727 年(雍正五年)在茂兴与古鲁之间增加了乌兰诺尔站。第二条由乌兰诺尔至呼兰,于 1735 年(雍正十三年)正式开通。驿道全在郭尔罗斯后旗境内,经松

花江北岸由西向东走向,共6台。由乌兰诺尔站向东经博尔吉哈台、察布奇勒台、鄂多勒图台、布拉喀台、扎克和硕台至呼兰台。

建国以后,黑龙江蒙古地区的交通发展迅速,在过去已有的交通工具基础上增加了很多新式交通工具。大铁车、钢轴车、胶轮车、四轮拖拉机、三轮车、汽车、摩托车已在蒙古地区普遍使用。

在古代,蒙古族有一种习俗,就是不能随便动用车马等交通工具。每岁大年初二,占卜良辰,向指定的方向驾车或骑马走出一二里地,然后在路上焚香、烧纸、叩头、放鞭炮致祝赞词,祈祷一年平安。这种仪式叫"莫日嘎日干",就是"开路"的意思。一年一次,开过路后,不再择日选辰,可以随便出走了。

第三章 语言文字

第一节 语 言

　　蒙古语属于阿尔泰语系。阿尔泰语系分为蒙古语族、突厥语族、满洲通古斯语族三个语族。蒙古语属阿尔泰语系蒙古语族范畴。蒙古语族包括蒙古语、达斡尔语、东乡语、土族语、保安语、东部裕固语、卡尔梅克语、布里亚特语、莫戈勒语。黑龙江蒙古族绝大多数人均操蒙古语。蒙古语的分布主要在哈尔滨、齐齐哈尔、大庆三市和杜尔伯特蒙古族自治县、肇源县、泰来县、富裕县等蒙古族聚居的乡镇。

1.语音

　　蒙古语语音分为元音、辅音、音节、元音和谐律、重音等诸方面。

　　1）元音

　　元音分为短元音、长元音、复元音三种。短元音共十一个，即 i、I、ɜ、ə、a、ɔ、ɷ、o、u、œ、ɤ。长元音共十二个，即 i i、II、ee、ɜɜ、əə、a a、ɔɔ、ɷɷ、o o、u u、œœ、θθ。复元音共八个，其中 YI、y i、ɷe、u e 四个，后响复元音有 ɷa、uə、iɔ、i u 四个。

　　2）辅音

　　辅音分为基本辅音、腭化辅音、吸气音三种。基本辅音共十九个，即 b、p、m、φ、w、d、t、n、l、r、s、ʤ、ʧ、ʃ、j、g、k、ŋ、x。上述十九个基本辅音里，r 和 ŋ 不出现在词首，只出现在词中或词末；w 只出现在词首，不出现在词中或词末；φ 和 k 只出现在借词里。腭化辅音共十个，即 ḅ、ṃ、ḍ、ṭ、ṇ、ḷ、ṛ、ḡ、ṇ、x̣。腭化辅音只出现在词中或词末，不出现在词首。吸气音有 s、ts 二个，自成音节，分别构成不同的叹词。

3）音节

音节是由一个或几个音素组成的最小的语音片断。蒙古语音节按照元音、辅音构成的顺序可分为六种类型。一是由元音单独组成，二是元音加辅音组成，三是元音加辅音再加辅音组成，四是辅音加元音组成，五是辅音加元音再加辅音再加辅音组成，六是辅音加元音加辅音组成。这六种音节分布范围不完全一样。单音节词或多音节词的第一音节可以是这六种音节的任何一种。多音节词的后续音节必须是辅音开头组成的音节。第一种元音单独组成的音节和第四种辅音加元音组成的音节中的元音必须是长元音或复元音。

4）元音和谐律

蒙古语多音节词里的元音是按照一定规律使用的。第一音节的元音跟后续音节的元音，在发音松紧和唇形圆展上，要搭配适当，关系协调，形成一种互相制约的规律。这种搭配与调谐叫元音和谐，把这种有规律性的模式叫做元音和谐律。蒙古语的元音和谐律以松紧和谐为主，辅之以唇形和谐。复元音YI、ɷe、ɷa、iɔ属于紧元音，yi、ue、uɘ、iu属于松元音。 a、ɔ只同紧元音和谐，ɘ、o只同松元音和谐，i既可以同紧元音和谐，也可以同松元音和谐。如果在一个词里，前一个音节里有紧元音，那么后续音节也只能出现紧元音。如果前一个音节里有松元音，那么后续音节也只能出现松元音。蒙古语传统语法把元音分为阴性、阳性两大类。阴性元音即松元音、阳性元音即紧元音。用阴性元音组成的词叫阴性词。用阳性元音组成的词叫阳性词。在一个词组中，前后出现的元音要同性和谐，异性相斥，这就是元音和谐律的普遍规律。ɘ、ɘɘ、i、ii、u、uu、o、oo、yi、ue、uɘ、iu属于阴性元音即松元音；a、aa、ɔ、ɔɔ、ɷ、ɷɷ、ɜ、ɜɜ、œ、œœ、YI、ɷe、ɷa、iɔ属于阳性元音即紧元音。只能阴性与阴性和谐，阳性与阳性和谐。

5）重音

蒙古语的多音节词有固定重音。重音必须在第一音节上。所谓重音就是发声时加强音势。

短 元 音 表

高低＼唇状松紧＼前后	前 展 松	前 展 紧	前 圆	央 展	央偏后 松	央偏后 紧	后 展	后 圆
高	i				u			
次高		I	Y					ɷ
中高					o			
中				ə				
中低		ɛ	œ					
低								a

长 元 音 表

高低＼唇状松紧＼前后	前 展 松	前 展 紧	前 圆 松	前 圆 紧	央 展	央偏后 松	后 紧
高	üː					uu	
稍高		I I					ɷɷ
中高	e e		θθ			o o	
中					əə		
中低		ɜɜ		œœ			ɔɔ
低						a a	

辅 音 表

方法＼部位		双唇	舌尖	舌叶	舌面	舌根
塞音	清不送气	b	d	ʤ		g
塞音	清送气	p	t	ʧ		k
鼻音		m	n			ŋ
边音			l			
颤音			r			
擦音	清	φ	s	ʃ		x
擦音	浊	w			j	

2.语法

1)词类

蒙古语的词,根据语法特点可分为名词、形容词、数词、动词、代词、判断词、状词、副词、情态词、后置词、强调词、语气词、叹词十三类。其中名词、形容词、数词、动词、代词、判断词六类词,叫做实词。它们既可以单独使用,也可以相互结合起来使用,可以自由运用。而状词、副词、情态词、后置词、强调词、语气词六类词,叫做虚词。不能自由运用,总是依附在实词的前面或后面。状词、副词、情态词这三类词依附在实词的前面。后置词、强调词、语气词这三类词依附在实词的后面。叹词,是一个特殊的词类,它虽然可以自由运用,但不与别的词相结合,在结构上游离于短语之外。

名词:是表示人或事物、现象名称的词。有数、格、物主三种语法范畴。①数的范畴,分单数和复数,单数不用附加成分,复数要借助于专门的附加成分构成。②格的范畴,通用的普通格有七个,即主格、领格、位格、宾格、离格、造格、共同格(随格)等。格附加成分可以直接接在词干后面,也可以递接在复数附加成分后面。③物主范畴,即反身和人称领属。主要表示某种事物具有属于自己的或属于某人某物的意义。物主范畴分为,反身物主和人称物主(人称领属)两种。

形容词:是表示人或事物、现象的性质或特征的词。具体表示色彩、特性、程度、形状以及性情态度。形容词所表示的性质分绝对性质和相对性质两类。绝对性质形容词没有级的范畴。相对性质形容词有级的范畴。分为普通级、比较级、最高级。①普通级与词干形式一致。②比较级在词干后面接缀附加成分。③最高级是以重叠形容词的第一音节,加在有关的形容词的前面表示。

数词:是表示人或事务现象的数量次序的词。按词义和形态特征可分为,单纯数词、复合数词、集合数词、概数词、限定数词、序数词、量词、分数词八种。

动词:是表示人的精神活动、生理变化,动物的行为动作,事物的发展变化的词。动词有态、体、时、祈使式、副动词形式、形动词形式六种语法范畴。态和体可以同时出现在一个动词上，态在前，体在后。其他四种动词语法范畴是互相对立的，不能同时出现在一个动词上。

代词：是用来代替人或事物的属性、特征、数量、时间、地点的词。也就是能起代替作用的词。代词可分为人称代词，指示代词，疑问代词，复指代词四类。

判断词：有 mon 是、biʃee 不是、ugue 没有三个。mon、biʃee 用以表示肯定判断和否定判断，ugue 主要用以表示对存在的否定。mon，表示肯定判断，既可以单独使用，又可以跟名词或代词结合起来使用。biʃee，表示否定判断，既可以单独使用，又可以跟名词、形容词、动词中的形动词、代词结合起来使用。ugue 表示对存在的否定。既可以单独使用，也可以同名词、形容词和代词结合起来使用。

状词：是依附在动词前面描摹声音、姿态和动作结果的词。有的状词后面经常带引语动词 gə，借助引语动词同动词发生联系。有的不带引语动词，直接同动词发生联系。

副词：是表示行为动作的时间、处所、状态、程度的词。用法有三类，一类是只修饰动词的，一类是只修饰形容词的，一类是既修饰动词又修饰形容词的。副词的特点是紧紧依附在中心词前面。中间不插入别的成分。

情态词：是表示说话人的主观看法、对事情的评介。常用的情态词共有十六种。即：lab 肯定、ʤaabal 一定要、saj 才、jordoo 从来、dandaa 老是、gəntxə 突然、ʧoxʃ mɔxʃ 究竟、unəər 确实、bas 也（又）、xɛran 其实、barag 大概、xərbəə 如果、əslən 几乎、xədiibəər 虽然、xanʃil 还是、jag 正好。

后置词：有的分别依附在名词、数词和动词中的形动词后面，有的可以依附在几种不同的实词后面。依附在名词后面的后置词有 ʤug 向着、ood 上行、ɷrɷɷ 下行、dagɷɷ 沿着、dɷɷsan 整整、ʧinəə 那么深、那么高、那么大。依附在数词后面的后置词有 garll 余、ʃaxam 将近。依附在形动词后面的后置词有 dɯsam 越、mortoo 不但……而且。

强调词：可以依附在各种实词后面。表示突出这件事排除其他事的强调词是 l。表示包括这件事的强调词有 ʧ、ʧilee、jaa／jəə 三种。

语气词：依附在一句话最末一个实词后面，表示说话人的态度。

叹词：分为表示感情、感觉、呼唤三类。

2）词干和附加成分

词干就是蒙古语的基础形式。附加成分就是在词干后面接续表示语法意义的部分。蒙古语的实词，可以作为基础形式。附加成分又分为构词附加成分和构形附加成分两种。构词在前，构形在后。在一个词干后面递接几种不同的附加成分时，一般先接使用范围小、结合面窄的，后接使用范围大、结合面宽的。

3）短语

按结构可分七类，每类短语还可以按功能分为名词性的、形容词性的、数词性的、动词性的。①修饰短语：修饰语在中心词前面。②联合短语：由功能相同的同格成分构成。③同位短语：由对注的两部分构成。前后两部分也是同格，但功能可以相同，也可以不同。④连动短语：几个动词连用，前面的带副动词附加成分，最后一个带祈使形附加成分或陈述形附加成分或形动词附加成分。⑤主谓短语：主语在前，谓语在后。可分为名词性主谓短语、形容词性主谓短语、数词性主谓短语、动词性主谓短语。⑥补充短语：补充成分在中心词前面。⑦附加短语：由基础词和附加词构成，基础词在前，附加词在后。

4）句子

词和短语是句子的基本单位。也是构成语言的静态单位，可以作为语言的备有品。而句子则是语言的动态单位，是语言的使用品。一个词或一个短语或几个短语的组合构成一个句子，必要时加上虚词，用一定的语调说出来就是一个句子或者是一句话。蒙古语的句子，有的结构简单，只由一个词或只由一个短语组成；有的结构复杂，在短语基础上根据语法规则形成复杂化的句子。①句子的构成方式。概括起来有四种。第一种是放射形结构，主谓短语和补充短语融合,然后形成放射形结构。也就是把相同中心词的几个短语融于一起,形成围绕一个共同中心词的放射形结构。第二种是延伸形结构,把几个短语前后衔接起来,使句子朝纵的方向延长。第三种是扩展形结构。也就是把一个短语套在另一个短语之中,前面的短语作为后面短语的成分,使句子朝横的方向扩展,短语套短语,就是短语中的成分由短语充当,由简到繁,多种多样。第四种是增添游离成分。游离成分可以附加在句子的前面或后面或中间均可,游离成分有叹词、呼语、插入语等。②句子的语调。语调分为陈述语调、祈使语调、疑问语调、感叹语调四种。陈述语调,最末一个音节的音略降一些。祈使语调,最末一个音节重读。疑问语调,逻辑重音落在疑问代词上或疑问语气重读。感叹语调、叹词重读,最末一个音节重读。

3.词汇

1)词汇构成

蒙古语的词汇由蒙古语族各语言的同源词,也就是蒙古语的固有词和从其他民族中的借词两部分组成。①固有词:包括各语言同出一源的词,以及在这些词基础上形成的派生词和合成词。这是蒙古语的主干。根据《蒙古语族语言词典》记载,达斡尔语与蒙古语的同源词占69.2%,东部裕固语占54%,土族语占48%,东乡语占41.2%,保安语占22.7%,这类同源词汇数量相当多,是蒙古语固有词的重要组成部分。蒙古语词汇中反映畜牧业方面的词汇、奶食品方面的词汇、肉制品方面的词汇、毛革制品方面的词汇最为丰富。②借词:蒙古语借词来源很多,其中有汉语借词,主要以名词为主,也有少量的动词和虚词;有梵语、藏语借词,主要是宗教词汇;有突厥语、粟特语借词,基本上是早期的语言,尤其突厥语与蒙古语是亲属语言,所以借词较多,同时也不好分辨。除此之外还有少量的阿拉伯语、希腊语、拉丁语等。

2)构词方法

蒙古语构词可分为根词、派生词、合成词三种。①根词:也就是主词或中心词,大多数根词是单音节或双音节构成。②派生词:是以根词为基础接各种构词附加成分构成的。作为基础的根词也就成了派生词的词根,蒙古语以这

种形式构成的词汇特别发达。③合成词:蒙古语合成词大都按照并列、限定、支配、表述等一定的关系把单词组合在一起。一般来说合成词中名词较多,动词较少。名词性合成词属于联合结构或修饰结构。动词性合成词属于主谓结构或补充结构。

4.方言①

关于蒙古语的方言划分,语言学家的观点尚不一致,但是区别并不大。中国社会科学院孙竹教授持两分法,即内蒙古方言、卫拉特方言;内蒙古大学清格尔泰教授和中国社科院道布研究员持三分法,即内蒙古方言、卫拉特方言、巴尔虎布利亚特方言;蒙古国罗布桑旺丹先生持四分法,即中部方言(喀尔喀、察哈尔、鄂尔多斯)、东部方言(科尔沁、喀喇沁)、西部方言(卫拉特)、北部方言(布利亚特);中国社科院俞世长先生持五分法,即东北部方言(布利亚特、巴尔虎)、东部方言(科尔沁、喀喇沁、昭乌达)、中部方言(锡、察、乌、鄂尔多斯)、西部方言(青海、巴彦淖尔)、西北部方言(卫拉特)。我取三分法之说。即西部方言又称卫拉特方言,其中可以划分为土尔扈特土语、青海土语两部分。中部方言又称内蒙古方言,可以划分为察哈尔土语、巴林土语、科尔沁土语、喀喇沁土语、鄂尔多斯土语、额济纳土语六个部分。东北部方言又称巴尔虎布利亚特方言,可以划分为新巴尔虎土语、陈巴尔虎土语、布利亚特土语三个部分。黑龙江的蒙古语这三种方言都存在。居住在杜尔伯特蒙古族自治县、肇源县、大赉县、大庆市、齐齐哈尔市、哈尔滨市等地区的蒙古族所操蒙古语基本上都属于内蒙古方言科尔沁土语范畴;居住在富裕县原依克明安旗的蒙古族所操蒙古语为卫拉特方言土尔扈特土语;居住在齐齐哈尔郊区的巴尔虎蒙古所操蒙古语为巴尔虎布利亚特方言陈巴尔虎土语。在黑龙江操科尔沁土语的蒙古族口占绝大多数,是黑龙江蒙古土语的代表,黑龙江蒙古方言,以科尔沁土语为中心。以上这三种方言主要在元音上差别较大。内蒙古方言有 a、ə、l、i、ɔ、ɷ、o、u、ɛ、œ、ɣ 十一个短元音;卫拉特方言有 a、e、i、o、u、ө、y、œ 八个短元音;巴尔虎布利亚特方言有 a、ə、i、ɔ、ɷ、u 六个短元音。

---

① "方言"一节主要参考孙竹著:《蒙古语文集》,青海人民出版社,1986。

这三个方言之间,短元音的对应关系如下表:

巴尔虎布利亚特	a		i		ɷ		u		ɔ	ə
内蒙古	a	ɛ	l	i	ɷ	ʏ	u	o	œ	ɔ ə
卫拉特	a	œ		i	u	y		θ	o	e

内蒙古方言的长元音 ɛɛ、ɜɜ、œœ、ɔ ɔ、u u 与卫拉特方言的 æɛ、e e、θθ、y y 相对应,同时又与巴尔虎布利亚特方言的 ɜɜ、o o、u u 和复元音 a i、ɔ i 相对应。具体如下表:

巴尔虎布利亚特	a i	ɜɜ	ɔ i	o o	u u
内蒙古	ɜɜ	ɜɜ	œœ	o o	u u
卫拉持	æɛ	e e	θθ		y y

黑龙江的蒙古土语与我国蒙古标准语比较主要有以下三个特点:

①黑龙江蒙古语的辅音 t 与蒙古标准语的辅音 S 相对应。蒙古标准语的舌尖清擦音 S,在黑龙江蒙古土语中读舌尖送气音 t 。如:

汉 译	标准语	黑龙江土语	汉 译	标准语	黑龙江土语
好	赛音	太音	筷子	撒巴哈	他巴哈
心思	撒纳	他纳	胡须	撒哈勒	他哈勒
椅子	参达勒	滩达勒	奶	斯乌	突乌
器皿	撒巴	他巴	挤奶	撒合	他合
坐	苏	突	尾巴	苏勒	突勒
木梳	撒莫	他莫	剑	斯勒莫	特勒莫
分开	撒拉合	他拉合	醒	斯日合	特日合
月亮	撒日	他日	猴	撒木扎	他木扎
美丽	赛罕	太罕	部长	赛德	太德
意见	撒纳勒	他纳勒	权	撒拉	他拉
知觉	斯格	特格	胯	苏吉	突吉
悄悄地	斯莫日	特莫日	学习	苏日	突日

②黑龙江蒙古语的辅音 ʃ 与蒙古标准语的辅音 ʧ 相对应。蒙古标准语的舌叶清擦音 ʧ,在黑龙江蒙古土语中读清擦音 ʃ。如:

汉 译	标准语	黑龙江土语	汉 译	标准语	黑龙江土语
白色	查干	沙干	纸	查斯	沙斯
裂缝	查巴	沙巴	尼姑	查巴干赤	沙巴干赤
时间	查嘎	沙嘎	石头	出鲁	舒鲁
枣	查巴格	沙巴格	一同	出格	舒格
空暇	出勒	舒勒	酸羊奶	出日玛	舒日玛
鬼怪	出特合日	舒特合日	少	戳恨	说恨
骨髓	出莫格	舒莫格	聚集	出格拉	舒格拉
解放	出勒勒合	舒勒勒合	杯子	超木	绍木
门闩	出	舒	惊慌	超其合	绍其合
消息	其莫	西莫	启明星	超勒门	绍勒门
兵	其日格	射日格	钻孔	超勒合	绍勒合
滑雪板	查纳	沙纳	紧	常	伤

③黑龙江蒙古语辅音 l 与蒙古标准语的辅音 N 相对应。蒙古标准语鼻音 N,在黑龙江蒙古土语中变读为舌尖音 l 。如:

汉 译	标准语	黑龙江土语	汉 译	标准语	黑龙江土语
下重	那布帖会	拉布帖会	穿透	讷布特	勒布特
弹动	那布他勒扎合	拉布他勒扎合	矮子	那布他格日	拉布他格日
笼头	挠格特	捞格特	精通	讷布特日亥	勒布特日亥
叶子	那布赤	拉布赤	垃圾	挠布式	捞布式

④黑龙江蒙古语与蒙古标准语比较,在指示代词和时位代词词首有时增加辅音 M。如:

汉 译	标准语	黑龙江土语	汉 译	标准语	黑龙江土语
这个	额讷	莫额讷	那个	特热	莫特热
这样的	一莫	莫一莫	那样的	梯莫	莫梯莫
这里	恩德	莫恩德	那里	特恩德	莫特恩德

⑤黑龙江蒙古语与蒙古标准语比较,辅音 N 后的 g,处于词尾时,在黑龙江蒙古土语中 g 辅音要脱落;如果处于词中时有的脱落有的不脱落,不脱落的则发生前进同化 g 变为 N 辅音。如:

汉　译	标准语	黑龙江土语	汉　译	标准语	黑龙江土语
银	蒙格	蒙	虹	苏隆嘎	特隆
鬼魔	莽格斯	莽斯	大襟	鞥格日	鞥日
雷	阿用嘎	阿用阿			

蒙古标准语中某些词的含义在黑龙江蒙古土语中扩大了。如蒙古标准语中靴和鞋是有区别的两个词。靴子称“古他勒”、鞋称“沙亥”。而在黑龙江蒙古土语中统称为“古他勒”，只在词前加定语来区别。如夹鞋称“他布古他勒”，棉鞋称“霍绷古他勒”，靴子称“突里台古他勒”。使靴子——“古他勒”一词的词义扩大了。蒙古标准语称粮食为“布答”，称饭为“浩勒”，而在黑龙江蒙古土语中把粮食、饭均称“布答”，相反，把猪食称“浩勒”。标准语“波日”是指新娘、媳妇，在黑龙江蒙古土语中除指上述内容外，还指妻子、儿媳妇。标准语把榆树钱(树籽)称作“朱嘎”，在黑龙江蒙古土语中扩展为钱币。标准话“额日格合”为旋转之意，在黑龙江蒙古土语中增加了返回、探望、头昏等含义。黑龙江蒙古土语中除了将蒙古标准语中的某些词的词义扩大外，还有把标准语某些广义词缩小为专用名词的。如标准语“努恩”是男孩的通称，在黑龙江蒙古土语中却变成了“儿子”的专称。标准语“蒙格”是银和钱币的通称，在黑龙江蒙古土语中仅指银而言。“玛拉沁”一词在标准语中是牧民的通称，在黑龙江蒙古土语中仅指牛倌。“玛勒”一词，在黑龙江蒙古土语中专指牛而言，而在标准语中却是整个牲畜的总称。标准语“乌呼日”是牛的总称，而在黑龙江蒙古土语中仅指犍牛而言。“珠勒”是灯的通称，在黑龙江蒙古土语中却是佛灯的专称。“努如”一词指脊背、房脊，山脉，在黑龙江蒙古土语中只指腰脊和房檩。所以说，黑龙江蒙古土语，把蒙古标准语的某些专用词变为多义词，某些广义词又缩小为狭义的专用词。

黑龙江蒙古土语有很多词汇在其他蒙古地区不能通用，只能用于本地，这些词汇与蒙古标准语差别很大，确切地说是使用不同的词汇，举例如下：

汉 译	蒙古标准语	黑龙江蒙古土语	汉 译	蒙古标准语	黑龙江蒙古土语
嫂嫂	波日根	乌黑	风	撒力赫	加布日
姐姐	额格其	阿吉、阿别	箩	撒格斯	梯勒
妻子	格日给额赫讷日	额木根	枕头	德日	席仍
庭院	呼列	耙楞	儿子	呼	努思
屋地	嘎扎日	依勒德	锅盖	布日合斯	哈布哈特
窗台	窗恨台斯	塌板	袋子	乌他	他日
门槛	乌登宝舒格	鞯合	没关系	哈马乌贵	撒巴乌贵
窗户	窗	额得	山羊羔	依西格	乌奴格
顶不住	迪勒灰	要劳灰	没办法	阿日各乌贵	高日乌贵
夜晚	乌德希	奥瑞	裤腰带	额莫登特勒	乎热腾
耳聋	其合哈突	都力	我们	比登	玛登
兜	哈日曼	化都斯	早晨	乌日鲁格	额日特古日
稳	拉布敦	阿格敦	垃圾	浩格	列
容易	黑勒布日	耶如	粉色	亚干	混登
父亲	阿布	阿扎	犍牛	沙日	乌乎日
柜	阿布达日	郝日格	犁杖	安吉斯	呼勒格
黎明	乌日	哥格	柱子	巴根	图勒古日
跳蚤	诺亥因波思	古苏	簸箕	德波日	箕布合
烟袋	甘斯	岱	都	布日	浩
好看	高右	嘎嘎	枝丫	那黑亚	拉巴
差不点儿,好悬	哈勒特	额思勒	布谷鸟	胡乎赫	布波勒吉
锄头	阿日出日	羊苏日	把握	拉巴台	阿格敦
很好	答布	阿护	炕	汗治	拉哈
墙	合日莫	哈压	包袱	宝格赤	瓦登
秕糠	其格勒、合布格	阿格	发酵	依斯合	嘎式拉合
犟	刚敦	居如	坛子	宝登,玛鲁	瓦日

80

第二节　文　字

蒙古族早在 10 世纪时，就有了自己的文字，但是各部之间文字未能统一。后来于 13 世纪成吉思汗统一蒙古各部后，借用了回鹘式蒙古文，蒙古文才逐步趋向统一。元朝建立以后，蒙古社会在整个历史发展过程中，又出现了多种文字和音标，主要有回鹘式蒙古文(也称畏兀蒙文)、八思巴文、蒙古文(指现在用的蒙古文，也称胡都木蒙文)，阿里嘎里音标、托忒文、索永布文、瓦金德拉文，以俄文字母为基础的新蒙文等八种文字和音标。在黑龙江蒙古地区只推行过回鹘式蒙古文、八思巴文、蒙古文、托忒文，以俄文字母为基础的新蒙古文五种。

1.回鹘式蒙古文

是以回鹘文字母为基础来书写蒙古语的文字。公元 1204 年始用。元太祖成吉思汗于 1213 年为其诸子诸弟分封领地时，将兴安岭东西大片土地分给了他的季弟帖木哥斡赤斤。帖木哥斡赤斤带领他的族众和军队迁至兴安岭以东的黑龙江地区。当时回鹘式蒙古文正是普及发展时期，所以回鹘式蒙古文随着民族迁徙而进入黑龙江地域。初期，主要是在贵族子弟中传播，有的聘请巴克西，即老师教蒙古文，有的采取父传子承的方式教授蒙古文。不过回鹘式蒙古文在黑龙江蒙古地区普及率很低，没有形成规模，也没有专门的学校，只在极少数王公贵族子弟中传授。回鹘式蒙古文共二十个字母。元音字母五个，辅音字母十五个。属于拼音文字，从左向右竖写。语言学家们对回鹘式蒙古文字母的数量，看法也不尽一致，有的归纳为十九个，有的归纳为二十个。现将两种回鹘式蒙古文字母表分列如下：

回鹘式蒙古文字母表一①

顺序	词首	词中	词末	转写	顺序	词首	词中	词末	转写
					9				b
1				a	10				s
					11				š
2				e	12				t d
3				i					
4				o u ö ü	13				l
5					14				m
					15				č ǰ
6				n	16				y ǰ
7				ng	17				k g
8				q γ	18				r
					19				w

① 道布编：《蒙古语简志》，16页，民族出版社，1983。

回鹘式蒙古文字母表二①

1				a
2				e
3				i
4				o, u
5				ö, ü
6				n
7				ng
8				q
9				G
10				b
11				s
12				š
13				d, t̓
14				l
15				m
16				ǰ, č
17				y
18				g, k̓
19				r
20				w

83

① 鲍·包力高:《蒙古文字简史》(蒙文版),241 页,内蒙古人民出版社,1983。

2.八思巴文

1260年,元世祖忽必烈决定创造能书"万国言"的新文字。于是命西藏喇嘛八思巴创制蒙古新字。八思巴喇嘛受命后,在藏文与印度文的基础上,创制了一种新的方形拼音文字,俗称八思巴文,当时称蒙古新字。于1269年(元朝至元六年)正式宣布实行。当年元朝政府决定"置诸路蒙古字学。12月中书省定学制颁布行之,命诸路府官子弟入学,上路二人,下路二人,州一人。余民间子弟,上路三十人,下路二十五人。愿充生徒者,与免一身杂役"①。元代黑龙江蒙古地区归属辽阳行省,根据这一规定辽阳行省各路、府、州、城均建立了蒙古字学,即蒙文学校,开始普及八思巴文。有元一代,八思巴文主要用于官方文书、圣旨、印玺、碑铭、牌符、邮传等,在民间流通很少。黑龙江地区发现的八思巴文遗迹,主要有1925年阿城出土的八思巴文"镇宁州诸军奥鲁之印"和1977年6月在阿城县白城出土的八思巴文"管水达达民户达鲁花赤之印"。

八思巴字为方形拼音文字,对八思巴文字母数目诸家众说纷纭。据《元史》载,忽必烈命八思巴"制蒙古新字,字成上之。其字仅千余,其母凡四十有一"②。这说明当时八思巴文只有四十一个字母。但是现代学者对此认识不尽一致,有主三十五说、四十七说等等。《八思巴字和蒙古语文献》一书认为"八思巴字原始字母表共有四十一个字母"③。其中辅音字母三十三个,元音半元音字母八个。

下面将两个八思巴文字母表分列如下,以供参考。

① [明]宋濂:《元史》,卷八一,2028页,中华书局,1976。
② [明]宋濂:《元史》,卷二〇二,4518页,中华书局,1976。
③ 照那斯图:《八思巴字和蒙古语文献》,3页,日本东京外国语大学,1990。

八思巴文字母总表—①

编号	字母	汉译	转写	19	习	惹	dʐ	38	凹	恶	(待定)
1	丌	葛	k	20	臣	嘚	w	39	匚	也	è/e
2	阽	渴	k'	21	冏	若	ž	40	⊿	鬲	ų
3	百	呿	g	22	彐	萨	z	41	≺	耶轻呼	ị
4	己	莪	ŋ	23	厈	阿	·	42	彐	[奉]	hų
5	日	者	tš	24	W	耶	j/y	43	习	[书]	š₂
6	舌	车	tš'/č'	25	工	啰	r	44	石	[匣]	ħ
7	巨	遮	dž/ĵ	26	凹	罗	l	45	山	[幺]	j
8	冂	倪	ň	27	弓	设	š₁/š	46	弓		p'
9	石	怛	t	28	从	沙	s	47	一		r
10	弓	挞	t'	29	石	河	h	48	一		r
11	乙	达	d	30	W	哑	'	49	帀		t
12	司	那	n	31	幂	伊	i	50	巨		t'
13	弓	钵	p	32	爻	邬	u	51	乙		d
14	弓	登	p'	33	爻	翳	e/ė	52	石		ņ
15	凸	末	b	34	入	污	o	53	一		ṇ
16	刋	麻	m	35	四	逻轻呼	G	54	𠃊		ị̄
17	习	抄	ts	36	四	霞	γ	55	𠃊		ų
18	习	攃	ts'	37	乞	法	hų	56	𠆢		ė

说　明

1～41 号字母属原字母表；42～56 号字母为后增字母。38 号字母仅见于文献中的字母表，未见实际用例。

①　照那斯图：《八思巴字和蒙古语文献》，48 页，日本东京外国语大学，1990。

85

八思巴文字母表二①

1		ka	21		ža
2		kʻa	22		za
3		ga	23		a
4		ŋa	24		ya
5		ča	25		ra
6		čʻa	26		la
7		ǰa	27		ša
8		ňa	28		sa
9		ta	29		ha
10		tʻa	30		ʻa
11		da	31		ya
12		na	32		Ga
13		pa	33		ya
14		pʻa	34		wa
15		ba	35		
16		ma	36		i
17		ca	37		u
18		cʻa	38		e
19		ja	39		o
20		wa	40		ė

---

① 鲍·包力高:《蒙古文字简史》,253 页,内蒙古人民出版社,1983。

86

3.蒙古文

即现行蒙古文,也称胡都木蒙文。它是在回鹘式蒙古文基础上,经过长时间的改革而逐步形成的,与回鹘式蒙古文字母相比较,不仅字母的数目增加,同时字母的形体也有了很大的变化。蒙古文字母共二十九个,其中元音五个,辅音二十四个。但是蒙古文的拼写与现代口语读音并不一致,主要表现在元音方面。蒙古文元音字母只有五个,而现代蒙古语口语短元音有十一个。其中 a、ə 单独形体,i、ι 两个元音在蒙古文中写法一致,ɔ、ω 两个元音在蒙古文中形体一致,o、u 两个元音在蒙古文中写法也是一致的,ε、œ、Y 三个元音,在蒙古文里分别与元音字母 i 前的 a、o、u 三个元音字母对应。即 ε=a…i,œ=o…i,Y=u…i。蒙古文是从左向右竖写的拼音文字,字母在拼写时,分别有用于词首、词中,词尾的三种形体。其中,f、k、h、ts、dz、ž、lh 七个字母只拼写借词时使用。p、č、j、f、h、ts、dz 七个字母不出现在词尾。ž、lh 两个字母只出现在词首。ng 不出现在词首。从明代以来黑龙江蒙古地区各级学校以及在蒙古社会环境中普遍通用蒙古文。尤其在杜尔伯特蒙古族自治县这类实行民族区域自治的地方,不论国家机关的文书,社会上的牌匾,还是学校教育,文学创作以及民间诉讼等都有运用蒙古文的自由,在蒙古族聚居的民族乡镇以及村屯也都通用蒙古文。

4.托忒文

公元 1648 年(清朝顺治五年)卫拉特蒙古和硕特部的著名学者扎雅班迪达,在回鹘式蒙古文基础上,创造了适于西部卫拉特方言的托忒文。托忒文的特点是一字一音,避免混淆。托忒文共有三十二个字母,其中短元音字母七个,辅音字母二十五个。长元音 aa、ee、oo、öö 用在相应的短元音字母下面加一个附加符号"#"的方法来表示;i i、u u、ü ü 分别用双写字母表示。黑龙江使用托忒文的蒙古地区只在依克明安旗,即今富裕县的卫拉特蒙古族中。清乾隆二十二年,即公元 1757 年依克明安部从阿尔泰迁至乌裕尔河流域时,从新疆将托忒文带进黑龙江地区,但是由于人口少,使用范围小,很快放弃,改用了蒙古文。

蒙古文字母表①

顺序	词首	词中	词末	转写	顺序	词首	词中	词末	转写
1				a	15				š
2				e	16				t d
3				i	17				č
4				o u	18				ǰ
5				ö ü	19				y
6				n	20				r
7				b	21				w
8				p	22				f
9				q	23				k
10				γ	24				h
11				k g	25				ts
12				l	26				dz
13				m	27				ž
14				s	28				lh
					29				ng

① 道布编:《蒙古语简志》,163 页,民族出版社,1983。

托忒文字母表①

顺序	词首	词中	词末	转写	顺序	词首	词中	词末	转写
1				a	17				t
2				e	18				b
3				i	19				m
4				o	20				z
5				u	21				ǰ
6				ö	22				c
7				ü	23				č
8				n	24				y
9				ng	25				r
10				x	26				l
11				k	27				w
12				γ	28				s
13				q / g	29				š
14				g	30				f
15				k	31				p
16				d	32				h

① 道布编：《蒙古语简志》，167 页，民族出版社，1983。

5.以俄文字母为基础的新蒙文

蒙古国学者达木丁苏荣先生在俄文字母基础上创造了新蒙文,俗称斯拉夫蒙文。"1941 年 3 月,蒙古族民革命党中央委员会和部长会议推行以俄文字母为基础的新蒙古文字。"①1946 年 1 月 1 日正式推行使用。这种文字在蒙古国运用至今。在我国蒙古族中于 1955 年开始实行以俄文字母为基础的蒙文,当时称新蒙文,黑龙江蒙古地区与我国其他蒙古地区一样,在社会上,在学校中都推广了新蒙文。推行两年后,于 1957 年停止使用。斯拉夫蒙文共三十五个字母,其中元音字母十三个,辅音字母二十个,另有硬音符号和软音符号各一个。字母从左向右横书。

斯拉夫蒙文字母表②

А а	Б б	В в	Г г	Д д	Е е	Ё ё
Ж ж	З з	И и	Й й	К к	Л л	М м
Н н	О о	Ө ө	П п	Р р	С с	Т т
У у	Ү ү	Ф ф	Х х	Ц ц	Ч ч	Ш ш
Щ щ	Ъ ъ	Ы ы	Ь ь	Э э	Ю ю	Я я

90

---

① [蒙古]锡林迪布,等:《蒙古族民共和国通史》,424 页,科学出版社,1958。
② 《简明蒙汉词典》,2 页,民族出版社,1969。

第四章　教育科技

第一节　教　育

1.社会教育

　　蒙古族虽然在公元 10 世纪就已经有了文字,但是各部落之间差异很大,有些部落学习文字的时间较早,有些部落较晚。除了文字教育外,其他方面的社会教育已通过历史的发展而传承下来。教育内容主要有以下几种:

　　一是生产技能教育。唐、辽时期蒙古族还是狩猎民,所以人们从小就要受到狩猎技能方面的传统教育。教孩子们学会用桦木、榆木制作弓箭、布鲁,用马尾、树皮纤维、藤萝制作套子等狩猎工具。然后教孩子们怎样运用这些工具猎取小型禽兽,并带领他们到森林中狩猎,具体实践使孩子们从小就掌握生产技能。生产技能教育是古代蒙古族最重要的教育内容之一,它涉及到人的生存和发展,所以古人特别注重生产技能教育。

　　二是军事素质教育。氏族部落时期兵民一体,当本部落受到外部落侵犯时,全体属民出动进行抵抗;在征服其他部落时,也要全民参战。所以,对部落属民从小就进行军事素质教育。军事素质教育,主要包括"骑马、摔跤、射箭"三项活动。古代蒙古族称"男儿三艺"。所有的人都必须熟练这三项技艺。三项技艺出类拔萃者才能被选为部落酋长或被誉为巴特尔、莫尔根等称号。军事素质教育与生产技能教育有密切联系。征战时,或追赶敌人,或撤退逃逸,或搏斗厮杀,或远程射杀都需要精湛的马术、压倒一切的力量和准确的箭法。而狩猎时,追赶野兽、与野兽搏斗、射杀野兽,也需要速度快,力量大,箭术准。因此,骑马、摔跤、射箭就成为蒙古族必须具备的条件,从小就开始熟练地掌握"三项技艺"。

　　三是历史起源教育。蒙古族历来就有记忆自己族源谱系的习惯。家长对

91

孩子们从小就进行族源历史方面的教育。所以蒙古族从小就知道自己属于哪一部落、哪一姓氏,对族源谱系特别清楚,到当代为止,蒙古族都知道自己的部落姓氏。波斯人拉施特曾说过:蒙古族"全都有清晰的谱系,因为蒙古族有保存祖先的系谱、教导出生的每个孩子知道系谱的习惯。这样他们将有关系谱的话语做成氏族的财产,因此他们中间没有人不知道自己的部落和起源。除蒙古族外,任何别的部落都没有这个习惯"①。正如拉施特所言,蒙古族把族源教育作为人生的重要教育内容,所有蒙古部落都有自己的谱系,不论发展到何时,他们都清楚地了解自己部落的世系。这种教育形式一代一代的沿传下来,即或是到了科学现代化的今天,人们仍然把这种教育作为一种传统美德,继续沿传下去。

四是团结、忠义教育。团结是氏族部落生存的标志,只有团结部落才能巩固发展,才能有战斗力。古代蒙古族《阿阑豁阿五箭教子》传说,是给后代人进行团结教育的座右铭。至今为止,蒙古族仍以《阿阑豁阿五箭教子》的故事来开导自己的子女,从古人的遗训中借鉴有益的经验教训。忠义教育,也是古代蒙古族的重要教育内容。从道德伦理角度,每个人都要做到"忠义"。提倡属民要对部落酋长忠义,子女要对父母忠义,安达之间要相互忠义。只有这样才能在社会上做人,否则就会被人非议。这种忠义观,对蒙古社会影响特别深远,一直到公元 13 世纪时,对不忠义行为仍进行严惩。

2. 家庭教育

家庭教育是蒙文教育的基础,蒙文主要是通过家庭教育进行普及的。家庭教育有两种形式,一是父传子承式,二是请家庭教师进行教学。前者多为平民,后者多为贵族家庭。唐代黑龙江境内的蒙兀室韦人,辽代黑龙江境内的乌古敌烈部,金代黑龙江境内的朵儿边部,豁罗剌思部等都是通过家庭教育的方式学习蒙古文的。

1) 蒙元时期

1204 年元太祖成吉思汗攻打乃蛮部,俘虏了乃蛮部塔阳汗的掌印官塔塔

---

① [波斯]拉施特:《史集》,第一卷,第二分册,11 页,商务印书馆,1983。

统阿。"塔塔统阿,畏兀人也,性聪慧、善言论,深知本国文字。"①于是成吉思汗命塔塔统阿"教太子诸王以畏兀字书国言"②。这是皇室中的家庭教育。后称畏兀字为畏兀蒙文。现代蒙古文,就是在畏兀蒙文基础上逐渐改革演化而来。1206年成吉思汗建立蒙古帝国后,向全国推广畏兀蒙文。1213年成吉思汗为诸子、诸弟分封领土时,将黑龙江地区分给了他的季弟帖木哥斡赤斤,并封为国王,成为东道诸王之首。斡赤斤从漠北率部来黑龙江地区时,将畏兀蒙文也带至东土。并聘请回鹘人岳璘帖穆尔为家庭教师,训导诸王子学习蒙文。斡赤斤卒后,其嫡孙塔察尔袭国王位,继续统治黑龙江地区。当时回鹘人撒吉思是斡赤斤、塔察尔两代国王的笔扎赤,即秘书官,并领王傅。他是回鹘国阿大都督多和思的次子,通晓畏兀文字。所以撒吉思在职期间继岳璘帖穆尔之后兼任斡赤斤、塔察尔家族的家庭教师。斡赤斤、塔察尔家族众多子女都是通过撒吉思来学习畏兀蒙文的。当时在蒙古社会学习畏兀蒙文已成为时尚,所以,蒙古贵族都请家庭教师为子女教授蒙文。而普通家庭,则采取父传子承的方式学习蒙文,通过这种方法,把蒙文一代一代的传承下来。1271年忽必烈建立元朝以后,家庭教育仍然是政府教育的重要组成部分。1291年(元至元二十八年)朝廷规定"自愿招师,或自受家学于父兄者,亦从其便"③,政府并不限制家庭教育。因此,辽阳行省(今黑龙江省地)各万户府的官员及达鲁花赤,都请家庭教师对子女进行蒙文教育。

2)明代

黑龙江地区归属奴儿干都指挥使司管辖。蒙古族所居之地,设置了福余、朵颜、泰宁三卫,也称"兀良哈三卫"。三卫地处明朝与北元的边境线上,因此,三卫成为战略要地。1368年明朝建立后,社会上形成三大势力,即明朝、鞑靼(北元)、瓦剌(额鲁特蒙古)。北元与瓦剌为了恢复元朝而与明朝对峙;瓦剌为了夺取北元皇位联明进攻鞑靼;明朝为了削弱瓦剌达到各个击破的目的而协助北元征讨瓦剌,形成三足鼎立之势。而处在黑龙江地面的福余卫以及朵颜、

① [明]宋濂:《元史》,卷一二四,3048页,中华书局,1976。
② [明]宋濂:《元史》,卷一二四,3048页,中华书局,1976。
③ [明]宋濂:《元史》,卷八一,2032页,中华书局,1976。

泰宁卫,则成为以上三种势力的争夺对象,三卫的蒙古族在三种势力的夹缝中生活,处境艰难。因此,在明代蒙古地区根本就没有学校教育,主要依靠父传子承式的办法教授蒙文。所以,家庭教育在明代已成为主流。

3)清代

从1644年入关到1911年清朝灭亡,共存在267年。在灭亡前五年,即1907年(光绪三十三年)在蒙古地区始建公立学校。等于整个清朝,黑龙江蒙古地区没有公立学校。在这种情况下,家庭教育在清代自然就成了主要教育方式。"父教子承"式的传统教育,在清代普及较广。居住在黑龙江地区的蒙古居民,几乎家家都有手抄的《蒙文识字读本》,蒙古语称《阿日本·郝亦尔·套鲁盖》,亦称《查干套鲁盖》。至今在齐齐哈尔图书馆古籍部仍藏有光绪十五年的手抄本《查干套鲁盖》。在杜尔伯特旗、郭尔罗斯后旗蒙古族家中仍存有这种识字读本。在解放前没有创办蒙文学校时,蒙古族知识分子,多数是通过"父教子承"的方式学习蒙文的。所谓的《蒙文识字读本》就是将蒙文的七个单元音和十五个基本单辅音拼成若干个音节的读本。会读、会写这些音节,基本上就能通读蒙文作品和书写蒙文文章了。所以《查干套鲁盖》对初学者来说是个特别有效的启蒙识字读本。除了平民百姓采取"父教子承"的教学方式外,一般官宦人家,都请一位"巴格西",即家庭教师给其子女教授蒙文。如杜尔伯特旗王府、后新屯贝子府、东吐莫何公府、保日浩特包公府;郭尔罗斯后旗西公府、东公府;扎赉特旗王府;依克明安旗贝子府等地,都聘请巴格西教学。据《肇源县教育志》记载:郭尔罗斯后旗"蒙族贵族世家、官员和有物力的家庭相继办起家庭塾馆17所,学生近100人。用蒙文翻译的儒学典籍教育本民族子弟"。这种家庭教育形式经历了中华民国、伪满洲国,一直到中华人民共和国成立。

3.私塾教育

黑龙江蒙古地区的私塾教育始于元代。从蒙古汗国建立到元朝推行蒙古字学校止,在这段时间,有的万户府的达鲁花赤曾组建过私塾,使本万户府所有官员的子弟入学读书。私塾与家庭教育的不同之处是,家庭教师只教授一个家庭的子女,而私塾的教师要教授几个家庭或十几个家庭的子女。并且具有类似学校的专门教授场所。元代的私塾,存在的时间短,朝廷在全国各行省普遍建立公立学校后,私塾也就自然被淘汰了。

1)明代

在史料中还没有发现有关建立蒙文私塾的记载。

2)清代

是蒙文私塾的发展时期。据《肇源县教育志》记载:"同治三年(1864)在八大驿站中已有五个驿站形成小集镇,有私塾 37 所,其中蒙族私塾 11 所,学生651 人。直至光绪三十二年'废科举,兴学堂'时,全县有私塾 57 所(含蒙族 7所),学生 1 530 人。"①蒙文私塾到光绪三十二年时,已由同治年间的 11 所下降至 7 所。除上述郭尔罗斯后旗 7 所私塾外,光绪三年(1877),杜尔伯特旗后新屯台吉道尔吉,创办了一所家庭私塾,从土默特旗请来一位兼通蒙、满、汉三种语言文字的教师王金宝先生做家庭私塾教师,教授其儿子乌尔图那苏图和两个侄子共 3 名学生。除了教授蒙文外、还教蒙、满、汉三文合璧的《三字经》、《名贤集》以及汉文《四书》等。宣统元年(1909),杜尔伯特旗札萨克府所在地巴彦查干建立一所蒙文私塾,共 7 名学生,都是王公、台吉和札萨克府官员子弟。从喀喇沁旗聘来一位冯先生任教,主要教授蒙文《查干套鲁盖》和蒙译本《百家姓》、《三字经》、《名贤集》、《千字文》等书籍。大约在同治末光绪初年,依克明安旗在大泉子屯成立一所蒙文私塾,学生只有十几人,从扎赉特旗请来的教师,以教授蒙文为主。至清末,黑龙江蒙古地区共建了 11 所蒙文私塾。

3)中华民国时期

黑龙江蒙古地区,尚有蒙文私塾 12 所。

(1)杜尔伯特旗巴彦查干蒙文私塾。建于民国元年(1912),实际是宣统元年(1909)创建的。经过辛亥革命战乱,暂停一段后又重新恢复。到民国十九年(1930)私塾停办,学生转入杜尔伯特旗公立初高两级小学校。

---

① 梁枫主编:《肇源县教育志·概述》,3 页,肇源县教育志编纂委员会,2001。

（2）杜尔伯特旗后新屯贝子府蒙文私塾。建于民国元年(1912)，实际是光绪三年(1877)所建的家庭私塾延续而来。

（3）杜尔伯特旗敖林西伯屯蒙文私塾。建于民国元年(1912)，从喀喇沁左旗聘请一位陈先生任教。

（4）杜尔伯特旗东吐莫屯蒙文私塾。建于民国元年(1912)，由玛希任教，以教授蒙文为主。

（5）杜尔伯特旗布拉和屯蒙文私塾。建于民国元年(1912)，由郭尔罗斯后旗聘请来的何兴民先生任教，以教授蒙文为主。

（6）杜尔伯特旗哈布塔屯蒙文私塾。建于民国元年(1912)，由拉布坦先生任教，以教授蒙文为主。

（7）杜尔伯特旗好尔陶屯蒙文私塾。建于民国元年(1912)，由阿拉塔先生任教。

（8）杜尔伯特旗布木格屯蒙文私塾。建于民国元年(1912)，由乌云高勒先生任教，以教授蒙文为主。

（9）杜尔伯特旗三面井屯蒙文私塾。建于民国五年(1916)，由乌云先生任教。

（10）杜尔伯特旗官儿屯蒙文私塾。建于民国五年(1916)，由白斯楞先生任教。

（11）依克明安旗大泉子屯蒙文私塾，建于民国元年(1912)，实际是光绪初年所建的蒙文私塾沿传而来。于民国十九年(1930)停办，并入依克明安旗公立初级小学校。

（12）郭尔罗斯后旗蒙古地主庄院蒙文私塾。具体建校时间不详，教授蒙汉两种文字。

4）伪满洲国时期

1937年5月2日伪满洲国国务院正式公布《学制纲要》，从1938年1月1日起实行。《学制纲要》中规定将私塾改名为国民义塾。伪满洲国时，国民义塾仅剩2所。有杜尔伯特旗中新屯国民义塾，建于1937年(伪康德四年)；由中新屯当地大户阿木尔门德联合其他大户出资联办的，初建时称中新屯私塾，1938年(伪康德五年)改名为中新屯国民义塾。翟温如先生教汉文，赵巴图先生教蒙文，1941年(伪康德八年)改为公立中新屯国民学校，由曲俊祥先生任教。杜尔伯特旗前新屯国民义塾，建于1939年(伪康德六年)，由当地开明人士敦都圭出资创办，教员傅信兴教汉文，学董敦都圭本人教蒙文。后由于办学经费拮据，义塾于1941年(伪康德八年)解散。

解放以后，再无私塾学校。

4.寺庙教育

寺庙中的蒙文教育，始于清代。清政府在蒙古地区实行盟旗制度，限制了游牧蒙古族的自由和相互联系。这样做还不放心，便在蒙古地区宣扬藏传佛教中的格鲁派，即黄教，提倡修建庙宇，鼓励蒙古族当喇嘛。朝廷对当喇嘛的人免除兵役、劳役、税赋，所以吸引很多蒙古青壮年进入寺庙，充当喇嘛。藏传佛教格鲁派的宗旨是"不修今世修来世"。通过佛教信仰麻痹蒙古族的意志，使慓悍勇敢、富有进取精神的蒙古族丧失了斗争性。充当喇嘛者，终日沉湎于修行作法，诵经作乐。信仰佛教者，朝夕烧香拜佛，乞求神灵保佑，不考虑民族发展，不参与社会斗争。当局规定，蒙古族家，哥俩必有一人当喇嘛，哥仨要有两人当喇嘛。当喇嘛不准娶妻生儿育女，这就使蒙古族人口骤然下降，加之喇嘛人数增多，在寺庙中不劳而获，要由社会上剩余的少数劳动者供养他们，这就使蒙古社会的经济处于崩溃的边缘。1684年(康熙二十三年)清政府为了推崇佛教，特为杜尔伯特旗、郭尔罗斯后旗、扎赉特旗修建旗寺，分别称富余正洁寺、衍福寺、全禧平安寺，乾隆年间又为依克明安旗修建旗寺，称大智寺。至此，黑龙江蒙古地区大兴修庙之风，佛教庙宇如雨后春笋般遍地开花。旗有旗寺，努图克有努图克庙，甚至村屯也修起了庙宇。在清代，黑龙江四蒙旗共建了40座庙宇，喇嘛人数达1 800人。清政府想利用这种愚民政策使蒙古族更加无知无为。没想到任何事务都有两重性：从害处讲，藏传佛教的传播，使蒙古族树立唯物主义世界观、培养勇敢斗争精神、开发民智、发展人口等方面均受到损害；从益处讲，藏传佛教的传播，对蒙藏文化的交流、喇嘛知识分子的培养、翻译工作的发展、人的思想意识的陶冶等方面都起到了促进作用。因为佛教经卷,原来都是藏文写就的,蒙古喇嘛每日都要诵经,这就必然要学习藏文、藏语,否则就无法诵读经卷,所以诵经本身就造就了喇嘛们掌握藏文技能。特别是在黑龙江四蒙旗寺庙中还有一个特殊情况,那就是杜尔伯特旗境内的各寺庙,全部诵读蒙文经卷。这就自然要求对藏文经卷进行翻译,或者撰写蒙文经卷。这为蒙古文的发展提供了较好的机遇,为培养蒙古族知识分子创造了条件。寺庙喇嘛们都成了教授蒙文的先驱者。在清代,黑龙江地区蒙文水平较高的人,大部分是寺庙的喇嘛,寺庙与喇嘛为蒙文的普及作出了贡献,这是历史发展的必然。

民国以后,黑龙江蒙古地区尚有 24 座喇嘛寺庙,喇嘛人数达 1 220 人。其中杜尔伯特旗 9 所寺庙 425 人,郭尔罗斯后旗 8 所寺庙 421 人,扎赉特旗 6 所寺庙 319 人,依克明安旗 1 所寺庙 55 人,计 1 220 人。这些喇嘛虽然没有在正规学校学习蒙文,但同样也学到了蒙文知识,特别是在用蒙文翻译藏文经卷方面取得了丰硕成果。这是一支不可忽视的知识人才队伍。他们在哲学、天文、历法、医学等方面都有相当的研究,推动了蒙古族社会科学技术的进步与发展。

5.官学教育

黑龙江地区的蒙古族,在辽、金时期也曾受过官学教育,但学的是契丹文和女真文,真正在官学中学习蒙文是始于元代。

1)元朝

是蒙文官学繁荣发展时期。1260 年忽必烈即位后,"特命国师八思巴创制蒙古新字,译写一切文字,期于顺言达事而已"①。所谓"蒙古新字"是相对于1204 年开始所普及的畏兀蒙文而言。八思巴经过十年的努力,终于完成了蒙古新字的创制,于 1269 年(至元六年)农历二月"诏以新制蒙古字颁天下"②。同年,各行省、诸路建立蒙古字学,在全国普及创制的蒙古新字。元代所说的"蒙

---

① [明]宋濂:《元史》,卷二〇二,4518 页,中华书局,1976。
② [明]宋濂:《元史》,卷六,121 页,中华书局,1976。

古字学"，就是指学习蒙文的学校。黑龙江地区的桃温、斡朵怜、孛苦江、胡里改、脱斡怜、塔海、失宝赤、蒲峪路、肇州、开元等 10 个万户府，古州、兀良哈、乌裕尔 3 个千户所以及塔城、明安伦、乃颜 3 城，共 16 地，先后都建立了蒙古字学。蒙古字学招收学生的范围，主要是路、府、州、千户所官员子弟以及民间子弟。每府蒙古字学学生 26 人，每州、城 11 人。黑龙江地区 10 个万户府共有生员 260 人，6 个千户所和城共有生员 66 人，总计 326 人。除此之外，万户府达鲁花赤、万户、副万户的子弟读完府学后可以到京都蒙古国子学深造。

2）明朝

黑龙江蒙古地区是个多战事之地，由于不间断地进行迁徙和战争，没有一个和平安宁的定居环境，所以也就不会有学校教育。因此，在诸多史籍中，均没有有关明代黑龙江蒙古地区蒙文学校的记载。

3）清朝

"学校新制之沿革略分二期，同治初(1862)至光绪辛丑(1901)以前为无系统教育时期，辛丑以后至宣统末(1911)为有系统教育时期。"①黑龙江蒙古地区的官学产生于"有系统教育时期"。在这一时期共建立了 11 所蒙文官学。有郭尔罗斯后旗公立蒙古小学堂，建于光绪三十三年(1907)，校址在札萨克府附近，学生 15 人，1 个教学班，2 名教师。郭尔罗斯后旗西公府公立蒙古小学堂，也建于光绪三十三年(1907)，校址在公营子屯，10 名学生，1 个教学班，2 名教员。满蒙师范学堂，光绪三十四年(1908)，建于省城齐齐哈尔，"满蒙师范学堂，校址在省城西门外，光绪三十四年三月开办，教职员 10 人，班数 2 个，学生 90 人"②。民国元年(1912)停办。满蒙师范学堂附设满蒙初等小学堂，与上述满蒙师范学堂同时设立，属于满蒙师范学堂附属小学。杜尔伯特旗当奈坡公立小学堂，建于光绪三十四年(1908)，"由安达厅翟卒创设，招蒙子九人"③。宣统三年(1911)停办。郭尔罗斯后旗两等小学堂，建于宣统元年(1909)，招收学生 40 人。于宣统三年(1911)停办。依克明安旗初等小学堂，建于宣统二年(1910)，

① 赵尔巽：《清史稿》，缩印版，卷一〇七，414 页，总 9208 页，上海古籍出版社，1986。
② 《黑龙江省志·教育志》，266 页，黑龙江人民出版社，1996。
③ 张醒东：《自编乡土教材》，民国四年版，现存于林甸县档案馆。

民国元年(1912)停办。郭东初等小学堂,建于宣统二年(1910),"郭东初等小学堂,校址设在郭尔罗斯后旗东公爷府院内,一个班级,占用府内西厢房三间,尚属宏敞,学生13人,教职员2人,教师是满蒙师范毕业生的富文德"①。郭西初等小学堂,建于宣统二年(1910),校址在郭尔罗斯后旗西公爷府院内,校舍5间,2个教学班,35名学生,2名教员。扎赉特旗初等小学堂,建于宣统二年(1910),校址在扎赉特旗札萨克府院内,学生30人,教员1名。扎赉特旗三所初等小学堂,建于宣统二年(1910),学生20名,地址在扎赉特旗三所租局地方。综上,清代的11所蒙文官学,都建于清末,其中建于光绪三十三年至三十四年的5所,建于宣统二年的6所。最早的距清亡前五年。所以清代的蒙文官学,时间短,效能低,发展缓慢。

4)民国时期

黑龙江蒙古地区的蒙文教育,在民国年间,随着教育大变革的潮流,蒙文教育也发生了新的变化。不仅建立了初等蒙文学校,同时还建立了中等蒙文学校;不仅在蒙旗建立了蒙文学校,同时在省城齐齐哈尔也建立了蒙文学校,为全省各蒙旗官民子弟读书提供了较高一级的教育场所。民国年间是蒙文教育发展最好时期,全省共建立了11所公立蒙文学校,其中除2所是恢复清末始建的学校外,其他9所都是新建的公立蒙文学校,是历史上的最好时期。

(1)黑龙江蒙旗初高等小学校,建于民国三年(1914),地址设在省城齐齐哈尔,学生免纳学费、膳费,同时供给操衣、书籍、文具用品,属于供给制寄宿学校,课程设置有蒙文、修身、国文、美术、图画、唱歌、体操等7科,彻底废除了清代教授的"四书"、"五经"之类的儒学经典。

(2)黑龙江省立蒙旗中学校,建于民国六年(1917),地址在齐齐哈尔城,学制四年,学额30人,教职员工9人。民国十三年(1924)停办。

(3)黑龙江省立师范学校满蒙班,因光绪三十四年(1908)建立的满蒙师范学堂于民国元年(1912)停办,为了继续给四蒙旗培养师资,在省立师范学校内增设了满蒙班,学额30人。

---

① 梁枫主编:《肇源县教育志》,158页,肇源县教育志编纂委员会印刷,2001。

（4）郭尔罗斯后旗东公爷府初等小学堂，是清代宣统二年(1910)创立，清末停办，民国元年(1912)恢复的学校，民国三年(1914)称旗公立第一初等小学校。

（5）郭尔罗斯后旗西公爷府初等小学堂，也是宣统二年(1910)设立，清末停办，民国元年(1912)恢复的学校。

（6）郭尔罗斯后旗义顺口蒙古小学校，建于民国十四年(1925)，校址在义顺口屯。

（7）杜尔伯特旗札萨克府初高两级小学校，建于民国十九年(1930)，校址在巴彦查干屯，初建时只有2名教师、8名学生，到民国二十一年(1932年)已面向全旗招生，学制初小四年，高小二年，学生超百名，教职员工6名。

（8）泰来设治局蒙古学校，建于民国四年(1915)，学生24人，教员2人，夫役1人。

（9）扎赉特旗二龙梭口汉蒙小学校，建于民国四年(1915)，学生40人，教员2人，学生以汉文为主，兼学蒙文。

（10）扎赉特旗公立巴彦哈喇小学，建于民国十八年(1929)，校址在扎赉特旗札萨克府院内，"共招收了30~40学生，后来发展到300余人"①。

（11）依克明安旗初级小学校，建于民国十九年(1930年)，校址在依克明安旗札萨克府院内，4个班120名学生，教职员工5人。民国二十年(1931年)停办，仅存在一年零五个月。

除上述11所公立学校外，还有2所私立学校。一是黑龙江蒙旗私立师范学校。这所学校是民国十八年(1929)由扎赉特旗、杜尔伯特旗、郭尔罗斯后旗、依克明安旗以及东西布特哈旗共同创建的。归黑龙江蒙旗教育委员会领导。校址设在齐齐哈尔城。学制六年，分为四二制，初级四年，高级二年。民国二十五年(1936)设在沈阳的东北蒙旗师范学校并入黑龙江蒙旗私立师范学校，并改名为兴安师范学校。二是郭尔罗斯后旗玺山小学校，民国十九年(1930)郭尔罗斯后旗花尔屯蒙民宝玺山私人出资创办。学校归蒙旗教育委员

① 拉木扎布：《巴彦哈喇公办小学的诞生》，138页，2001。

会领导，这是民国时期黑龙江蒙古地区第一所比较正规的私立蒙文小学校。

5）伪满洲国时期

奴化教育是伪满洲国最基本的教育目的。为了实现这一企图，提出了实行"王道主义"教育方针，把"王道主义"作为伪满洲国的立国宗旨，大力鼓吹"王道乐土"、"日满一德一心"、"大东亚共荣"等。1936年(伪康德三年)伪满洲国文教部提出的小学教育方针是："基于建国精神、回銮训民诏书之趣旨，基于东洋道德，涵养其道德；依勤劳主义，以课实业科、作业科，以期养成勤劳爱好之精神，表现与友邦日本不可分之关系，日语课为正科，以期养成满洲国第二国民之素质。"从而可以看出：一是不以传授知识为重点，使儿童成为愚昧无知的人；二是以实业、劳作为重点，以充当日本帝国主义掠夺中国资源的合格劳动力；三是灌输"日满亲善"、"日满不可分"，培养依附于日本侵略者的奴隶。所以，伪满洲国的教育，就是为日本帝国主义侵略服务的，是为奴化中国人服务的。1938年(伪康德五年)，伪满洲国国务院正式公布，将以前的初等小学改为国民学校，高等小学改为国民优级学校。在课程设置上，国民小学开设蒙文、国语、社会、自然、美术、算术、体育、音乐、修身等9科，1936年(伪康德三年)开始四年级增设日语。国民优级学校开设修身、蒙文、国语、讲经、日语、美术、历史、地理、自然、实业、体育、图画、家事、裁缝等14科。伪满洲国时，黑龙江蒙古地区，共有公立学校23所。

（1）黑龙江蒙旗私立师范学校，是从民国时期过渡而来。1935年(伪康德二年)，移归兴安北省管辖，改名为蒙旗公立师范学校。1936年(伪康德三年)，沈阳东北蒙旗师范并入黑龙江蒙旗公立师范学校，并改名为兴安师范学校。1938年(伪康德五年)，迁至兴安东省所在地扎兰屯，改名为兴安东省师道学校。

（2）杜尔伯特旗巴彦查干国民优级学校。它的前身是民国十九年(1930)建立的杜尔伯特旗札萨克府初高两级小学校。1938年(伪康德五年)改名为杜尔伯特旗巴彦查干国民优级学校。

（3）郭尔罗斯后旗旗立兴安国民优级学校。该校建于1942年(伪康德九年)，校址在肇源城，学生最多时达280人，9个教学班，教职员12人。

（4）依克明安旗大泉国民优级学校。详见大泉国民学校。

（5）郭尔罗斯后旗旗立第一初级小学校。该校前身是宣统二年(1910)创立的郭尔罗斯后旗东公爷府初等小学堂，民国三年(1914)改名为郭尔罗斯后旗公立第一初等小学校，1938年(伪康德五年)改名为第一国民学校。

（6）郭尔罗斯后旗旗立第二初级小学校。该校建于1934年 (伪康德元年)，校址在三道岗子屯，今肇源县头台乡。1938年(伪康德五年)改名为第二国民学校。

（7）郭尔罗斯后旗旗立第三初级小学校。该校建于1934年 (伪康德元年)，校址在超等屯，1938年(伪康德五年)改为第三国民学校。

（8）郭尔罗斯后旗旗立第四初级小学校。该校前身是民国十九年(1930)由宝玺山私人出资建立的郭尔罗斯后旗玺山小学校，校址在花尔屯，1934年(伪康德元年)恢复开办，1938年(伪康德五年)改名为第四国民学校。

（9）郭尔罗斯后旗东义顺小学校。该校是民国十四年(1925)创办的郭尔罗斯后旗义顺口蒙古小学校的延续，1937年(伪康德四年)恢复开办，1938年改名为东义顺国民学校。

（10）杜尔伯特旗后新屯国民学校。建于1937年(伪康德四年)，该校是在后新屯贝子府蒙文私塾的基础上建立的，校址在后新屯贝子府西侧，1938年(伪康德五年)改为后新屯国民学校。

（11）杜尔伯特旗东吐莫国民学校。该校建于1939年(伪康德六年)，是在民国元年(1912)建立的东吐莫蒙文私塾基础上改建的。

（12）杜尔伯特旗好尔陶国民学校。该校建于1939年(伪康德六年)，它的前身是民国元年(1912)建立的好尔陶屯蒙文私塾。

（13）杜尔伯特旗布拉和国民学校。该校建于1939年(伪康德六年)，它的前身是民国元年(1912)建立的布拉和屯蒙文私塾。

（14）杜尔伯特旗敖林西伯国民学校。该校建于1939年(伪康德六年)，是

在民国元年(1912)建立的敖林西伯屯蒙文私塾的基础上改建的。

（15）杜尔伯特旗布木格国民学校。该校建于 1939 年(伪康德六年)，它是在民国元年(1912)建立的布木格屯蒙文私塾的基础上改建的。

（16）杜尔伯特旗三面井国民学校。该校建于 1939 年(伪康德六年)，它是在民国五年(1916)建立的三面井屯蒙文私塾的基础上改建的。

（17）杜尔伯特旗官尔屯国民学校。该校建于 1939 年(伪康德六年)，它的前身是民国五年(1916)建立的官尔屯蒙文私塾。

（18）杜尔伯特旗哈布塔国民学校。该校建于 1940 年(伪康德七年)，它的前身是民国元年(1912)建立的哈布塔屯蒙文私塾。

（19）杜尔伯特旗那古拉国民学校。那古拉国民学校是 1940 年(伪康德七年)新建的学校，校址在那古拉村。

（20）杜尔伯特旗保日浩特国民学校。该校于 1944 年(伪康德十一年)成立，校址在保日浩特屯，1945 年关闭。

（21）依克明安旗大泉国民学校。1936 年(伪康德三年)初建时称启蒙小学校。是民国十九年(1930)成立的依克明安旗初级小学校的恢复。1938 年(伪康德五年)改名为大泉国民学校。同年，后八家子国民学校与西新屯国民学校并入大泉国民学校，1940 年(伪康德七年)附设国民优级一级，改名为大泉国民优级学校。

（22）依克明安旗后八家子国民学校。该校于 1936 年(伪康德三年)成立，校址在八家子屯，1938 年(伪康德五年)并入大泉国民学校，该校被取消。

（23）依克明安旗西新屯国民学校，该校于 1937 年(伪康德四年)成立，校址在西新屯，1938 年(伪康德五年)并入大泉国民学校。

6）中华人民共和国成立以后

1945 年 8 月 15 日，日本帝国主义无条件投降，黑龙江蒙古地区也成为解放区的一部分，各地相继成立民主政府，认真落实党的民族政策，恢复改造各级各类蒙文学校，积极创建新型的蒙文学校。特别是 1949 年 10 月 1 日，中华人民共和国成立后，标志着中国的发展进入了一个新的历史阶段。在中国共产党以及各级政府的领导下，黑龙江地区的各级蒙古族学校有了长足的发展。从 1949 年至 2000 年全省蒙古族中小学已达 126 所，其中中学 27 所，小学 99 所。

中学(班)

齐齐哈尔市：1952 年建立了嫩江省蒙古族师范学校初中班，1956 年建立了齐齐哈尔民族中学。

杜尔伯特旗：1953 年建立了旗初级中学蒙族班，1956 年建立了敖林西伯中心小学初中班。

杜尔伯特蒙古族自治县：1957 年建立了县第二中学，1958 建立了他拉哈公社蒙古族中学，1962 年建立了敖林西伯乡蒙古族中学，1967 年建立了克尔台乡

图 44　齐齐哈尔民族中学教学楼

图 45　蒙文课教学

蒙古族中学，1972 年在胡吉吐莫村建立了县民族中学，1979 年建立了巴彦查干乡蒙古族中学，1980 年建立了县蒙古族中学、胡吉吐莫镇蒙古族中学、江湾乡蒙古族中学和腰新乡蒙古族中学。

肇源县：1958 年建立了县蒙古族完全小学初中班，1961 年在浩德乡建立了县蒙古族初级中学，在东义顺建立了戴帽中学。

泰来县：1968 年建立了临江学校初中班，1975 年建立了西胡勒学校初中班，1984 年建立了江桥中学蒙古族班、胜利中学蒙古族班，1985 年建立了好新中学蒙古族班，1987 年建立了平洋中学蒙古族班、宁姜乡蒙古族学校初中班，1989 年建立了县蒙古族中学。

富裕县：1978 年建立了县实验中学蒙古族班，1985 年建立了县民族中学。

小学(班)

杜尔伯特旗:有三区中心校、五区中心校、保日浩特小学、好尔陶小学、那古拉小学、六区中心校、胡吉吐莫小学、好田格勒小学、布木格小学、七区中心校、大庙小学、后新小学、巴彦小学、下六家子小学、大排排小学。

杜尔伯特蒙古族自治县:有马铁匠小学、西地房小学、太平小学、白音花小学、后格勒小学、聚宝山小学、泊泊里小学、胡吉吐莫镇中心小学、阿布宫小学、张地小学、明代小学、韩家窑小学、于家窑小学、三面井小学、阿木朗图小学、拉海小学、后巴彦塔拉小学、东巴彦塔拉小学、乌古墩小学、英地房子小学、吴家小学、华家小学、何家小学、木头西那小学、山湾小学、腰新乡中心小学、宝宝小学、烟屯小学、东新屯小学、哈布塔小学、布和岗子小学、安平小学、布拉和小学、江湾乡中心小学、永丰小学、他拉哈镇中心小学、喇嘛仓小学、前伍代小学、土城子小学、扎兰格小学、一棵树小学、哈布气小学、上六家子小学、朝尔小学、唐营子小学、县蒙古族小学。

郭尔罗斯后旗:有巴彦小学、东义顺小学、反攻村小学、新西北小学、浩德小学、超等小学、博尔诺小学、旗蒙古族

图46 学生听蒙文课

图47 学生课外活动

图48 微机教学

完全小学。

肇源县：有小榆树小学、花尔小学、新城小学、农造地小学、西义顺小学、土城小学、十家子小学、都业岗子小学、白凤岗子小学、肇源镇第二小学、兴海小学、共和小学、梅伦小学。

泰来县：有努鲁玛小学、临江小学、诺尔等小学、温德小学、黑帝小学、黄花小学、代克小学、东胡勒小学、西胡勒小学、白其吐小学、巴拉嘎岱小学、木头营子小学。

富裕县：有大泉子小学、小泉子小学，五星小学。

大庆市：有前程蒙古族小学。

绥化市：有和平牧场蒙古族小学(农垦系统)。

第二节　科　技

1.机构队伍

建国以前，黑龙江蒙古地区还没有专门的科研机构，更没有形成科技人才队伍。1956 年成立杜尔伯特蒙古族自治县以后，黑龙江蒙古地区始见科研机构。1956 年杜尔伯特建立了科学技术协会，这是建国以后，黑龙江蒙古地区的第一个群众性的科普组织。在县科技协会下，分设了农业学组、医药学组、气象学组、畜牧学组、水科学组等。到 1985 年设置了农技学会、工业学会、畜牧兽医学会、地理学会等 22 个直属学会，科学技术协会的会员达 2 248人。1959 年在县政府机关序列中又建立了科学技术委员会，内设科技情报室、科技开发中心，领导黑龙江省蒙古族自治地方的科技工作。

除上述综合性科研机构外，杜尔伯特蒙古族自治县，先后成立了七个专业研究所(站)。1955 年成立了农业技术推广站，1958 年成立了畜牧兽医研究所，1959 年成立了农具研究所，1961 年成立了农业科学研究所，1963 年成立了水产技术推广站，1979 年成立了林业科学研究所，1985 年成立了教育科学研究所。

建国以后，杜尔伯特蒙古族自治县的科技队伍逐渐形成。1949年有科技人员184人，1978年以后科技人员达704人，1983年各类专业技术人员2 255人，1985年全县科技人员增至2 504人，其中自然科学技术人员1 162人，社会科学专业人员1 342人。

图49　黑龙江省蒙古学研究会第七次学术讨论会

20世纪80年代以后，建立了全省性的社会科学研究机构。1983年1月20日成立了黑龙江省蒙古语文学会，承担黑龙江蒙古地区蒙古语言研究的任务。1985年11月25日，成立了黑龙江省蒙古族中小学蒙古语文教学研究会，1992年改名为黑龙江省蒙古语文教学专业委员会，2003年又改为黑龙江省教育学会蒙古语文教学专业委员会，承担全省蒙古语文教学的研究任务。1993年

图50　黑龙江省蒙古语文学会第六次学术讨论会

4月1日成立了黑龙江省民族研究学会蒙古学研究会（后改名为蒙古族分会），承担黑龙江省蒙古历史、经济、文化、风俗、宗教等方面的研究任务。除上述以外，1989年11月15日，又成立了地区性的齐齐哈尔市蒙古族学会，承担齐齐哈尔市所属各县蒙古族历史文化的研究工作。据2000年统计，全省蒙古族高级专业技术人员尚有632人，专业研究生142人。

2.自然科学

古代，黑龙江地区的蒙古族，主要围绕游牧生产生活开发科技项目。在元代以前，就掌握了动物鲜奶的发酵技术、奶与脂的分离技术、奶的酿造技术、对动物肉的腌制与晾晒技术、熟皮与制革技术、对动物毛皮的擀制技术等。用对鲜奶的发酵技术，制作各种酪类食品，用奶脂分离技术提取奶油补充人的

营养,用酿造技术制作马奶酒、牛奶酒、野果酒等,用腌制晾晒技术制作咸肉、肉干、肉粉,用熟皮制革技术制作马具、鞍具、车具、铠甲、弓弦、皮衣、皮靴、皮帽,用擀制技术制作毡子、毡衣、毡靴、毡帽、毡包等。这些技术都是在长期的游牧生活实践中创造和积累的结果。

元代以后,在游牧生产方面,创造了草原轮牧和分群放牧技术。轮牧时,将夏牧场、冬牧场分开,以保证牲畜冬季觅食。同时将牛、马、驼、羊,雌、雄、成、幼分群牧放,既能按需选择牧场,又能有计划地配种繁殖,使畜牧业生产合理有序发展。明、清两代游牧时期,牲畜自然交配、繁育。到民国以后,有选择地保留优良公畜,其他公畜一律阉割。真正实行人工改良,始于伪满洲国时期。

马的改良:黑龙江蒙古地区的马,属于蒙古马,体形小,善跑抗寒,耐粗饲,但挽力差。1938 年,即伪满洲国康德五年,喇嘛甸军马场引入盎格洛鲁曼挽用种公马改良本地蒙古马,产生杂交良种马。建国后,1952 年又引入盎格洛鲁曼种公马继续改良。1956 年引入乘挽兼用的顿河种公马。1957 年又引入乘挽兼用的敖洛夫马。1958 年引入挽用阿尔登马。1962 年引入乘用高血马。1963 年引入乘挽兼用卡布金马。1972 年引入黑龙江挽马。

牛的改良:黑龙江蒙古地区的牛,属于蒙古黄牛,耐寒、耐粗饲,但出奶率与出肉率均低。清光绪二十四年(1898)引入荷兰牛和西门塔尔乳用牛,这两种牛与本地蒙古牛杂交产生滨州牛。1958 年引入雅罗斯拉夫乳用牛。1974 年引入肉用海浮特牛和利木赞牛冻精。1975 年引入肉用夏洛来种公牛和乳用荷兰牛冻精。1978 年引入肉用英国短角牛。1983 年引用荷兰牛冻精改良黄牛,从一代升至四代,外貌与产奶量与荷兰牛完全相似,累计完成蒙古黄牛改良10 293 头。杜尔伯特蒙古族自治县,1979 年黄牛改良被评为全国第九名,1980年被评为全国第二名,1981 年仍获全国第二名。

羊的改良:黑龙江蒙古地区的羊,属于蒙古绵羊,毛短而粗,皮肉兼用,并有少量蒙古山羊。1953 年引入苏联美利奴细毛种公羊。1955 年引入兰哈细毛种公羊。1958 年引入新疆细毛羊。1959 年引入青海双尾羊、藏羊和滩羊。1975

年引入澳洲美利奴细毛种公羊。羊的改良率很高,基本上形成皮肉兼用的种群。

草原建设:黑龙江蒙古地区的草原,清代中期以前,面积大、草质好,属于北方优质草原。清光绪年间蒙旗地区开放后,关内冀鲁豫农民大量流入东北垦荒,草原面积急剧下降,仅给牧民留下有限的"蒙民生计地",使蒙古地区的畜牧业生产受到严重的破坏。仅杜尔伯特地区,蒙地开放前,草原面积1 700万亩,开垦以后仅剩1/3。据1957年统计,草原面积仅有620万亩。由于过度的利用草原,使草原严重退化,大片草场逐渐变成盐碱地或沙丘。据1982年统计,全碱化草原11.3万亩,全沙化草原1.4万亩,总退化面积376万亩。根据这一情况,采取措施,实行人工改良。从1964年开始人工种植羊草、苜蓿、草木樨、沙打旺等30多种牧草。翻耙草原,建设各种草围栏,其中刺围栏4处,21 181亩;电围栏9处,44 859亩;网围栏7处,45 000亩,合计围栏20处,111 040亩。同时营造防护林18.4万亩,建设草原灌溉井和畜饮井198眼。1985年被评为黑龙江省草原建设先进单位。

3.社会科学

黑龙江蒙古族历史研究方面:有史以来有很多人进行了社会调查,并撰写了专著。清代有《调查杜尔伯特旗报告书》、《调查郭尔罗斯后旗报告书》。伪满洲国时期有《杜尔伯特事情》、《依克明安旗一般状况》。中华人民共和国成立以后,有《黑龙江省蒙古族社会历史调查》、《黑龙江省蒙古族志》、《黑龙江省蒙古族简介》、《黑龙江蒙古部落史》、《黑龙江蒙古研究》、《黑龙江省蒙古族》、《杜尔伯特蒙古族自治县概况》、《杜尔伯特蒙古族自治县志》等,对黑龙江地区的蒙古族的历史进行了科学的研讨。

黑龙江蒙古族教育改革方面:黑龙江地区的蒙古族,从元代以来,就

图51 黑龙江蒙古族历史专著

以不同形式学习蒙文蒙古语,同时也学习汉文汉语,特别是民国以后,学习汉文汉语的人数逐渐增多。建国以后,除了集居区以外汉文汉语在蒙古地区已经普及。为了有力推动蒙汉两种语言文字的教学,黑龙江蒙古地区曾进行多次教学改革实验。第一次改革是 1952 年,杜尔伯特旗敖林西伯蒙古族小学,从小学一年级起进行"蒙古语授课,加授汉文"的教学实验。实验进行了 8 年,于 1959 年学生正式毕业。因不能与中学衔接,实验只好结束。第二次改革是 1957 年,肇源县在东义顺、超等、浩德等 3 所小学分别进行了"蒙古语授课,加授汉文"的教学实验,经过 4 年的时间,于 1960 年毕业,后来实验停止。"文化大革命"中由于受极左思想的影响,蒙文教学被强令停止。1980 年以后,蒙古语授课又逐渐恢复。第三次改革是 1984 年,黑龙江省教育厅在杜尔伯特蒙古族自治县的敖林西伯乡中心小学、那古拉小学、阿布宫小学,胡吉吐莫镇中心小学、第一小学、白音花小学,肇源县新站镇巴彦小学,浩德乡浩德小学,义顺乡农造地小学等 9 所学校进行"蒙古语授课,加授汉文"的实验。1985 年又增加了敖林西伯乡保日浩特小学、唐营子小学,巴彦查干乡大庙小学和东巴彦小学,共 13 所学校 22 个教学班。经过 12 年的实验历程后,于 1996 年 7 月新学期开始停止招收实验生。至此,"蒙古语授课,加授汉文"的实验,逐步向"汉语授课,加授蒙文"的教学形式过渡,实验已告结束。除此之外,1955 年黑龙江蒙古地区,曾进行一次全民学习斯拉夫蒙文的试验。各级各类学校中,停止教授呼都木蒙文,一律改教斯拉夫蒙文。在社会上,机关干部、企事业职工、工厂工人、农村农牧民,均举办各种脱职短训班、业余班等形式学习斯拉夫蒙文,在全省基本达到扫盲标准。1957 年中央在青岛召开民族工作会议时,在会上决定停止学习斯拉夫蒙文,从而又重新恢复学习呼都木蒙文。

黑龙江蒙古语文研究方面:黑龙

图 52 调查齐齐哈尔巴尔虎蒙古语

江地区的蒙古语,居住在杜尔伯特、肇源、泰来一带的绝大多数使用内蒙古方言科尔沁土语,大约有 10 万人以上。齐齐哈尔郊区的巴尔虎蒙古属于巴尔虎布利亚特方言,大约有 500 人。富裕县的额鲁特蒙古(原依克明安旗)属于额鲁特方言,大约有 2 000 人。黑龙江的蒙古语言学者,从不同角度对黑龙江蒙古语进行了深入地探讨。对杜尔伯特蒙古族自治县的科尔沁方言杜尔伯特话,肇源县的科尔沁方言郭尔罗斯话,泰来县的科尔沁方言扎赉特话,齐齐哈尔郊区的巴尔虎方言,富裕县的额鲁特方言,都曾进行过详细调查。并与标准蒙古语进行比较研究,探索其规律。到 2004 年,有关蒙古语方面的论文,在省级以上报刊,已发表 400 篇之多,涵盖了黑龙江蒙古语的各个方面。

第五章 文 化 艺 术

第 一 节 书 报 杂 志

1. 报业

黑龙江蒙古地区创办报业比较晚,20 世纪 50 年代方出现时报。

(1)《杜尔伯特报》 是中共杜尔伯特蒙古族自治县县委机关报,1956 年创刊,8 开 2 版,汉文铅印。创刊时称《杜尔伯特简报》;1958 年改为《生产简报》,出刊 37 期;1959 年 1 月改为《杜尔伯特报》,出刊 58 期;当年 8 月改名《生产快报》,出刊 122 期;1960 年又恢复《杜尔伯特报》,出刊 29 期后停刊。

(2)《肇源日报》 1957 年 1 月 31 日创刊,8 开 2 版三日刊,汉文版,时称《肇源简报》,出刊 52 期后改为《肇源报》,同年 8 月 25 日改为《肇源日报》。1959 年 8 月 20 日停刊,出刊 358 期,连同简报 52 期,共出版 410 期。

(3)《东风教育报》 1958 年 9 月 1 日创刊,8 开 1 版,蒙汉文合璧,报名套红,油印,不定期。创办人为波·少布,宗旨是宣传"教育为无产阶级政治服务,教育与生产劳动相结合"的教育方针和以勤工俭学为中心的教育革命。共出刊 50 期,1960 年停刊。

(4)《蒙文教学简报》 1959 年创刊,8 开 2 版,蒙文油印,不定期。创办人为西力伯桑布,共出刊 12 期,1962 年停刊。重点刊发蒙文教学经验和教学信息。

(5)《文艺爱好者来稿》 1962 年 9 月 24 日创刊,8 开 2

图 53 蒙文报

版,汉文油印,不定期。杜尔伯特蒙古族自治县文化馆主办,创办人为鲁莽,出刊 100 期,1968 年停刊。

(6)《革命文艺》小报　1968 年 7 月创刊,汉文铅印,4 开 4 版。杜尔伯特蒙古族自治县文化馆主办。

(7)《创作员通讯》　1979 年创刊,主编为袁朝坤,8 开 2 版,汉文油印,不定期。杜尔伯特蒙古族自治县文化馆主办。

(8)《草原红花》小报　1980 年创刊,主编王家君,4 开 4 版,汉文铅印,不定期。杜尔伯特蒙古族自治县文化馆主办。

图 54　汉文报

(9)《杜尔伯特教育报》　1987 年创刊,蒙汉文合璧,4 开 4 版,铅印,不定期,至 1993 年共出刊 31 期。由杜尔伯特蒙古族自治县教育学会、教育科研所主办。主编为甘忠义,宗旨是宣传党的教育方针政策、报道教育改革信息、交流蒙文教学经验。

114

(10)《芦笛》　文学报,1990 年 11 月创刊,8 开 4 版,汉文铅印。远野文学社主办,创办人为任孝光。到 2004 年 1 月,共出刊 78 期。

(11)《多克多尔报》　1992 年创刊,16 开 1 版,蒙文油印。杜尔伯特蒙古族自治县蒙古族中学主办。

(12)《草原新报》　2004 年 1 月 15 日创刊,4 开 4 版,半月刊,2005 年 7 月 10 日改为旬刊。中共杜尔伯特蒙古族自治县县委宣传部主办,赵国庆任总编辑,傅鸿翔任主编。到 2005 年末,共出刊 54 期。

(13)《草原文化报》　2004 年 2 月创刊,4 开 4 版,月刊,汉文铅印,报名套红。由杜尔伯特蒙古族自治县文化馆、远野文学社主办。敖其尔任主编,杜兴洲、刘欣然任责任编辑。到 2005 年 6 月出刊 15 期。

2.期刊

各种期刊杂志的出现,标志着一个民族社会的发展水平和民族的综合素质。黑龙江蒙古地区的期刊,最早可追溯到清代。

(1)《文折》 虽不是典型的杂志,但它具有期刊的性质,是杜尔伯特旗、郭尔罗斯后旗、依克明安旗等三旗札萨克定期向理藩院通报本旗政治、军事、社会等方面情况的蒙文折子,乾隆朝后最为盛行。每半年要向朝廷书面汇报一次。

(2)《郭尔罗斯后旗公报》 1937 年 1 月 1 日创刊,蒙文,月刊,铅印。郭尔罗斯后旗公署主办。

(3)《依克明安旗公报》 1938 年 1 月 30 日创刊,蒙汉合璧,月刊,铅印。依克明安旗公署主办。

(4)《杜尔伯特旗公报》 1940 年创刊,蒙文,月刊,铅印。杜尔伯特旗公署主办。

(5)《挖匪根除奸反特通讯》 1947 年 7 月创刊,32 开本,不定期,油印。杜尔伯特旗旗委主办,宗旨是宣传党的方针政策,交流"砍挖"斗争工作情况。1948 年停刊。

(6)《蒙古学》 1983 年创刊,是黑龙江省蒙古语文学会会刊,32 开本,蒙文版,不定期。分别于 1983 年、1985 年、1987 年、1993 年各出刊 1 辑,每辑 40 万字,主要刊发会员的学术论文以及学会会议信息。

(7)《教学参考》 1986 年创刊,蒙、朝、汉三种文字合璧,16 开本铅印出版。1986 年出刊 2 期。第 1 期为朝鲜文,第 2 期为蒙古文。1989 年出刊 1 期,蒙、朝、汉三种文字合璧,黑龙江省教育学院主办。

(8)《黑龙江蒙古语文》 1987 年 7 月 30 日创刊,蒙文季刊,16 开本,铅印出版。到 2005 年末共出刊 72 期。黑龙江省民族事务委员会主办,于风贤任主编。本刊设有"蒙古语文工作"、"蒙古语言"、"蒙古教育"、"翻译研究"、"历史研究"等栏目。

(9)《胡吉吐莫教育》 1988 年创

图 55 蒙文期刊

115

图 56　汉文期刊

刊,蒙汉合璧,16 开本,油印出版。至 1998 年 8 月共出刊 101 期。创刊时称《教学动态》,由杜尔伯特蒙古族自治县教师进修学校蒙古语部主办,从第 4 期开始,转由胡吉吐莫镇教委主办。从 36 期开始,刊名改为《胡吉吐莫教育》。

(10)《母语》　1991 年 4 月 23 日创刊,蒙文,不定期,16 开本,油印出版。创办人为齐齐哈尔民族师范学校何艳茹、赵红军。

(11)《蒙古学通讯》　黑龙江省蒙古学研究会会刊,1993 年 4 月 1 日创刊,到 2005 年共出刊 23 期。1~14 期,波·少布任主编,15 期以后,何日莫奇任主编。设有"蒙古学论坛"、"文摘"、"蒙古国消息"、"会讯"、"书讯"、"信息"、"人物介绍"等栏目。

(12)《绿洲》　1993 年创刊,蒙文,16 开本,铅印出版,至 1999 年共出刊 14 期。该刊设有教育论坛、文苑、知识窗、史论、消息等栏目。杜尔伯特蒙古族自治县蒙古族中学主办,创办人为包海。

(13)《蒙古语教学》　1995 年创刊,蒙文年刊,16 开本,油印出版,至 1997 年共出版 3 期。设有教育理论、教学管理、课题研究、典型作文等栏目。齐齐哈尔民族师范学校蒙文组主办,宝玉任主编。

3.著作

分为两种,一种是完全反映黑龙江蒙古族社会生活的作品,另一种是在一部著作中,某些章节反映黑龙江蒙古族社会生活的作品。集中反映黑龙江蒙古族社会生活的专著,出现较晚,清末时方见于世。下面按出版的时间顺序作一介绍。

(1)《调查杜尔伯特旗报告书》　清朝理藩院官员叶大匡、春德撰,1910 年(宣统二年)成书。叶大匡、春德受清廷委派,于 1910 年 5 月到杜尔伯特旗进行调查,调查结束后撰写了《调查杜尔伯特旗报告书》上报清朝政府。全书共九目：①世家、②爵俸、③赏恤、④官制、⑤幅员、⑥户口、⑦财政、⑧商务、⑨钱法。九目外附目十二，即木植、五谷、禽兽、铁路、喇嘛及庙宇、学堂、巡警、垦务、牲畜、渔业、盐池、碱锅等。另有，杜尔伯特旗札萨克世次一览表、杜尔伯特旗官制一览表、杜尔伯特旗入出款项一览表、杜尔伯特旗垦务一览表、杜尔伯特旗牲畜数目表等五个表，详细记述了杜尔伯特旗的政治、经济、历史、文化、社会等状况。手抄本现存于北京中央民族大学图书馆。

(2)《调查郭尔罗斯后旗报告书》 1910 年(宣统二年)抄本，也是叶大匡、春德的调查手稿。体例与《调查杜尔伯特旗报告书》相同，全面反映了郭尔罗斯后旗自然、地理、社会、政治等情况。本报告书有一则对史书的重要更正，即《会典》与《蒙古游牧记》记载，以后旗为固穆子孙，以前旗为莽果子孙，二旗世系相互倒置，报告书中以予更正。《调查郭尔罗斯后旗报告书》手抄本现收藏于北京中央民族大学图书馆。

(3)《泰来设治局志书》 马庆长充任责任编辑，于明、哈斯巴塔任采访员，由张毓华总撰，1916 年(民国五年)11 月 5 日成书。志书共十三章六十六节八十款。第一章，总论；第二章，舆地志；第三章，建置志；第四章，经政志；第五章，礼志；第六章，武备志；第七章，职官志；第八章，选举志；第九章，人物志；第十章，艺文志；第十一章，蒙旗志；第十二章，外交志；第十三章，志余。泰来设治局位于扎赉特旗蒙地内，所以泰来设治局辖境的居民多数是蒙古族。志书所记载的全部是泰来蒙古族的社会状况。尤其第十一章《蒙旗志》，涉猎扎赉特旗、杜尔伯特旗、郭尔罗斯后旗、依克明安旗等四旗历史，是一部全面介绍泰来蒙古族社会状况的史书。

(4)《郭尔罗斯后旗通志册》 贝勒达木林扎布著，1917 年 (民国六年)12 月 29 日成书。本书主要记载郭尔罗斯后旗札萨克世次以及其他供职人员的身世、事迹与姓氏。

(5)《龙江省杜尔伯特旗事情》 〔日〕森山正著，日文版，1935 年(伪康德二年)出版。伪满洲国康德元年(1934)大同学院的森山正偕兴安总署地方司务科科长李阿都，为编写《满洲国地方事情大系》，赴杜尔伯特旗进行实地调查。

是年3月在杜尔伯特旗王府写就初稿,回新京(长春)后,次年(1935)由大同印书馆出版发行。本书共十三目:一、疆域及面积;二、户口;三、行政组织情况;四、警务;五、财政金融;六、司法制度;七、交通道路;八、教育卫生;九、宗教;十、社会阶级制度;十一、农业;十二、畜牧;十三、渔业。卷首有1幅《杜尔伯特旗旧蒙古界域图》和《杜尔伯特旗旧蒙古界域图图说》以及森山正的绪言。书尾有"参考"一目,关于杜旗行政的今后整顿意见,包括:一、随着蒙旗行政的整顿而带来地方行政改革;二、杜尔伯特旗政独立问题;三、杜旗独立对泰康县的处置。本书记述翔实,是研究杜尔伯特不可缺少的珍贵资料。此书现藏于黑龙江省档案馆,1982年7月杜尔伯特蒙古族自治县县志办公室将其译成汉文,再版铅印成书。

(6)《泰康县一般状况》 泰康县公署编,1936年(伪康德三年)成书。本书共二十四章六十七节。第一章,县沿革;第二章,地积;第三章,风俗;第四章,县公署组织;第五章,行政区划;第六章,主要都市;第七章,区村制度;第八章,户口;第九章,财政;第十章,金融;第十一章,警察治安;第十二章,司法;第十三章,教育;第十四章,卫生;第十五章,交通;第十六章,农业;第十七章,林业;第十八章,畜产业;第十九章,商工业;第二十章,矿业;第二十一章,水产业;第二十二章,度量衡;第二十三章,社会事业;第二十四章,其他在县各机关。泰康县地域在杜尔伯特旗境内,是几块飞地,杜泰曾有几次分合。所以对了解泰康县与杜尔伯特旗合并前的历史情况,具有重要参考价值,此书现存于大连图书馆。

(7)《泰康县开放蒙地调查报告》 南满洲铁道株式会社内务局、地籍整理局编,日文版,1939年(伪康德六年)成书。本书原属于《开放蒙地资料》第二辑《郭后旗、杜尔伯特旗、依克明安旗开放蒙地调查报告书》第九编关于泰康县部分。现藏于大连图书馆,1987年杜尔伯特蒙古族自治县县志办公室将其译成汉文,铅印成书。全书共四章十八节。第一章:开放沿革;第二章:土地状况;第三章:蒙旗关系收入;第四章:本县现况。书尾附有《黑龙江全省清丈兼招垦章程》、《黑龙江省清丈规划》。

(8)《龙江省杜尔伯特旗土地报告书》 ［日］井手俊太郎著,日文版,1940年(伪康德七年)12月成书。伪满洲帝国南满洲铁道株式会社内务局参事官井手俊太郎与属官桢笃二、贺希玛德勒格尔,委任官试补张同麟等于1940年9月24日至10月8日在杜尔伯特旗进行实地调查,然后编写了这部《龙江省杜尔伯特旗土地报告书》,于12月铅印成书。全书三章八节。第一章:总说;第二章:土地沿革;第三章:土地现况。书后附有《杜尔伯特旗土地调查日志》、《四蒙旗地开放图》。这是一部全面反映杜尔伯特旗土地开放状况的资料,具有重要价值。

(9)《依克明安旗一般状况》 该书没有署作者名,1940年(伪康德七年)成书。本书共十四章三十七节六十八目。第一章,旗沿革;第二章,地志;第三章,风俗;第四章,旗公署行政组织;第五章,财政;第六章,警察治安;第七章,司法;第八章,教育;第九章,宗教;第十章,卫生;第十一章,交通;第十二章,产业;第十三章,社会事业;第十四章,结论。本书详细地记述了依克明安旗的全面情况,从历史、经济、文化、教育、习俗、宗教等诸方面都作了翔实的介绍,是了解依克明安旗情况的最好的资料。特别是对财政、宗教等问题记述得尤为细腻,对研究依克明安旗历史状况具有重要价值。

(10)《蒙古述略》附《蒙古史》 作者是杜尔伯特旗阿日本努图克佚名蒙古族,蒙文版,1942年(伪康德九年)4月20日成书。《蒙古述略》共十六目。①蒙古族源;②巴图尔赛音鄂日时代;③战胜西汉;④西汉大月氏联盟的失败;⑤西汉与乌孙国的再次联盟;⑥蒙古进入西亚;⑦南部蒙古再次伐汉以及蒙古的迁徙;⑧远征西欧;⑨在欧洲建立蒙古帝国;⑩土尔扈特人占领北亚;⑪蒙根汗统一蒙古;⑫毕力格汗对外征讨;⑬孛尔只斤部落的兴起;⑭孛端察尔的童年以及继位时期;⑮海日图统一周围部落;⑯乎达拉汗复仇与也速该巴图尔。附《蒙古史》共十一章。第一章,蒙古的兴起;第二章,成吉思汗的对外战争;第三章,窝阔台汗的资产;第四章,蒙哥汗的功勋;第五章,忽必烈时代;第六章,蒙古势衰;第七章,蒙古四大汗国的兴衰;第八章,英雄铁木尔的功绩;第九章,蒙古与明朝;第十章,蒙古与清朝;第十一章,汉人进蒙地开发。

这是一部概括的编年史。《蒙古述略》记述了从公元前 425 年至公元 1206 年建立大蒙古国为止的蒙古历史；而《蒙古史》则记述了从 1206 年至 1912 年建立中华民国为止的蒙古历史。这部史书记载了很多一般蒙、汉文史籍中所未见之珍贵资料，可弥补蒙、汉文史料的不足。这部书是黑龙江土著蒙古族撰写的，遗憾的是没有留下作者的姓名，只在后记中写下了这样一段话："我的祖父是颇勒吉台吉，当我离开故乡时，他热泪盈眶的嘱咐我说：'我 78 岁了，对社会已经无益。你到远方求学，要与同仁和睦相处，要与坏人坏事作殊死斗争，为了蒙古的复兴，要勇于奋斗！'我听了祖父的教导，心情十分沉重，就此告别家乡，踏上旅途，到远方求学。这也是我撰写此书之因由。"此书原稿在杜尔伯特蒙古族自治县克尔台乡包俊德手中，1984 年波·少布将书稿征集到手中，1985 年始与张亚光、何日莫奇共同点校、翻译，于 1992 年由内蒙古文化出版社以蒙汉合璧形式出版发行。

(11)《黑龙江省蒙古族社会历史调查》 1959 年完成初稿，是国家民委组织编辑的《民族问题五种丛书》之一。1958 年 9 月至 1959 年 4 月，由刘庆喜、高文德、哈丹布和、魏国忠等四人组成调查组到杜尔伯特蒙古族自治县进行调查，县里又派曹玉槐、西力伯桑布协助，调查结束后形成一篇初稿。1986 年，由魏国忠、波·少布在原稿的基础上作了修改与补充，最后定稿，于 1987 年由黑龙江朝鲜民族出版社出版发行。全书共分为六个部分：第一部分，一般概况；第二部分，解放前的经济；第三部分，解放后的经济；第四部分，解放后的情况；第五部分，文教卫生；第六部分，风俗习惯。该书以杜尔伯特为基点，对黑龙江蒙古族的地理、人口、历史、经济、文化、教育、风俗、宗教等都作了翔实的叙述，为研究黑龙江蒙古社会提供了可靠的科学依据。

(12)《黑龙江蒙古族简介》 黑龙江省民委编印，1959 年 6 月 25 日成书。全书分六目：一、概况；二、民族由来和开发嫩江草原；三、反动的统治苦难的人民；四、新中国的蒙古族人民；五、整风与反右斗争及生产大跃进；六、人民公社无限好。并附有"黑龙江省蒙古族分布图"。

(13)《泰来县地名录》 泰来县人民政府编，1982 年 5 月出版。这是一部介绍泰来县地名的资料书。全书共收入各种地名 984 条。其中行政区划名称 201 条,居住地名称 586 条,农、林、牧、渔场名称 35 条,人工建筑、纪念地名称 44 条,自然地理实体名称 46 条,各专业部门使用的站、场名称 15 条,社办企事业名称 44 条,农点名称 13 条。并附有《泰来县地图》与《泰来镇地图》以及各类地名照片 54 幅。对泰来县的蒙古语地名,除正文中列入外,在附录中又标注了蒙文及名称含义等项内容。这是一部研究蒙古语地名的重要资料。

(14)《杜尔伯特蒙古族自治县地名录》　杜尔伯特蒙古族自治县人民政府编,蒙汉文合璧,1984 年 10 月出版。全书共收各类地名 843 条。其中行政地名 136 条,农牧点地名 407 条,农林牧渔场及企事业单位名称 137 条,人工建筑名 37 条,自然地理实体名 126 条。书首有《杜尔伯特蒙古族自治县地图》、《泰康镇略图》各 1 幅;书中插页有各类地名照片 54 幅;书尾附有蒙古语地名汇总表,用汉文、蒙文、汉语拼音标注,为研究黑龙江蒙古地区的历史地名提供了科学依据。

(15)《杜尔伯特综合农业区划》　李枫、蒋恩久编著,1984 年 10 月出版。全书共分为六部分。第一部分,基本情况;第二部分,农业自然资源及其评价;第三部分,生产现状和存在的问题;第四部分,发展方向和途径;第五部分,综合农业分区;第六部分,实施区划的建议。并附有 5 表 7 图。5 表是:杜尔伯特蒙古族自治县土地资源面积表;1949~1980 年农业总产值及构成表;历年主要经济指标变化表;粮豆商品率统计表;1949~1983 年粮豆总产、大牲畜存栏变化表。7 图是:杜尔伯特地图;杜尔伯特地貌图;杜尔伯特土壤图;杜尔伯特资源分布图;杜尔伯特降水分布图;杜尔伯特≤10℃积温分布图;杜尔伯特综合农业分布图。该书系统地研究了黑龙江蒙古地区农业生产的规律,为蒙古地区发展农业生产提供了重要的参考资料。

(16)《发展中的杜尔伯特》　师庆林、刘兴轩为主编,1986 年 8 月出版。全书分为 10 目:①综合;②人口;③社会总产值;④农业;⑤工业;⑥交通邮电;⑦基本建设、物资;⑧财贸;⑨文化、教育、卫生;⑩劳动工资。以数字统计的形式总结了杜尔伯特蒙古族自治县 1956~1985 年 30 年各项事业的发展状况。该

书为了解杜尔伯特提供了具体、明了、翔实的资料。

(17)《齐齐哈尔民族师范学校志》 德木、何喜庆执笔,1986年9月出版。全书共分十四章。第一章,概况;第二章,学校机构设置;第三章,教育宗旨;第四章,学制;第五章,教学工作;第六章,教育工作;第七章,体育卫生工作;第八章,总务工作;第九章,教职员状况;第十章,学生状况;第十一章,勤工俭学;第十二章,规章制度;第十三章,人物;第十四章,大事记。并有前言、后记。卷首有毛泽东主席接见该校鄂惠民老师时的合影照片以及其他照片8幅。本书对蒙旗私立师范学校的历史作了详尽的记载,对研究民国时期蒙文教育大有裨益。

(18)《杜尔伯特传说》 波·少布著,1987年出版。全书共收入蒙古民间故事和神话传说21篇,分为历史传说、爱情传说、风物传说三部分。该书对研究早期黑龙江蒙古族历史、蒙古族风俗,具有一定史料价值。

(19)《杜尔伯特蒙古族传统民歌集》 包祥林编著,1987年出版。全书共收入96首杜尔伯特蒙古民歌,分为宴歌、情歌、赞歌、宗教歌四部分。这些歌曲,反映了杜尔伯特草原经济文化发展进程,刻画了蒙古族勇敢、慓悍、勤劳、善良的品格,也反映了人们对美好未来的追求。

(20)《杜尔伯特蒙古族自治县概况》 魏志执笔,1987年3月由黑龙江朝鲜民族出版社出版发行。全书分为八章。第一章,自然地理;第二章,历史沿革概述;第三章,深刻的社会变革;第四章,民族区域自治;第五章,经济建设;第六章,文教科技;第七章,风俗和宗教;第八章,遗址和文物。并附有58幅精美彩色照片。它是一部比较概括地介绍杜尔伯特蒙古族自治县综合情况的资料丛书。

(21)《杜尔伯特文化志》 乌希主编,1987年10月出版。全书设目12篇23章。第一篇,综述;第二篇,大事记;第三篇,组织机构;第四篇,文学;第五篇,传统民族民间文艺;第六篇,专业文艺演出;第七篇,群众文化;第八篇,电影放映;第九篇,图书;第十篇,博物;第十一篇,演出场所;第十二篇,传记。并附有14幅照片。该书对1949年建国后的嫩江东畔草原文化,作了翔实的记载。可谓蒙古文化工作大全，可为今人做借鉴。

(22)《黑龙江蒙古族志》 波·少布、包诚、吴玉壮编，1987年8月1日成书。全书共七章三十四节。第一章，历史；第二章，民族区域自治；第三章，经济建设；第四章，文化教育；第五章，语言文字；第六章，宗教信仰；第七章，风俗习

图57　黑龙江蒙古族历史文化专著

惯。这是黑龙江蒙古族有史以来第一部志书，也是黑龙江蒙古族的百科全书。它为研究黑龙江蒙古族的历史、经济、文化、社会提供了最重要的资料。

(23)《发展中的杜尔伯特》 赵国军执笔，1989年成书。该书共分三个部分：第一部分是概述；第二部分是经济与文教；第三部分是展望，总结了杜尔伯特蒙古族自治县建国以来40年的光辉历程。

(24)《黑龙江蒙古研究》 波·少布著，1990年5月出版发行。全书分七章三十四节。第一章，历史沿革；第二章，社会组织；第三章，经济贸易；第四章，语言文字；第五章，风俗习惯；第六章，宗教祭祀；第七章，文学艺术。该书的重要价值在于对若干史籍以讹传讹的错误记载作了更正，对散见于各处的有关黑龙江的蒙古史料作了系统化处理。通过突出地方特点和民族特点，让人们了解黑龙江地区蒙古社会的全貌。

(25)《杜尔伯特神话》 蒙文版，张亚光、波·少布编，1990年5月出版。全书共收入21则民间故事。其中族源故事2则，部落战争故事3则，反暴故事5则，爱情故事3则，自然传说故事8则，是研究杜尔伯特地区古代口头文学的重要资料。

(26)《杜尔伯特谚语》 包祥林编，蒙汉文合璧，1990年7月出版。全书收入社会谚语和生活谚语共400条，这是黑龙江蒙古族地区唯一的有关蒙古族谚语的专著。蒙古族谚语突出了训诫性与指导性，以语言诙谐，寓意深刻而著称。它为研究蒙古族口头文学提供了不可多得的资料。

(27)《杜尔伯特民间文学集成》 乌希主编,1991年5月出版。本书包括民间故事、民间谚语、民间歌谣三个方面。民间故事共收入101篇,其中神话类1篇,传说类19篇,生活类68篇,巴勒根桑的故事13篇;民间谚语391条;民间歌谣26首。这些诙谐幽默的民间故事,点石成金的民间谚语,脍炙人口的民间歌谣,凝结着草原人民的才能和智慧。它是蒙古族人民的本土文化,也是研究蒙古族口头文学的文化宝库。

(28)《泰来县少数民族史志资料》 何永成、赵秀峰主编,1991年12月出版。全书共分八章。第一章,基本情况;第二章,少数民族由来及习俗;第三章,民族地区经济建设;第四章,民族文教卫生;第五章,人物;第六章,历史事件;第七章,民间传说及谚语;第八章,附记。并附有泰来县地图和32幅照片。书名虽称"少数民族史志资料",但书中所反映的主要是蒙古族。该书全面地介绍了泰来县蒙古族人口、建制、经济、教育、先进人物、民间文学等方面的情况,是了解泰来县蒙古族发展状况的一部史书。

(29)《蒙古语文调查与研究》 张亚光、常宝军主编,1991年6月出版。全书收入有关民族语文政策、语文工作、语言研究等方面的论著13篇,主要反映了黑龙江地区蒙文、蒙古语应用的历史与现状。

(30)《蒙古语拼读法》 宝玉著,蒙文版,1993年由内蒙古少年儿童出版社出版。本书共分为三章。第一章,关于蒙古语音标与口语拼读;第二章,关于蒙文音节教学的音标拼读法;第三章,关于蒙文口语的音标拼读法。该书对指导蒙古语文教学具有重要参考价值。

(31)《杜尔伯特蒙古族自治县志》 王国志主编,1996年8月由黑龙江人民出版社出版发行。全书分为二十二篇八十九章三百八十六节。第一篇,政区;第二篇,自然环境;第三篇,民族人口;第四篇,农业;第五篇,工交邮电;第六篇,城乡建设;第七篇,商业;第八篇,财税金融;第九篇,经济调控;第十篇,党政群团;第十一篇,政权政协;第十二篇,公安司法;第十三篇,劳动人事;第十四篇,民政信访;第十五篇,侨务外事;第十六篇,军事;第十七篇,教育;第十八篇,科技;第十九篇,文化;第二十篇,卫生体育;第二十一篇,风俗宗教;第二十二篇,人物。卷首有序、凡例、总述、大事记略。卷尾有大事年表、文献辑存、跋、后记。并附有国家科委主任武衡的题词、杜尔伯特蒙古族自治县地图、泰康镇略图、历史地图以及60幅精美彩色照片。这部志书是杜尔伯特蒙古族自治县的第一部志书,杜尔伯特地方的一山一水、一草一木、一朝一代、一人一事全部囊括其中,是杜尔伯特地区的历史文化百科全书,也是研究杜尔伯特蒙古族的资料总汇,具有较高的史料价值。

(32)《黑龙江省喇嘛寺》 波·少布著,1996年12月出版。本书对黑龙江省四蒙旗的41座喇嘛寺庙的始建年代、建筑规模、佛像经卷、喇嘛习俗、宗教祭日、活佛转世等诸方面都作了详细的介绍,为研究黑龙江蒙古地区的藏传佛教文化提供了宝贵资料。

(33)《肇源蒙古族文史集》 白万胜主编,1998年7月出版。全书分为8目,即历史考证、宗教习俗、往事述略、经济调查、文化教育、语言文学、民族乡篇、附录等,并附有民族工作大事记。该书对郭尔罗斯后旗的历史、宗教、教育以及对建国以后的蒙古族乡、经济发展、语言文字等情况都有翔实的记载,对了解历史上的郭尔罗斯后旗和当代肇源县的蒙古族社会情况均有重要资料价值。

(34)《肇源县志》 王文主编,1998年7月出版。该志分为二十七志,一百四十三章,二百九十六节。即建置志、自然地理志、农业志、林业志、畜牧志、水利志、水产志、工业志、交通邮电志、城乡建设志、商业志、财政金融志、党派群团志、政事志、政法志、民政志、劳动人事志、军事志、教育志、科技志、文体志、文物志、卫生志、人口志、蒙古族志、社会志、人物志。卷首有概述、大事记,卷尾有附录和1984~1997大事述略,并附有肇源县行政区划图和31幅彩色照片。该书各志均含历史上的郭尔罗斯后旗的事迹。同时分立蒙古族志,专门阐述蒙古族社会情况。这是一部了解郭尔罗斯后旗和肇源县政治、经济、历史、文化、社会等情况的百科全书。

(35)《杜尔伯特情怀》 于子林主编,1999年4月出版。1998年,杜尔伯特遭受到了空前的洪水浩劫,83名工作队员救灾促农,当促农工作结束时,他

125

们写下了这部具有历史意义的文集。这部文集分为三个部分:"促农抒怀",收入了 80 名工作队员的心声;"调研札记",记录了 16 篇工作经验;"学习楷模",树立了一名光辉的促农榜样。这是杜尔伯特人永远不能忘怀的一件大事。

(36)《黑龙江蒙古部落史》 波·少布、何日莫奇著,2001 年由哈尔滨出版社出版。本书是专门论述黑龙江地区蒙古部落的专著,上限到 12 世纪初叶,下限到 2000 年。按蒙古部落迁徙到黑龙江地区的时间顺序,先后分别论述了朵儿边、豁罗剌思、帖木哥斡赤斤、兀速、杜尔伯特、郭尔罗斯、泰来、巴尔虎、依克明安等九个部落。同时对零星迁徙到黑龙江地区的土默特部、喀喇沁部、扎剌亦儿部、扎鲁特部也作了详细介绍。并附有各种图 15 幅,各种表 85 个。

(37)《黑龙江省蒙古民族教育理论与实践》 乌云达来著,蒙文版,2002 年由辽宁民族出版社出版。全书分为"蒙古语文工作"、"蒙古语文教学方法"、"蒙古语文教育"、"蒙古语文应用"等四部分,共二十二目。该书对黑龙江省蒙古民族教育理论与实践作了较全面的探讨。通过对黑龙江省蒙文教育历史的回顾、现状的分析、未来的展望,从不同侧面、不同视角,展示了蒙古民族教育所取得的辉煌成就。同时,对在其发展过程中遇到的一些困难和问题,作了较客观的分析,并提出了一系列改进意见,对研究黑龙江省蒙古民族教育有重要的参考价值。

(38)《黑龙江蒙文教育史》 乌云达赉、波·少布著,2004 年由黑龙江朝鲜民族出版社出版。本书上限至唐朝,下限到 2000 年,对唐朝、辽朝、金朝、元朝、明朝、中华民国、伪满洲国、解放战争时期、中华人民共和国成立以后等各个时期的蒙文教育状况,分别作了翔实的论述。

(39)《杜尔伯特史话》 包诚著,2004 年由杜尔伯特蒙古族自治县民族宗教事务局出版。本书将杜尔伯特地区有关政治、经济、军事、文化、历史、宗教等问题,共分 51 个小标题,分别作了叙述。大多是奇闻趣事,深入浅出,可读性强。

除了上述专著之外,还有一些书,在某些章节反映了黑龙江蒙古族社会生活的内容,出版的时间也比较早。

(1)1240 年成书的蒙文版《蒙古秘史》 卷一,11 节;卷三,124 节;卷四,141 节;卷六,182 节;卷十,240 节;续卷一,253 节、261 节都有有关早期朵儿边部、豁罗剌思部历史的记载。

(2)1662 年(清康熙元年)成书的蒙文版《蒙古源流》(萨囊彻辰著) 卷三中有杜尔伯特、郭尔罗斯两部史迹的记载。

(3)康熙年间(大约 1712~1716)成书的《龙沙记略》(方式济著) 在其《经制》目中有巴尔虎部历史的记载;在"饮食"目下有蒙古农业的叙述。

(4)1725 年(清雍正三年)成书的蒙文版《恒河之流》(官布扎布著) "另编"中有杜尔伯特旗、郭尔罗斯后旗札萨克世系。

(5)1789 年(清乾隆五十四年)成书的《蒙古回部王公表传》(祁韵士纂) 卷一表第一、卷十五表第十五、卷二十一传五、卷二十二传六、卷百一十五传九十九,分别叙述了杜尔伯特旗、郭尔罗斯后旗、依克明安旗的王公表传。

(6)1867 年(清同治六年)成书的《蒙古游牧记》(张穆著) 在卷一《内蒙古哲里木盟游牧所》一章中,对杜尔伯特旗、郭尔罗斯后旗的地域、历史、建置、贡道、爵号等均作了详细的考述。

(7)1926 年(民国十五年)成书的《黑龙江乡土录》(郭克兴编) 第二篇《部族志》的第七章、第九章、第十四章,分别记载了巴尔虎、依克明安以及有关科尔沁部的历史。

(8)1932 年(民国二十一年)成书的《黑龙江志稿》(万福麟修、张伯英纂) 卷八、卷九、卷十经政志垦文目中,对杜尔伯特、后郭尔罗斯、依克明安等旗蒙地开放问题作了翔实的记录。

(9)1986 年出版的《黑龙江古代文学》(韩明安著) 第一章第二节,第五款中有杜尔伯特部始祖传说。

(10)1987 年出版的《黑龙江古代民族史纲》(干志耿、孙秀仁著) 第八章第七节第三款《黑龙江地区的元朝史迹》,第九章第一节《蒙古族》,均记述了黑龙江蒙古史迹。

(11)1987年出版的《黑龙江古代简史》(吴文衔、张泰湘、魏国忠著) 第六章《蒙古族的兴起与元代黑龙江》,论述黑龙江蒙古社会史迹。

(12)1993年出版的《黑龙江少数民族简史》(方衍主编) 第九章,专述黑龙江蒙古族。

(13)1993年出版的《黑龙江少数民族风俗》(陈伯霖主编) 设有专章介绍黑龙江蒙古民族风俗。

(14)1997年出版的《黑龙江省阿尔泰语系民族语文研究》(何日莫奇著) 第四章为蒙古语文研究,专论黑龙江蒙古语。

第二节 广 播 电 视

1.广播

黑龙江蒙古地区,只有杜尔伯特蒙古族自治县开设蒙古语广播。早在1950年7月,在县文化馆设有线广播室。1953年广播室改称为泰康人民有线广播站。1955年在他拉哈乡建立广播放大站,后改为广播站。1956年泰康人民有线广播站改称杜尔伯特人民广播站。1962年,全县各乡均建立了有线广播站。1985年,建立了调频广播电台,频率为99.4兆赫,功率为1 000瓦,发射塔高66米,发射天线为四层蝙蝠翼式,覆盖半径为100公里。

有线广播站,于1950年始摘播中央、省电台有关新闻,后开设自办节目。1953年每天播音7小时25分钟,对外呼号为"泰康有线广播站",后改为"杜尔伯特人民广播站"。1957年,广播时间每周三组,每组播送二次,每次25分钟,播放内容有农村生活、农业知识、地方新闻、戏曲文艺等。1964年4月,正式开播蒙古语节目,每周三、六早晚各30分钟,播放内容有民族政策、民族团结、民族文艺等。1966年末蒙古语广播停办,一直到1967年9月。1967

图58 蒙古语播音员在播音

年 10 月,恢复蒙古语广播。每周三早晚各 30 分钟。1981 年 11 月 16 日开始,改为每日早晚播音各 10 分钟。1984 年 6 月 1 日开始,除每日早晚各播音 10 分钟外,每周增加 15 分钟《草原歌声》专题节目,每周日增加 30 分钟专题文艺节目。1985 年,自办节目时间,每日增至 180 分钟,其中蒙古语节目 75 分钟。平均每年播发稿件 1 990 件。

2.电视

1982 年,杜尔伯特蒙古族自治县正式建成电视转播塔。发射塔高 48 米,天线十字形 4 层,功率 50 瓦,覆盖半径 6 千米。能接受齐齐哈尔电视台 4 频道信号,发射 6 频道信号,转播中央电视台第一套节目。1985 年,大山种羊场电视转播台建成并开播,同年县城增建 300 瓦彩色电视转播台和胡吉吐莫镇 50 瓦电视转播台各 1 处。

第三节 古迹文物

1.古迹

1)古人类居住遗址

黑龙江蒙古族居住在松嫩平原地区,在他们生活的嫩江流域、乌裕尔河流域以及松花江上游一带,发现了很多古人类居住遗址。新石器时代遗址共 16 处。其中郭尔罗斯后旗境内,今肇源县有 12 处;杜尔伯特旗境内,今杜尔伯特蒙古族自治县有 4 处。肇源县古人类居住遗址有三道岗子、敖包东岗、金山、北山、小南山、四方山、坝北、坝南 1 号、权拉杆 2 号、狼坨子、农场、南屯;杜尔伯特蒙古族自治县,古人类居住遗址有哈拉海、钓鱼台、夹沟、大山种羊场。青铜器时代遗址有 24 处,其中肇源县有 23 处,杜尔伯特蒙古族自治县有 1 处。肇源县有白金宝、古龙大青山、民意大青山、靠山、敖包山、小北山、立陡山土岗、西岗子、八大岗子、西山头、鸭场大岗子、望海屯、燎原、四合一号、四合二号、南楼、老道口、马场、洪原湖、发展、九间房、孟克里、火神庙等;杜尔伯特蒙古族自治县有官地。辽金时代遗址有 54 处,均在肇源县境内,即大青山、狐洞山、敖包山、南小山、立陡山二级站、西南岗、韭菜岗子、哈拉特岗、狐狸岗子、蛤蟆岱岗子、南岗子、白坟岗、西偏坡子、黄土崖子、山弯子、赵家洼子、五间房、八间房、范家窝棚、黑脸窝棚、新屯、后赵家屯、吐莫屯、公爷坟、包家坟、红坟地、四喇嘛坟一号、四喇嘛坟二号、白金宝二号、老道口二号、坝南二号、权拉杆二号、古城一号、小福兴、獾子洞、西喇嘛洞、羊山地、王富地、新华、前郑家、西部落、敖包得根、瓦房、察普起、超等、河北、出河店、东太、公营子、刘万成、小乌虎马、南庙、敏字、古恰等。

2) 古墓葬遗址

新石器时代墓葬遗址有 3 处。其中肇源县 2 处，即小东山古墓群、黑岗子古墓群；杜尔伯特蒙古族自治县 1 处，即李家岗古墓葬。青铜时代墓葬遗址 4 处。其中肇源县 2 处，即古恰古墓、果园古墓；杜尔伯特蒙古族自治县 1 处，即官地古墓葬；依克明安旗境内即今富裕县 1 处，即小登科古墓群。辽金时代墓葬遗址 3 处。杜尔伯特、肇源、富裕各 1 处，分别为哈拉海古墓群、古城古墓群和祥发古墓群。

3) 古城遗址

辽金时代古城，共有 21 座。其中杜尔伯特有 6 座，即东土域子古城、波布代古城、好田格勒古城、喇嘛仓古城、哈拉海古城、前新古城；郭尔罗斯有 12 座，即望海屯古城、义顺土城子古城、仁和堡古城、梅林屯古城、塔什海古城、西南得根古城、裕民土城子古城、古城村古城、富强古城、大青山古城、勒勒营子古城、莽海古城；泰来有 1 座，即塔子城；依克明安有 2 座，即祥发古城、大克钦古城。元代古城，共有 6 座。塔城，即辽金时代沿传下来的塔子城，因是成吉思汗季弟帖木哥斡赤斤孙塔察尔国王的王城，故简称为塔城；乃颜城，即明水县繁荣乡古城村，是塔察尔孙乃颜国王的王城；肇东八里城，是元代肇州蒙古屯田万

图 59　钓鱼台遗址

户府；克东金城古城，是元代蒲峪路屯田万户府；灰亦儿千户所城，是辽金时代沿传下来的祥发古城[①]；明安伦城，今齐齐哈尔南梅里斯屯等。

4)古建筑遗址

主要有官府遗址、寺庙遗址和古塔遗址三类。官府遗址：共有7处。其中杜尔伯特有4处，即大龙虎泡南畔的杜尔伯特旗贝子府遗址、巴彦查干杜尔伯特旗札萨克府遗址、后新屯乌尔图那苏图贝子府遗址，保日浩特包公爷府遗址；郭尔罗斯有2处，即东公爷府遗址和西公爷府遗址；依克明安旗有1处，即大泉子

图60 杜尔伯特旗王府墓碑志

依克明安旗札萨克府遗址。寺庙遗址：主要指喇嘛庙，共有37处。其中杜尔伯特15处，即呼钦艾勒富余正洁寺遗址、四家子屯富余正洁寺遗址、白庙子(郝木根艾勒)富余正洁寺遗址、乌勒吉图乎莫屯(大庙屯)富余正洁寺遗址、东吐莫屯宗兴寺遗址、官儿屯圣真寺遗址、布拉合屯福广寺遗址、烟屯兴隆寺遗址、大山宝兴寺遗址、中新屯兴经寺遗址、珰奈屯普教寺遗址、胡吉吐莫屯福祥寺遗址、五棵树屯天佛寺遗址、安平光福寺遗址、东新屯福善寺遗址；郭尔罗斯有10处，即大庙村衍福寺遗址、新站小庙子嵩龄寺遗址、达尔吉岗子福宁寺遗址、三站宏星村福田寺遗址、西伯乎赉屯图布新花寺遗址、大兴乡前进屯吉祥福轮寺遗址、

图61 东土城遗址

① 《中国历史地图集释文汇编》东北卷载："灰亦儿千户所当与蒲峪路屯田万户府置于一处，即今克东县金城乡古城村。"而《富裕县志》说："祥发古城坐落在龙安桥南乌裕尔河左畔，为元代灰亦儿千户所故址。"

131

民意乡公营子静修寺遗址①、头台镇永和屯福圣寺遗址②、古恰乡兴发村导善寺遗址③、托古村嘎尔图庙遗址;肇东县有3处,即西八里村福祥寺遗址、四站镇东兴村祝寿寺遗址、四站镇最寿笃寺遗址;依克明安有2处,即大泉子大智寺遗址、乌裕尔河南畔明安寺遗址;泰来境内有7处,即胜利蒙古族乡黑帝庙村全禧平安寺遗址、好心蒙古族乡特布欣查干屯长白庙遗址、江桥蒙古族镇工农村双吉庙遗址、平洋镇五庙子元宝庙遗址、安乐寺遗址、金台寺遗址、厚福寺遗址等。古塔遗址,共有3处。其中杜尔伯特有辽金时期的九扇门古塔遗址;清代上六家子魁星塔遗址;郭尔罗斯有清代头台魁星楼遗址。

2.文物

1)出土文物

考古挖掘出土的文物,在黑龙江蒙古地区有很多。其中出土的新石器时代的文物,主要有牙器:牙镞、牙鱼镖;玉器:碧玉刮削器;石器:石镞、石核、石凿;陶器:陶鬲、陶豆、陶坛、陶网坠、陶纺轮等。青铜时代的文物,主要有牙器:牙刀;骨器:骨镞、骨矛、骨锥、骨凿、骨针;玉器:玉斧、玉锛、玉环;石器:石斧、石锛;陶器:陶鼎、陶鬲、陶杯、陶壶、陶罐、陶碗、陶钵、陶纺轮、陶网坠、陶鸟头等;铜器:铜丝圈。辽金时代的文物,有石器:石轮;陶器:陶罐、陶壶、陶杯;瓷器:瓷瓶、瓷罐、瓷碟;铜器:铜镜;铁器:铁镞、铁矛、三足铁锅

图62　陶鬲(左)、陶罐(右)

等。上述文物都收藏在省县两级博物馆中。

2)近代文物

清代以来的近代文物,在黑龙江蒙古地区也有很多。

石质文物:有清代石狮两尊,原为富余正洁寺守门狮,身高120厘米,胸

---

① 《肇源县志》载:静修寺遗址在古恰乡托古村。
② 《肇源县志》载:福圣寺遗址在头台乡德古村。
③ 《肇源县志》载:导善寺遗址在老爷屯西南。

部直径65厘米，石狮张口、瞪眼、蹲坐，雄狮爪下按石球，雌狮爪下按狮崽。狮身下有石座，刻有莲花、奔鹿图案。雕艺精湛，粗犷细腻，形象逼真。现收藏于杜尔伯特蒙古族自治县博物馆。清代浮雕石海狮两块，原为富余正洁寺内院守门狮，现在收藏于杜尔伯特蒙古族自治县乳品厂。金代石臼一个，在杜尔伯特蒙古族自治县敖林西伯乡孟根西伯屯出土，现仍在原地，无人收藏。青石墓碑两通，原为杜尔伯特旗王府墓志铭，一通收藏于杜尔伯特蒙古族自治县博物馆中，另一通已散失。

银质文物：有清代"管辖科尔沁左翼郭尔罗斯后旗札萨克印"，蒙、满文合璧，现存于黑龙江省博物馆。清代"索伦山垦殖局长印"，汉文、篆体、虎纽、方形。杜尔伯特蒙古族自治县腰新屯乡前新村农民张振财在嫩江东畔江套子拾得，现由笔者收藏。

铜质文物：清代铜佛10尊，原为富余正洁寺佛像，现存于杜尔伯特蒙古族自治县博物馆。清代佛教神器金刚杵一个、小铜铃两个，原为富余正洁寺白斯楞喇嘛的遗物，现由杜尔伯特蒙古族自治县博物馆收藏。

铁质文物：清代铸铁大鼎三口，也称粥锅，是富余正洁寺喇嘛熬粥、烧茶用的大锅，容积大，一次可煮500斤米，供几百人食用。祭祀敖包、神树时，将大鼎运至野外现场，供参祭人煮肉粥用。其中两口锅存于杜尔伯特蒙古族自治

图63　富余正洁寺石雕狮

图64　石臼

133

图65　元代管民千户印

图66　富余正洁寺的"茫金陶告"

县博物馆,一口存于巴彦查干乡大庙村白长林家中。清代卧式铸铁炉一副,是富余正洁寺喇嘛冬天诵经时取暖用的炭火炉。现存于巴彦查干乡大庙村政府。

骨质文物:有清代童女头骨捻珠 1 副,是用 108 个女童的头盖骨磨制成的念珠,共 108 粒,每一粒是一个女童的头盖骨,是从西藏索来的。现存于杜尔伯特蒙古族自治县民族事务委员会。

另外,还有清代彩绘的《天马图》一帧。这是一幅较为原始的禄马风旗。原为富余正洁寺的文物,现收藏于杜尔伯特蒙古族自治县巴彦查干乡大庙村刘树江家中。

第四节　蒙古文学

1.书面文学

蒙古族于 1204 年创制文字以来,已有近八百年的历史。在没有文字之前,无书面文学可言,尤其是黑龙江蒙古地区,地处蒙古社区的边缘地带,文字的传入与发展,较聚居地区更为缓慢。在蒙元时期虽有文字广泛流传,但在历史文献中还没有发现有关书面文学的记载,也没有保留下来的实物。黑龙江蒙古地区真正书面文学的出现,可追溯到明代。它的特点是既有蒙古族用蒙文创作,也有蒙古族用汉文创作,还有其他民族的人创作有关蒙古社会生活的文学作品。

1)小说

用蒙文创作的小说清代中叶方出现,清代以前是否有,由于史料的匮乏无从考证。目前仅发现 4 篇小说供参考。

《乌孙德日莫》:"乌孙"是"水","德日莫"是"盗",直译为"水盗",引申意为"海盗"。是一篇用蒙文撰写的小说。作者道尔吉台吉,是哲里木盟杜尔伯特旗王府章京乌尔图那苏图贝子之父。他以咸丰年间海战为背景,描写了英法联军侵略我国海防的罪恶以及我军英勇抗战的精神。清咸丰八年四月十七日,军机处"调……哲里木盟、昭乌达盟蒙古兵一千名"[①]。道尔吉台吉奉诏率

① 《清实录》,卷二五一,24 页。

杜尔伯特旗骑兵参加了哲里木盟马队上前线共同抗敌。当时僧格林沁亲王被咸丰帝封为钦差大臣,派到天津督办军务。道尔吉台吉就在僧格林沁手下为官。咸丰九年五月二十五日,英法联军犯天津大沽口,敌舰驶入鸡心滩,强闯拦江沙抵海岸,并向海军炮台开炮轰击。僧格林沁立即下令各炮台同时开炮还击,一举击沉了13艘敌舰而取得胜利。此次战役,"蒙古两盟马队官兵,奋不顾身,击败洋众,实属异常出力,所请赏给该台吉、章京、护卫等项顶带花翎,均依议行"①。道尔吉台吉也是这次战役中的受奖者之一。由于他亲自参加了这次海战,目睹了全过程,所以文章写得有血有肉,反映的生活真实生动,深受读者欢迎。

《哈喇呼鲁格》:意为"黑骏马"。作者是杜尔伯特旗塔本努图克巴嘎别布尔屯的云登先生,写于光绪朝中叶。主要描写牧民吉特格勒图的黑骏马在旗那达慕会上,如何甩掉王爷的骑手而获得冠军的故事。这部手抄本故事在民间广为流传。

《阿勒坦基布赫》:意为"金簸箕",是草原地名。作者是杜尔伯特旗王府章京乌尔图那苏图贝子,写于光绪末年。这部小说描写了蒙古王公之间,为了争夺"金簸箕"草场所发生的故事。情节曲折,内容生动,充分暴露了封建王公们唯利是图的丑恶嘴脸。手抄本在建国初期还在民间流传。

《隋唐续传》:清朝中叶用蒙文翻译的一部文学作品。现有残本12卷。既无原著人,也无译者。手抄本字迹工整,译文流畅。原在杜尔伯特蒙古族自治县敖林西伯乡布大格村张德福家保存,后于1982年由黑龙江省民族研究所波·少布先生收藏。

《蒙古述略》:杜尔伯特旗第十努图克颇勒吉台吉之孙(佚名)于民国三十一年(伪满洲国康德九年)四月用蒙文撰写的一部历史体裁小说,保存至今。《蒙古述略》内容分为两大部分:第一部分称"蒙古述略",共十六节,记述了公元前425年至公元1206年建立伊赫蒙古勒乌鲁斯(大蒙古国)为止的蒙古历史;第二部分称"蒙古史",共十一章,记述了1206年至1912年建立中华民国

135

① 《清实录》,卷二八五,16页。

图 67　蒙文小说

为止的蒙古历史。建立中华人民共和国以后,于 1986 年杜尔伯特蒙古族自治县蒙古语文工作办公室张亚光 (格日勒)女士对蒙文手抄本进行了点校,黑龙江省民族研究所波·少布先生、何日莫奇(何学娟)女士进行汉文翻译、注释,于 1992 年由内蒙古文化出版社以蒙、汉文合璧形式出版发行。

建国后,蒙文创作很不景气,就连小小说也不多见,就目前搜集到的仅见 3 篇。有宝玉的《多克多尔山的神灵》、包忠海的《绿度母》、包胜的《忆宝鲁德叔叔》。以上 3 篇文章均见《黑龙江蒙古语文》杂志 1993 年第 2 期。虽然蒙文创作有所滞后,但是蒙汉民族作者用汉文创作的有关蒙古社会生活的作品仍然有所发展,逐渐由蒙文创作向汉文创作过渡。20 世纪 50 年代有任孝先的《八千垧树苗》刊于《黑龙江文艺》;60 年代有李成贵的《探师》、高克平的《试车》与《草原上的柴胡花》、墨权的《草原春色》、张枫的《蒙汉民族是一家》等,分别刊于《黑龙江日报》、《北方文学》、《文艺爱好者来稿》;80 年代有高克平的《奶站风波》与《阿爸,我和他俩》、王佐江的《老屯进城》与《河在心底流》、任青春的《猎人的胸怀》、刘欣然的《我的"铁哥们"》等分别刊于《小说林》、《天鹅》、《林苑》、《黑龙江农村报》、《无名花》等报刊。

1989 年 2 月,杜尔伯特蒙古族自治县成立了远野文学社,社员 22 人,到 2003 年发展到 54 人,首任社长为任孝先。该社成立后组织广大业余文学工作者进行创作,并先后建立了《江湾》、《连环湖》两个分社;并创办了社刊《芦笛》,共出版 78 期,促进了蒙古地区文学创作的繁荣发展。1993 年 8 月至 2004 年 8 月,杜尔伯特蒙古族自治县文化馆,出版 5 部文学专集《远野》,共收入文学作品 212 篇,其中纪实文学 11 篇、报告文学 29 篇、散文 43 篇、小说 22 篇、诗歌 93 首、歌曲 13 首、剧本 1 部,极大地推动了文学创作的发展。

2)散文

蒙文散文最早出现于明代崇祯年间。《多克多尔山祭礼》一文,就是这个时期记录改撰的。它的早期形态是蒙古萨满祭奠山岳的口头祭词,后来用文字记录下来成为蒙文文学作品。明崇祯年间,纳济·托音大师到东蒙地区传播佛教,黑龙江蒙古地区开始受到佛教的影响。尤其清朝以后,佛教遍地开花,黑龙江蒙古地区也不例外。当时蒙古地区固有的萨满教受到严重冲击。佛教寺院的喇嘛,将萨满教的口头神歌、祝赞词,用蒙文记录下来,并将与佛教有抵触的内容删掉,加进一些有关佛教的观点,以手抄或石印的形式存于寺院经堂,作为喇嘛们诵读的经卷。《多克多尔山祭礼》早期作者佚名,不知是哪位萨满的口头作品。但修改后变成文字的作品盖有忠盛阿的印章,很可能是忠盛阿喇嘛记录后修改成卷的。成文后将这一作品存入杜尔伯特富余正洁寺经堂中。民国年间,杜尔伯特旗王府章京乌尔图那苏图贝子视察寺庙时,发现了这部作品,他认为"这是具有地方性特点的作品,有重要的历史价值,遂命洛布桑道布登·确恩灵那木吉勒喇嘛抄写,发送于杜尔伯特旗十几所寺庙中广为流传"[①]。中华人民共和国成立以后,于1989 年由杜尔伯特蒙古族自治县蒙古语文工作办公室的张亚光(格日勒)女士与黑龙江省民族研究所土默特夫(波·少布)先生翻译成汉文并加以注释,又经中国社会科学院民族研究所色音博士审定后刊发于《黑龙江民族丛刊》1989 年第 4 期。作品的蒙文原稿在富余正洁寺白斯楞喇嘛处保存,白斯楞喇嘛逝世后,已交杜尔伯特蒙古族自治县博物馆收藏。与《多克多尔山祭礼》同一性质的萨满口头文学改编为书面佛教文学的散文作品,还有《图勒失邻经》、《祈雨经》、《昆仑祭》、《额尔勒格可罕经》、《桑吉达亚

图 68　蒙文经卷《多克多尔山祭礼》

① 载于《多克多尔山祭礼》后记中,现存于杜尔伯特蒙古族自治县民族博物馆。

概论》、《大海归心传》、《论智慧》、《禄马风旗经》、《解梦经》、《解索经》、《十方颂》等。上述作品均为手抄本或石印本,现收藏于杜尔伯特蒙古族自治县民族博物馆。

建国以后,黑龙江蒙古地区创办了很多蒙文报刊,为蒙文作者创造了有利条件,所以20世纪80年代以后,散文的发展较快。乌·布尔固德的《瞧!这样一个语言环境》、阿拉塔的《马背民族》、包明德和宝玉合写的《关于"诺恩吉娅"》、白晶的《我的故乡》、梅花的《母亲》、斯琴图的《大戈壁阿斯哈查干》等文章均在这个时期刊于《黑龙江蒙古语文》杂志;斯琴的《家乡》与《同志》、佟秋生的《我的母亲》、王艳波的《假日的一天》、旭仁其木格的《晨》、白金阁的《花树》等作品均刊于《绿洲》杂志;赵洪军的《我的父亲》、侯志英的《民族的希望》等刊于《母语》杂志。上述诸篇散文短小精悍,一文一事,内容新颖,文笔流畅。有的反映蒙古族的风俗习惯,有的描写草原的景致,有的抒发对父母的感激,有的表示要对社会的回报。虽然这些作品在人物刻画、挖掘思想等方面还不尽如人意,但是毕竟在用蒙文创作方面迈出了可喜的一步,为今后蒙古文学的繁荣发展打下了基础。

汉文散文与蒙文散文同步发展,相对比蒙文创作内容涉猎广泛,情节构思巧妙,文笔更为清秀。譬如余永金的《月季花的启迪》、潘承仁的《风灯》、周宏臣的《雪路上》、军炯的《家乡月夜》、张才文的《绿色草原》、赵真明的《奶车从窗前驶过》、严钦贤的《输血》等文章,简短、精练、含蓄、泼辣,从不同侧面反映了草原人民的生产生活。

3)报告文学

在黑龙江蒙古族地区,解放以后才出现报告文学这种体裁的文章,而且都是用汉文撰写的。最早是夏风于1946年8月,在《嫩江新报》上发表的《拔除杏树岗匪穴》一文。该文记述了"杏树岗战役"的整个过程。同年9月,武史郁又在《嫩江新报》发表了《笃农家的毁灭》一文。50年代以后,有乌希的《红色兽医》刊于《大公报》,有李成贵的《草原畜牧喜丰收》刊于《黑龙江日报》,有夏云峰的《草原赛音额木其》刊于《民族团结》杂志。

4)诗歌

蒙文诗歌:在蒙古族中口头诗作特别多。但用文字记录下来的却很少。黑龙江蒙古地区的蒙文诗歌,最早产生于嘉靖年间。目前只收集到一首题为《猎鱼》的蒙文诗歌。这首诗只有四句:

嫩水如碧,篝火如赤。

青石投鱼,以供其餐。

如果把这首诗解读为生活画面的话,那就是在嫩江边上,架起了篝火,拿石头去打鱼,然后在火上烧烤就食。它真实地反映了黑龙江的蒙古族在明朝嘉靖年间,初来嫩江东畔后进行原始的牧渔生活的场景。这首诗以蒙汉文两种形式一直流传至今。有清一代,蒙文诗歌很少见。中华人民共和国成立以后,蒙文诗歌又有了新的发展。《富饶的杜尔伯特》是建国后最早公开发表的诗文。作者为波·少布,于 1957 年刊于《鸿嘎鲁》月刊第 7 期。20 世纪 80 年代以后,蒙文诗歌创作出现了新潮。乌·布尔固德创作的《迎新辞》、《母语是宝》分别发表于 1988 年 12 月 30 日和 1989 年 5 月 25 日的《杜尔伯特教育》报。他的《啊,蒙古语》、《我和我的母亲》、《路》、《我们的事业》等四篇作品分别刊载于《黑龙江蒙古语文》杂志 1988 年第 1 期,1989 年第 2、3 期和 1990 年第 1期。乌·布尔固德的作品,主要反映了一个民族对自己母语的渴望和追求。高木苏荣的《心潮》、李金山的《迎新春》和《乌力格尔的开场白》分别刊于 1988 年 12 月 30 日的《杜尔伯特教育》报与《黑龙江蒙古语文》杂志 1996 年第 4期。巴彦宝力格的《成吉思汗陵颂》与斯琴图的《成吉思汗》、《戈壁》组诗,分别刊于《黑龙江蒙古语文》杂志 1993 年第 1 期和 1999 年第 3 期、2000 年第 2期。这三首诗作集中反映了蒙古族对先祖成吉思汗的敬仰以及对蒙古高原戈壁沙漠的热爱。何永海的《母亲》、《战火海》和华晓红的《云》分别刊于《黑龙江蒙古语文》1995 年第 2 期和第 1 期。孛尔只斤(宝玉)的《多克多尔山祭词》刊于《黑龙江蒙古语文》1997 年第 4 期。这首诗显得特别粗犷、苍劲而古老,它反映了多克多尔山祭奠的源头和正在消失的奇异的习俗,它唤起人们对历史的朦胧记忆,是一篇不可多得的好作品。道仁腾格里的《祖国》、巴彦巴图的《妈妈,我要画画》、塔娜的《年轻的岁月》、乌兰巴干的《故乡的风》、高·依伦的《永生之火》等作品,全部刊于《绿洲》杂志,作品从不同的侧面反映了人们热爱祖国、热爱家乡的真诚心愿,表现了对祖国繁荣昌盛的企盼。阿勒坦穆仁的《牧民之子》刊于《母语》期刊1991年第1期。孛·诺敏的《教师节》刊于《蒙古语教学》杂志1995年第1期。到20世纪末为止,黑龙江蒙古地区的作者,在各种报刊上发表的蒙文诗歌,据不完全统计可达150首左右。

汉文诗歌:据目前已掌握的史料来看,黑龙江地区的蒙古族用汉文创作诗歌,最早当在清季。镶蓝旗蒙古族恩泽于光绪年间任黑龙江将军,他是一个很有文采的官员,文武双全。著有《荆州驻防八旗志》16卷,其中收其诗文16首,光绪五年(1879)刊行。继其后,光绪十一年(1885)绥化府知府成多禄著有《澹庵诗草》二卷。清末黑龙江省著名的蒙古族教育家、学者祝宗梁女士在光绪年间任省城齐齐哈尔女学堂教习。光绪三十四年(1908)呼兰第二女学校添聘龚维清女士为教员,祝宗梁为送行龚女士命诗一首。题为《送龚维清赴呼兰女学》。诗中写道:

> 风雨黯江城,滔滔江水生。
> 居行从此别,余意若为情。
> 明日飞车远,连潮对酒清。
> 呼兰兴女学,吾道已东行。

所以这首诗应作于光绪三十四年(1908)。祝宗梁除这首诗外还有《哭赵珩海伦女学诸生》等数首古诗以及《中国女子历史》二百四十课和《龙江女学文范》等著作传世。宣统元年(1909)在黑龙江调查局任职的克希克图素有文学修养,著有《京口六先生诗文辑遗》一书。

由于资料匮乏,民国年间的汉文诗作还没有发现。

中华人民共和国成立以后，蒙古族诗人用汉文创作的诗歌有了长足的发展。特别是用汉文反映蒙古社会生活的诗歌作品越来越多，尤其 1958 年大跃进时期，随着诗潮的起伏出现了很多精品，如杜尔伯特蒙古族自治县东吐莫人民公社蒙古族牧民玉宝全创作的《奴隶》一诗。这首诗虽然只有 16 行，但却为成千上万的奴隶鸣屈喊冤，鞭笞了旧社会的黑暗。杜尔伯特蒙古族自治县新屯人民公社蒙古族农民陈达赖创作的《歌颂水利化》一诗，表现了劳动人民征服自然的宏大气魄。这两首诗都被选入《大跃进诗选》中，并在北京民族文化宫向全国展出。20 世纪 60 年代后在黑龙江蒙古诗坛上，诗风一拥而起，作者队伍骤然增加。波·少布先生的《我的骏马》、《剪羊毛》、《牧民新歌》、《终点线上第一名》等作品分别在《黑龙江日报》、《嫩江日报》发表。他创作的《草原献礼》、《春夜》、《开犁曲》、《秋收曲》、《鱼米之乡》、《小船》、《收音机》、《战斗的火炬》等也分别在《群众文艺》、《文艺爱好者来稿》报上刊发。他的作品集中表现了党的民族政策为草原带来的光明以及草原人为社会主义建设所作的无私贡献。包宏理先生的《春来了》、《东风颂》、《国庆抒怀》相继在《草原红花》报上刊出。他的诗作表现了蒙古族对草原的情怀。他以"春"为题，把草原的苏醒、草原的景致、草原的未来描写得淋漓尽致。包智先生的《欢呼啊，尽情的欢呼！》、《老农座谈会》、《学雷锋有感》、《练好本领保国防》，王福全的《多少个梦里祈求的……》、《春耕》，哈斯巴雅尔的《草原牧民高声唱》，包振忠的《金翅鸟》，明海的《杜尔伯特晨曲》，白华的《草原上百灵唱新歌》，魏国勋的《牧点》、《牧羊姑娘》，包晓丽的《牧场承包一片春》，特别是原上草的《绿色的金滩》、《草原初雪》、《牧场漫游》、《公社牧羊人》等作品，内涵丰富，底蕴深沉，从不同角度歌颂了党和政府的民族政策，歌颂了蒙古地区的山水风貌，歌颂了草原牧民的生产生活。1986 年 7 月 17 日，肇源县义顺蒙古族乡成立了"沃土诗社"，主办《沃土》诗报，截至 1988 年共出刊 58 期，刊发诗歌 900 多首，同时编辑出版了《北疆绿了》、《三叶集》、《初扬的诗帆》、《伏枥诗刊》、《小草》等诗集，对全省蒙古地区汉文诗作的发展起到了促进作用。

图 69　巴彦布诗文集

但是在黑龙江蒙古地区所有的蒙古族诗作者中,我国当代蒙古族著名诗人巴彦布先生才是我们松嫩草原上的真正的雄鹰。自从 1954 年发表处女作以来, 相继于 1980 年、1983 年、1987 年、1994 年分别由黑龙江人民出版社、中国文联出版社、哈尔滨出版社出版了《鲜奶与花朵》、《爱的倾吐》、《飞驰的色块》、《巴彦布诗文集》(上)、《巴彦布诗文集》(下)等五部诗集。巴彦布先生曾任哈尔滨市作协副主席,哈尔滨文学创作所所长、《诗林》杂志主编、中国蒙古文学学会理事、中国少数民族作家学会常务理事、世界华人诗人学会创会理事,是国家一级作家,享受政府特殊津贴待遇。他的传记被收入《英国剑桥名人录·诗人卷》中。巴彦布先生在主持《诗林》工作期间,组建了"诗人沙龙活动中心",并创办了《诗人沙龙报》和《中国首届冰雪节诗会》,1988 年出席了在曼谷召开的第十届世界诗人大会,立足于世界诗林之中,为祖国、为民族争得殊荣。

黑龙江蒙古地区是蒙汉杂居社区,所以除了蒙古族诗作者用蒙汉文创作诗歌以外,居住在这个社区的汉族作者,创作了很多反映蒙古社会生活的优秀作品。譬如羊羽(孙翔)的《赛场新风》、《时间曲》,高克平的《射手》、《草原乳品厂》,子鱼的《那达慕抒情》、《喜收羊草》,张枫的《富饶的杜尔伯特草原》,鲁莽的《那达慕杂咏》,王涛的《草上三员》、《草原抒情》,潘承仁的《套马》、《草原早晨》、《剪羊毛》,军炯的《牧笛》,张才文的《绿色草原》、《狩猎篇》,吴玉林的《雄鹰》,王佐江的《晨牧》,倪占宽的《草原新歌比星多》,刘发的《春到草原》,沙菲的《草原抒情》,孙士岐的《蹄声哒哒……》、《一颗红心永不落》、《快马出诊》等作品,以不同的音符奏响了蒙汉民族团结的交响曲,以不同方式表达了草原人的胸怀,以不同心声赞颂了党的阳光雨露。

5)戏剧

有关戏剧作品,解放以后方问世,民国以前的文字作品至今未见。

蒙古剧:是用蒙文创作而且必须用蒙古语表演的剧目。它的特点是歌、舞、剧一体化,扮相、服装固定化。1948年土地改革运动中,杜尔伯特旗东吐莫区剧团的创作员吴文斌先生用蒙文创作了《其木格》、《嘎达梅林》、《那公爷》等三部蒙古剧,于1952年始在黑龙江蒙古地区公开演出。蒙古剧《其木格》主要描写牧民乌勒吉特的新婚妻子其木格,打破家庭与亲人的重重阻力而劝夫参军的故事。《嘎达梅林》是根据科尔沁草原嘎达梅林抗垦的历史故事改编的。《那公爷》描写了解放前夕杜尔伯特草原那公府的奴隶们不堪忍受那公爷的残酷压榨而起来造反的故事。1956年郭尔罗斯后旗浩德蒙古族自治区以及大兴乡公演了《达那巴拉》、《乌云珊丹》、《敖包相会》等蒙古历史剧。这三部改编的蒙文剧本,作者佚名。

汉文歌剧:1961年,王涛先生根据杜尔伯特蒙古族自治县克尔台乡蒙古族姑娘包莲花冲破种种困难走出家门担当畜牧人工授精配种员而取得成功的真人真事编创了歌剧《草原红花》,并在全县演出。70年代李成贵先生编创了《种马舍前》、《黎明之前》和《草原新花》等三部歌剧。《种马舍前》是描写暗藏的坏人,妄图用毒药毒死生产队的种马,被队长与群众识破而当场抓住的故事。《黎明之前》刊于1979年《草原红花》杂志,描写了解放前夕,巴彦草原的王爷组织卫队准备与八路军对抗,这时奴隶们已觉醒,公开反抗王爷来迎接草原解放的故事。《草原新花》刊于《嫩江春蕾》文集,描写了牧业队要以冻精配种和原交配种两条腿走路的方法发展牧业的故事。80年代李成贵、王家君先生又编创了《草原迎春归》、《草原烈火》两部歌剧。《草原迎春归》,1981年已在嫩江地区文化馆干部文艺汇演大会上公演;《草原烈火》刊于1984年《无名花》杂志。

汉文评剧:在蒙古地区评剧很少,但在肇源县蒙古族杂居的地方产生了创作评剧的素材。肇源县文工团根据肇源县浩德蒙古族公社于1964年4月养猪生产全社实现了一人一猪的先进事迹创作了评剧《绿野红旗》,向全县公演,后来长春电影制片厂又摄制了大型纪录片。

6)曲艺

好来宝

蒙文好来宝:"好来宝"意为连接,是蒙古地区流传最为广泛的一种坐唱艺术形式。说唱好来宝要用马头琴或四胡用蒙古语自拉自唱。好来宝有单口、对口、众口之别。好来宝的唱词多是口头流传,用文字创作记录下来的很少。建国前用蒙文创作的好来宝目前只发现一部,题为《图们其其格·因·阿苏拉特》,意为"万花问"。是杜尔伯特旗塔本努图克云登先生于清光绪二十年创作的。蒙文手抄本一直流传到 20 世纪 50 年代。这部作品属于问答式好来宝。

如甲问:

什么花无生命?

什么花摘不到?

什么花果连枝?

什么花果连根?

乙答:

纸花无生命,

雪花摘不到,

山杏花果连枝,

百合花果连根。

诸如此类,共写了一百多种花卉,是一部长卷好来宝。

建国以后,蒙文创作的好来宝逐渐增多。20 世纪 50 年代吴文斌先生创作的好来宝《咒骂那公爷》于 1951 年 11 月,由艺人少文析勒在杜尔伯特旗首届文艺汇演大会公演。60 年代王金宝创作的《虚伪的旧社会》,由艺人梁国芳演唱多场。70 年代黑龙江人民出版社出版一本蒙文《好来宝选集》,其中收入哈·宝鲁德的《学习毛主席著作》、额尔敦巴特尔的《民兵赞》;图·乌日图那孙的《向英雄张勇学习》、《赞伊赫乌拉生产队》;阿·昭日格图的《乌兰生产队颂》;呼格吉勒图的《发展中的巴彦吉如赫》;特·赛音巴雅尔的《哈日嘎那生产队赞》；那·巴图孟赫的《草库伦》；纳·仁钦的《红旗队颂》；瓦其尔的《铁姑娘赞》等 10 部。

汉文好来宝：在繁荣发展蒙文好来宝的同时，汉文好来宝的创作也列入文学创作议程。在 20 世纪 60 年代有黄德予先生的《草原架起高压线》，于 1966 年 6 月在《人民日报》发表。70 年代有王佐江的《喜送巴图上北京》和文兵的《特木热胸前花儿红》，分别发表于《黑龙江演唱》与《草原红花》杂志。80 年代有何永海的《赞火车》、李成贵的《草原颂》、白热的《草原插上了金翅膀》、牧野的《乌兰托娅出嫁》等，分别发表于《嫩江春蕾》、《黑龙江艺术》、《无名花》等杂志。其中《赞火车》参加了 1981 年绥化地区少数民族文艺会演，《草原颂》参加了嫩江地区文化馆干部文艺汇演。

乌力格尔：即蒙古书。黑龙江蒙古地区的乌力格尔作品都是口耳相传的，没有文字本。建国后，70 年代乌里莫图先生创作一部《欢乐的那达慕》并改编了《红岩》、《草原枪声》两部小说，由艺人孟根达赉、包德章等演唱过，再没有发现其他作品。

7)歌词

历史上的蒙古民歌都是口头传唱，它的词作者很难寻觅。建国以后才出现歌曲创作。20 世纪 60 年代有赵有德创作的《我为祖国放骏马》，1964 年刊于《吉林歌声》，并参加第一届"哈尔滨之夏"音乐会演唱，同时在中央和省人民广播电台播发。吴玉壮的《捎上几句心里话》，1965 年载于《黑龙江日报》，黑龙江人民广播电台作为推荐歌曲教唱一周，后来又被中央人民广播电台对外播放。袁朝坤的《牧民爱读毛主席的书》、《四化宏图金闪闪》等歌曲刊于《草原红花》，曾多次参加各级文艺汇演得奖。70 年代有兆荣的《姑娘我爱上了大草原》，于 1979 年刊于《草原红花》。王涛的《知心话唱给毛主席听》、《我们是草原的民兵队》等歌，曾多次获演唱奖。80 年代有王家君的《弹起木克兰》、《牧民一步一层楼》，其中《弹起木克兰》于 1980 年全国少数民族文艺汇演中曾获国家级奖。苗润田、于长有、阿尔巴登合作的《祝酒歌》、《送亲》以及王国新、于长有、阿尔巴登合作的《女儿出嫁》，于 1982 年被收入歌曲选集，由上海

145

文艺出版社出版。除此之外,创作歌曲还有《歌唱杜尔伯特》、《富饶的杜尔伯特》、《草原小乐队》、《接过套马杆》、《欢乐的歌》、《美丽的连环湖》等作品。

2. 口头文学

草原牧民是蒙古口头文学的集体作者,从原始社会到现在,以口头述说的形式一代一代地流传下来。虽然1204年始蒙古族创造了自己的文字,但是由于历史条件的局限,在蒙古社会中识文断字的人比例很低,尤其处在边疆的黑龙江蒙古地区更是如此,因此口头文学远比书面文学发达。口头文学主要包括:神话、传说、故事、谚语、谜语、祝赞词等。

1) 神话

神话产生于原始社会,是口头文学的最初形式。它是原始人在生产力非常低下的情况下,为了认识自然、征服自然、支配自然所产生的艺术幻想的反映。原始社会是人类历史的早期阶段,当时人们支配自然的能力非常低,随时都面临饥饿和死亡的威胁。可是人们又不甘心屈服于大自然的威胁,奋力抗争,然而又不能达到目的,只好通过幻想来实现这种愿望,把人的意愿加以理想化,于是创造出种种神话来满足自己的疑惑与认识。当然,神话作为一种原始社会的意识形态,不可避免地要随着历史的发展而变化甚至消亡,但是它对人类的影响是巨大的,人类童年时期的魅力,永远记忆在现代人的心目中。神话可分为解释神话和斗争神话,解释神话是认识自然的理性化反映;斗争神话是征服自然的幻想化反映。在黑龙江蒙古地区共搜集到十三则神话。其中五则是太阳、月亮、星辰神话,如《日蚀的传说》、《月蚀的传说》、《天狗吃月亮》、《北斗星的传说》、《三犬星的传说》等。这几则故事都属于解释神话,通过神话来认识自然现象。《冶铁祭祖》属于先祖神话,真实地记录了蒙古族的祖先孛儿帖赤那与豁埃玛阑勒率领部众在额儿古涅昆化铁开山走向草原的故事。千百年过去了,可是蒙古族为了纪念祖先冶铁熔山迁徙草原这奇迹般的壮举,总要在每年的除夕之夜进行冶铁祭祖。到现在为止,黑龙江的蒙古族每逢年三十晚上,都要拢一堆篝火祭祖作为冶铁的象征。《雄鹰与山丹》、《嘎勒珠诺颜》,属英雄神话。英雄神话是原始人为了不屈服于大自然而塑造出自己理想的英雄来征服自然。这些英雄的共同特征就是神力超凡勇于献身,体现了原始人的意志。《毛驴与松树》、《龙坑的传说》,属于事物起源神话。这类神话是原始人探测事物真相的必然产物,原始人根据自己的善恶标准来惩恶扬善,歌颂美好的事物,憎恨丑恶的事物。《神山》、《大山马场的传说》、《马场狐仙》属于志怪神话。这类神话说的都是荒诞奇异之事,是原始人凭想象对自然的一种探求,是在"万物有灵"思想支配下把自然物神化了。所以志怪神话中描写的都是些是人非人、半人半神的怪物,并把这些动物都人格化了。如《神山》描写的就是把狐狸人格化,然后惩罚恶人的故事。

2)传说

蒙古民间传说,都是劳动人民以真实的历史事件、历史人物、自然风物、社会习俗为基础而创造出来的故事。它与民间故事的不同之处,在于有真实性,但又不是严格意义上的真实,而是经过挑选、取舍、夸张、加工后形成的反映社会生活本质的故事。民间传说,有的来源于历史,有的是由神话演变而来。传说种类繁多,有历史传说、人物传说、地方风物传说、物产传说、风俗传说、社会生活传说等等。在黑龙江蒙古地区反映出来的主要有历史传说、人物传说和地方风物传说三种。到目前为止,仅搜集到 19 则传说。历史传说有《托诺依》、《踢乌兰的传说》、《杜尔伯特传说》等。历史传说有两种情况,一种是以历史事件为中心,叙述历史,以事带史;另外一种是以人物为中心,叙述历史,以人带史。人物传说有《奥兰其其格的传说》、《迭日额赫庙的传说》、《罕代》、《扎那兄弟》、《哈萨尔的传说》、《格斯尔的传说》、《勇敢机智的蒙胡克》、《那布其公主》以及《诺干达日合的传说》等。人物传说的内容较为复杂,有暴露统治阶级丑恶面目的、有歌颂甜蜜纯真爱情的、有叙述名人名匠事迹的、有表现劳动人民苦难生活的。总之,是以人物为中心,叙述他们的事迹和遭遇。地方风物传说有《布拉合的传说》、《神泉》、《多克多尔山的传说》、《好日木斯台》、《敖包的传说》、《奥根陶呼莫毛都的传说》以及《达金毛都的传说》等。地方风物传说,乡土气息很浓,有鲜明的地方特色,对山川古迹都作出了富有情趣的解释,不仅仅解释、描绘风物的由来、特点,而且都与当地的历史、人物、环境、民族迁徙有关,同时与善与恶、美与丑的观念联系在一起,表现了一定的社会意义。

3)民间故事

民间故事有两种概念,即广义与狭义。广义概念是指劳动人民创作的并在民间口头流传的所有散文作品的通称;狭义概念是指神话、传说以外的现实性较强、富有完整情节的口头创作故事。广义是一般的用法,狭义是专门的用法。即使是专门的用法,在民间故事中也包括很多小类,如动物故事、生活故事、民间童话、寓言、笑话等等。我们所搜集到的主要是动物故事与生活故事共四十多篇。

动物故事:动物故事的特点是以动物为主人公,表现各种动物及它们之间的关系。但它不是纯粹地写动物,而是把人类社会的生活状态反映到动物身上,把动物人格化,赋予动物以人的特点,从而曲折地表现人与人的关系。实际上就是通过动物的活动来写照人类社会。动物故事的主题,一般是赞美劳动、诚实、助人为乐和聪明智慧的美好品德;反对懒惰、虚伪、自私自利和投机取巧的腐败作风。动物故事结构单纯,形式短小,趣味横生,耐人寻味。我们搜集到的动物故事有《兔子三瓣嘴的传说》、《狼与黄羊》、《狼和羊》、《狗为什么恨猫》、《人心不足蛇吞象》和《海青鸟智解百鸟灾》等。

生活故事:生活故事的特点是具有高度的现实主义精神。它没有奇异的幻想和离奇的情节,故事内容基本上符合生活实际。故事中所描写的就是日常生活中普普通通的人和事,通过矛盾冲突直接表现现实生活,揭示生活的本质,不像动物故事那样曲折地表现生活,而是直截了当地反映社会矛盾。生活故事种类比较繁杂,有劳动故事、巧女傻姑爷故事、地主与长工的故事、爱情故事、机智人物故事、工匠故事、盗宝故事等等。我们在黑龙江蒙古地区搜集到的生活故事主要有机智人物故事、爱情故事、猎人艺人故事和一般生活故事四种。机智人物故事有《巴勒根桑的故事》、《巴勒根桑斗智玛利巴颜》、《聪明的乌云珊丹》、《智服巴颜》、《图勒呼尔》、《谁是盗马贼》、《谁偷的马》和《"一百三十五"》等。婚嫁故事有《萨日朗花的传说》、《诺思吉娅》、《四季滩》、

148

《珠给米吉德》以及《哈森高娃与楚伦巴特尔》等。婚嫁故事是民间故事永恒的主题，但是黑龙江蒙古地区的婚嫁故事不是泛泛地谈情说爱或男婚女嫁，而是专门表述姑娘远嫁的苦衷。蒙古族历来有同氏族不通婚的习俗，这种约定俗成的"法律"从古流传至今。姑娘远嫁就是这种习俗的产物。蒙古族在历史上是个游牧民族，每个部落有自己的固定牧场、固定的范围、固定的界线。牧场有大有小，小则方圆几十里，大则几百里，甚至上千里。在这范围之外才会有其他部落游牧。那么与外部落通婚，在当时交通不便的情况下，显然存在着一个距离遥远的问题。这是客观存在，是游牧民族社会生产方式所决定的特殊的社会现象。猎人艺人故事有《猎人与山鹰》、《猎人莫日根》和《抓苍蝇》、《说书人》等。这类故事的特点是表现猎人艺人的勤劳、勇敢、机智、忠诚。类似工匠故事。一般生活故事有《挖庙井的故事》、《丢佛经包的故事》、《佛堂银器被盗的故事》、《喇嘛与肉商》、《班巴迷路》、《补袜子》、《白王爷的四个儿子》、《巴颜贴对子》、《旗协理巧断铜钱案》、《拜菩萨》、《愚蠢的大克劳思与聪明的小克劳思》、《双龙》、《披着人皮的狼》、《扎拉乎访友》、《懂了，懂了，都懂了》、《亚都浑》、《红缨帽》、《紫鹭鸟和安吉顺》等。这类故事内容繁杂，有劳动故事、报恩故事、讽刺故事、盗贼故事、欺诈故事、吹牛故事、懒汉故事、虐老故事、嫌妻故事等等。

　　黑龙江蒙古地区的神话、传说、民间故事浩如烟海，在牧区无论谁都能说上一两个故事。在20世纪50年代、80年代分别作过调查、搜集和整理工作，并陆续在报刊上发表和出版了专著。1981年王士媛主编的《黑龙江民间文学》第1集收入6篇，第3集收入2篇，第16集为蒙古族民间文学专集；1987年波·少布编辑出版《杜尔伯特传说》；1989年崔捷、郑国鸾编辑出版《齐齐哈尔民间文学集成》，收入蒙古族民间故事28篇；1990年波·少布编辑出

图70　专著《杜尔伯特民间故事》

版《杜尔伯特神话》(蒙文版);1991年乌希主编《杜尔伯特民间文学集成》。除此之外《黑龙江蒙古语文》也刊发了一些蒙古族民间故事。

4)谚语

谚语,蒙古语称"居日乌格",是劳动人民的一种口头创作,是劳动人民在社会斗争与生产斗争中所积累起来的经验与智慧的结晶。它对人的行为有指导意义。谚语的特点是文字精练,语言生动,音韵和谐,句式整齐,哲理深奥,通俗易懂,内容丰富,引人深思。它以含蓄、幽默给人以启发和教育,能够鲜明、生动、准确、灵活地表达其思想意图,有浓郁的生活气息和民族特色。谚语以哲理为主不抒情,以讽诫为主不描绘,以概括为主不铺叙。一般采用比喻、对比、拟人、对偶、夸张、排比、双关等方法。谚语有各种分类法,一般分为事理谚语、生产谚语、讽颂谚语、规戒谚语四种。

事理谚语:主要揭示事物的客观规律,以辩证唯物论的方法言是非、讲道理,指导人们的社会实践。每条事理谚语都蕴藏着哲理,使人们从中受到教益。

生产谚语:是劳动人民在长期生产实践中总结出来的经验。它科学地反映了生产活动的客观规律,对生产具有一定的指导作用。黑龙江蒙古地区的生产谚语大部分属于畜牧业生产方面的内容。

讽颂谚语:是对于善恶、是非、好坏、明暗等进行暴露、批判或歌颂、赞扬的谚语。

规诫谚语:是对人的意识、观念、行为、道德进行规劝,教其如何做人、如何处事的谚语。

总之,民间谚语,不仅思想内容丰富,而且艺术特色也很突出。因此对人们的影响深广,在群众中扎了根,成为劳动人民口头文学最重要的一个种类。

5)谜语

谜语,蒙古语称"奥尼苏嘎"。它是表达和测验人的智慧的一种短小而富于情趣的口头艺术。谜语的特点是对事物不是直接叙述,而是通过隐喻暗示去表达。人们要根据所提供的线索、条件去猜测。谜语由谜面、谜底两部分构成。谜面,就是所提出的问题;谜底,就是所提出问题的答案。谜语种类较多,有物谜、字谜、事谜、人名谜等等。黑龙江蒙古地区的谜语以物谜为主,大部分谜语是围绕草原的游牧生产和生活的。有关自然物体、动物、植物方面的谜语比较丰富。具体可分为,自然物、野兽、家畜、禽鸟、花草、昆虫等。

自然物:

天上有颗大金星,从东往西慢慢行,有它天空亮晶晶,没它万物不能生。

〔太阳〕

野兽:

远看像个猫,近看穿黄袍,人称兽中王,胆大脾气暴。　　　　　〔虎〕

家畜:

一个东西长得怪,里边红来外边白,红的能为人充饥,白的还能做穿戴。

〔羊〕

禽鸟:

穿着花花裙,玩在草丛中,一旦有人追,顾头不顾腚。　　　　〔雉鸡〕

花草:

身穿绿衣裳,头带宝石兰,长在深草处,随风传芳香。　　　　〔兰花〕

昆虫:

模样长得俏,身穿彩色袍,春天花一开,闻香就来到。　　　　〔蝴蝶〕

总之,谜语非常形象、逼真,而且简洁地反映事物的本质。它能启发人的想象力,活跃人的思维,丰富人的精神生活,在一定程度上起到应有的教育作用。

6)祝词、赞词

蒙古语称祝词为"玉热勒",称赞词为"玛格塔勒"。祝赞词虽有区别,但应用时相互联系非常密切,很难机械的分开。祝赞词是最古老的民俗文化,在黑龙江地区蒙古族中有悠久的历史。最早用于各种祭祀仪式,后来随着社会的发展,又运用于节庆、婚嫁、游艺活动等场合。祝赞词分为,祭祀祝赞词、节庆祝赞词、礼仪祝赞词三种。祭祀祝赞词有:《祭天词》、《祭火词》、《祭星词》、《祭山词》、《祭泉词》、《达拉喇嘎祭词》、《祭尚西词》、《祭吉雅奇词》、《祭宝木勒词》、《祭白老翁词》、《祭成吉思汗陵词》、《祭祖词》、《祭敖包词》、《祭日

151

词》、《祭月词》、《祭雷词》、《祭风雨词》等。节庆祝赞词有：过春节时的《新年赞》、《贺春词》，猎节的《归猎赞》，天仓节的《仓廪赞》，马奶节的《神马赞》，打鬃节的《驹马赞》、《套马鞭赞》，那达慕会的《那达慕赞》、《头马赞》、《骑手赞》、《弓箭赞》、《摔跤手赞》、《弓箭手赞》，打印节的《塔姆嘎赞》、《马鞍赞》、《马嚼赞》，千灯节的《佛灯赞》等。礼仪祝赞词有：婚礼中的《婚礼祝词》、《荷包赞》、《新娘赞》、《红顶子赞》、《沙恩图赞》、《喜宴赞》、《盛装赞》、《拜火颂词》、《祭天颂词》、《揭帷幕词》、《入洞房词》，丧礼中的《祭奠词》、《丧仪祭词》、《离别祭词》，家来客人时的《迎宾词》、《赞马词》、《送客词》，举行宴会时的《祝酒词》、《哈达赞》、《德吉赞》，婴儿出生时的《摇篮赞》等。可以说，在蒙古族的所有社会活动中都有祝赞词伴行。

第五节　民　间　艺　术

1.音乐

蒙古语称"呼格吉木"。蒙古族的音乐文化具有悠久的历史，内容丰富多彩。一般情况下，音乐都伴以歌舞。但在古代时，既没有专门的乐器，也没有统一的曲调，是伴随着生活、劳动与战争而产生并逐步形成音乐。宴筵时大家有节奏地敲击刀叉表示欢乐，打猎结束时大家坐在一起有韵律地敲打布鲁以示丰收，战争开始时集体敲击盾牌或刀剑鼓舞士气，这些活动都是产生音乐的基础。后来出现了陶鼓、木鼓、皮鼓、角号、响铃等乐器。元朝建立以后，蒙古族音乐更加繁荣发展，制造了各种乐器，编撰了各种乐章，设立了音乐管理机构，培养了专门音乐人才。"元之礼乐，揆之于古，固有可议。然自朝仪既起，规模严广，而人知九重大君之尊，至其乐声雄伟而宏大，又足以见一代兴王之象，其在当时，亦云盛矣。"①蒙古族建国初期，征用西夏旧乐，同时也继用宋金旧乐。到元太宗十二年(1240)，命制《登歌乐》。登歌乐器有编钟、编磬、琴(分为一弦、三弦、五弦、七弦、九弦)、瑟、箫、笛、篪、簧、笙、

---

① ［明］宋濂：《元史》，卷六七，1664页，中华书局，1976。

匏、埙、搏拊、柷、敔等。元宪宗二年(1252)时，始用登歌乐祭祀日、月、山。元世祖中统五年(1264)制《大成乐》，至元三年(1267)又制《宫县乐》。宫县乐器有镈钟、编磬、琴、瑟、箫、巢笙、竽、匏、埙、晋鼓、树鼓、雷鼓、雷鼗、路鼓、路鼗、柷等。至元四年(1268)始制宗庙乐章，后称八室乐章，编撰了《烈祖开成之曲》、《太祖武成之曲》、《太宗文成之曲》、《术赤弼成之曲》、《察合台协成之曲》、《睿宗明成之曲》、《定宗熙成之曲》、《宪宗威成之曲》。至元十一年(1274)制内庭曲舞、《大宁曲》及《上寿曲谱》。至元三十年(1293)制《神稷乐章》，编撰了《镇宁之曲》、《肃宁之曲》、《亿宁之曲》、《丰宁之曲》、《保宁之曲》、《咸宁之曲》。元成宗大德六年(1302)制《郊祀乐章》，编撰了《天成之曲》、《钦成之曲》、《明成之曲》、《隆成之曲》、《和成之曲》、《宁成之曲》。大德十年(1306)制《宣圣乐章》，编撰了《凝安之曲》、《同安之曲》、《明安之曲》、《丰安之曲》、《成安之曲》、《文安之曲》、《娱安之曲》。元武宗至大二年(1309)制《先农乐章》，奏用社稷乐章诸曲。元朝时乐器种类繁多，仅宴乐之器就有兴隆笙、殿庭笙、琵琶、筝、火不思、胡琴、方响、龙笛、头管、笙、箜篌、云璈、箫、戏竹、鼓、杖鼓、扎鼓、和鼓、羌笛、拍板、水盏等诸种。元朝政府还建立了管理音乐的专门机构大乐署，并配有会、丞、协律部、乐正、乐师、运谱、舞师、执麾、照烛等职官来管理宫廷音乐。

元朝的宫廷音乐，对黑龙江蒙古地区的影响很深，当时黑龙江地区是成吉思汗季弟帖木哥斡赤斤的封地，并称其为国王。在辉河畔的斡赤斤王城中，就建有人数众多的王室乐队，每逢集会、祭祀、出征、那达慕等重大活动，都有乐工、歌工、舞人，奏乐、高歌曼舞。斡赤斤逝世后，其孙塔察尔嗣国王，并将统治中心向东移至呼尔达河源的塔子城，史称塔察尔王城，今泰来县塔子城镇故地。塔察尔调至中央任左丞相后，其孙乃颜袭国王，并将王城又向东移至通肯河支流毕拉河源以西之地，称乃颜王城，今明水县繁荣乡古城村。元朝宫廷音乐的部分乐章，在这两座王城中继承下来。在乃颜王城中，建有一支专门的乐队，为乃颜国王受用。到明清时期，蒙古族的音乐都伴之以歌。元代以来传入民间的乐器，主要有以下十三种：

1)马头琴

蒙古语称"毛力因胡日"。提起马头琴,首先要从马头琴的由来说起。在察哈尔草原有个小牧童叫苏和,他有一匹心爱的小白马。一年春天,察哈尔王爷召开那达慕大会,为自己的女儿选女婿,宣布赛马中谁要得了头名,王爷就把女儿许配给他。苏和听到这个消息后,也骑着自己的小白马来参加比赛。比赛开始了,骑手们各个催马扬鞭。当快要到终点的时候,苏和的小白马跑在最前面,获得了头名。王爷下令让头马的主人上

图71 马头琴独奏

台来,王爷一看原来是个穷小子,便立即改口否认招亲之事。苏和与王爷辩理,结果被打得昏迷不醒,被扔在台下,同时小白马也被王爷抢走。王爷为了炫耀自己抢来的良驹,择良辰吉日,摆宴设席,邀请达官贵人,前来观赏。王爷刚跨上马背,小白马猛地一炮蹶子,便把王爷摔倒在地。小白马用力挣脱了缰绳,冲出人群飞奔而去。王爷爬起来大叫:"射死它!射死它!"射手们的箭向暴风雨般地飞向小白马,小白马虽然中箭多处,但还是跑回家而死去。小白马的死给苏和带来了无限的悲痛,几夜不能入睡。一天夜里,苏和在梦中看见了小白马,小白马说:"主人,你若想让我永远不离开你,那你就用我身上的筋骨做一个琴吧。"苏和醒来后,就按照小白马的话,拿它的骨头、筋、尾、皮做成了一个琴。每当拉起琴来,就会想到对王爷的仇恨;每当回忆起小白马,琴声就变得美妙动听。从此,马头琴便成了草原牧民的安慰。这个故事,通过牧人爱马揭露了王爷的暴行。由小白马变成马头琴是人民美好理想的升华,也是对黑暗时代的控诉。马头琴是拉弦乐器,以琴杆上端雕刻马头而得名。马头琴琴箱有梯形、方形、八角形等形状,共鸣箱的框板与琴杆均用硬木制成,琴箱蒙以马皮或牛皮,琴弦用马尾,琴弓用竹或木。马头琴的演奏与其他拉弦乐器有所不同,它的弓弦不是夹在琴弦的弦与弦之间,而是在琴弦外拉奏。马头琴在蒙古乐器中独占鳌头。马头琴的产生要比它的传说早得多,《马头琴的传说》

大约产生于清代，而马头琴本身元代就已经普遍使用，也许产生得更早些。据《元史》记载："胡琴，制如火不思，卷颈，龙首，二弦，用弓捩之，引之弦以马尾。"[1]这是对马头琴的具体描述，除了"龙首"外，其他造型结构完全与马头琴相同。对此《游牧文化》一书说："这种琴的琴头用呈猴头或玛特尔头的形状……琴首是由龙头或玛特尔头改为马头的。"[2]这一记载可信，因为玛特尔是鳄鱼，鳄头类龙似马，后人改为马头也就不足为奇了。尤其根据阿尔丁夫先生关于《华夏文化中龙的原型及其由来》一文的考证，龙马为同物。文章说："龙这种动物的原形，在已提出的十几种动物原型中，恐怕非马莫属。事实上，华夏民族文化中龙的原型只能是马，确切地说，只能是未经人类至少是未经北方民族驯化的野马。有证据表明，古代的蒙古族曾将这种神化的野马叫做龙。当今蒙古族已不把这种马称为'龙'而叫'马'"[3]。所以，《元史》中有关"龙首"的记载，也可以引申理解为"马首"。《元史》中说的胡琴无疑就是马头琴。

图72 四胡独奏

155

2）四胡

也称四弦琴，蒙古语称"胡日"。拉弦乐器，是蒙古族最喜爱的一种乐器，特别是在杜尔伯特草原几乎家家都有，人人都会拉奏。四胡形状类似京胡，但比京胡大。四胡的琴箱、琴杆用红木制成，蒙以蟒皮或羊皮，竹弓，马尾弦，骨码。弓弦分两股，分别夹在一、二弦和三、四弦间，一、三弦为同声，二、四弦为共调。琴箱、琴杆以及调弦的木轴雕以各种花纹图案，非常艺术美观。多用于说唱艺术的伴奏或自拉

图73 马头琴与四胡

① ［明］宋濂：《元史》，卷七一，1772页，中华书局，1976。
② 邢莉：《游牧文化》，380页，北京燕山出版社，1995。
③ 阿尔丁夫：《华夏文化中龙的原型及其由来》，载《民间文学论坛》，1992（2）。

自唱。著名的演奏家苏玛,在四胡演奏的技巧上创造了蹄鼓似的弹奏,钢铃般的打音,百灵般婉转的扣音,清泉般叮咚的点音,风雨般嗖嗖的扫音,瀑布般下落的流音,马头琴般轰鸣的和音,使四胡演奏技巧达到了高峰。在黑龙江蒙古地区说书、唱歌、唱好来宝都用四胡伴奏。

3)六弦琴

形如吉他,弹拨乐器。是13世纪在蒙古地区广为流行的一种乐器,从王公到平民都喜欢听奏。约翰·普兰诺·加宾尼在他的《蒙古史》中说:"在没有人为他歌唱和弹奏六弦琴时,拔都从来不饮用饮料,尤其是当他在公共场所的时候。任何其他鞑靼诸王也是如此。"[①]这说明使用六弦琴的场合广泛、频率很高。在黑龙江蒙古地区也曾普遍使用过六弦琴。一般都是在家庭中使用。每逢节庆或饭前茶后休息之时,大家坐在蒙古包前的草坪上,远望着碧绿的草浪和雪白的羊群,一边听着六弦琴的乐声,实感赏心悦目。

4)火不思

是较为古老的一种弹拨乐器。据《元史》载:"火不思,制如琵琶,直颈,无品,有小槽,圆腹如半瓶盖,以皮为面,四弦,皮同一弧柱。"[②]《东亚乐器考》一书描写火不思"其形似琵琶,但颈细,槽有棱角其一部分张着皮,颈无柱,轸都排在一边"。这与琵琶有明显的区别。是古代民间广为流传的一种乐器,后来为宫廷中的主要乐器之一。火不思不仅可以独奏,而且还可以伴奏、合奏。火不思音质圆润,音乐清纯,适于表达欢快喜悦情绪。这一古乐器经过明朝的战乱已经失传,可喜的是火不思出人意料地在云南省通海县兴蒙乡华美仙家传了下来。云南的蒙古族称它为"苏布达",也叫龙头琴。全长约90厘米,琴杆为梨木,琴箱似葫芦,琴首雕以龙头,是一个四弦的弹拨乐器。内蒙古歌舞团演奏员青格勒图,根据云南传下来的火不思样式,于1976年研制出了一种新火不思,在内蒙古传播开来。蒙元时期,黑龙江蒙古地区非常流行火不思,后来逐渐被马头琴所代替。

---

① [英]道森编:《出使蒙古记》,56页,中国社会科学出版社,1983。
② [明]宋濂:《元史》,卷七一,1772页,中华书局,1976。

5）琵琶

木制，长颈，曲首，音箱似葫芦瓢，颈有品，四轸，四弦，是一种灵活、轻便的乐器。

6）筝

蒙古语称"雅图嘎"，也是一种弹拨乐器。据《元史》载："两头微垂，有柱，十三弦。"但是黑龙江蒙古地区流行的筝，七弦为多，很少见有十三弦筝。弹筝时，席地而坐，一端放在膝上，另一端斜担在地上，一手扶筝架，另一手弹拨，筝的音色高亢。

7）箜篌

蒙古语称"雅图嘎力格"，弹弦乐器，形如瑟，但比瑟小。分为卧式、竖式两种，草原上流行的卧式为多。竖式抱于怀中弹奏，卧式有木架，放在地上弹奏。木制，呈长条形，有七弦、十三弦、二十一弦不等，每根弦粗细不一，所以音色有别。每弦均加轸。在黑龙江蒙古地区流行的主要是卧式箜篌。

8）笛

蒙古语称"灵布"，吹奏乐器。竹制，管状，有七孔，横吹。在草原上牧马、牧羊者人手一个，随时吹奏嬉戏。

9）头管

蒙古语称"胡鲁孙灵布"，吹奏乐器。以竹管为体，置七孔，管首卷插芦叶，吹芦叶而颤动发声。

10）箫

吹奏乐器。竹制，五孔，形如笛，但竖吹，音色幽雅、低沉、柔和。

11）羌笛

蒙古语称"乌日图灵布"，意为长笛，吹奏乐器。竹制，三孔，比普通横笛长一至两倍。

12）鼓

蒙古语称"衡戈日格"，打击乐器。立体圆形，木框，上下蒙以革，用鼓槌击之。大小有别，由鼓架撑之。声音幽沉而洪亮，音波波及遥远。

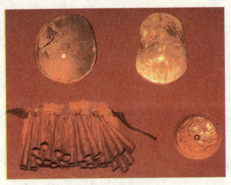

图74 神鼓(上)、腰铃(左下)、
铜镜(右下)

13)手鼓

蒙古语称"嘎日衡戈日格",打击乐器。形与鼓同,只是细而小。鼓面上下有系带,带挎于肩上,鼓横于腹前位置,右击以棒,左拍以手。类似现代的腰鼓。

除上述民间流行的乐器外,还有宗教界人士所用的宗教乐器。

萨满教蒙古孛额、乌德干、赖青所用的乐器有以下四种。

1)神鼓

打击乐器。有木框,以革为之。背面用等距离的四至八根皮条向中央拉紧,然后用铜环连接,铜环便是握鼓的鼓柄。用细木条制作的鼓鞭击打。清代以后,受满族萨满教的影响,椭圆形神鼓逐渐演化为正圆形的直柄鼓。也就是握鼓的鼓把不在鼓的背面,而是从鼓框上直接延伸出来的直柄。

2)铜镜

撞击乐器。萨满将九面铜镜固定在镜带上,然后系在腰间,跳神时随着各种舞步,铜镜相互撞击,发出有节奏的响声。

3)腰铃

撞击乐器。将金属做的十八个小铃固定在一条铃带上,然后系在腰间,称腰铃。跳神时,随着各种舞步的移动,腰铃开始晃动发出响声,并有节奏的伴奏神歌。

4)铜钹

撞击乐器。是赖青作法时使用的乐器。赖青跳神时,手握铜钹,随唱神歌,随撞击两片铜钹发出响声,调节神歌的韵律。

佛教格鲁派蒙古喇嘛所用的乐器有九种。

1)喇嘛号

蒙古语称"乌乎尔布热"或"伊赫布热",俗称"老牛号"。属于吹奏乐器。

红铜制，号筒全长 3 米～4 米，由号嘴到末端喇叭口，号筒逐渐由细变粗，共分 3 节，相互套叠，不用时套叠立起来，只有 1 米多高。声音浑厚。

2）羊角号

蒙古语称"其木根布热"，属吹奏乐器。牛羊角制，形如弯月，声音尖直。

3）唢呐

蒙古语称"比西古日"，吹奏乐器。木制，底部呈喇叭状，并镶以铜片，号嘴以薄竹片为之，响声清脆。

4）海螺号

蒙古语称"冬"，吹奏乐器。贝质，用整海螺制作，吹嘴以银镶嵌。

5）立鼓

蒙古语称"衡戈日格"，打击乐器。扁圆形，木框，两面用革为之，鼓棒中间穿一竖杆为鼓把，一手擎鼓把，一手敲击。鼓槌呈月牙刀形，竹制。

6）拨啷鼓

蒙古语称"达慕乳"，打击乐器。形如两个碗形器具相扣，鼓面向外，中间系以布飘带，作为鼓把，鼓把左右各拴一条有珊瑚球的小布带，作为敲打器。用时以手掐住布飘带，左右摇晃，珊瑚球打在鼓面上，发出响声。达慕乳是一件小形手鼓，鼓面直径 8 厘米～10 厘米，使用灵活方便。

7）大钹

蒙古语称"羌"，撞击乐器。铜制，中心向外鼓起，两片相击发声，与鼓合

图 75　经会上正在吹奏喇嘛号

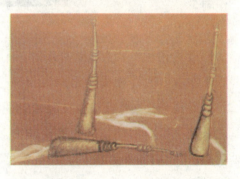

图 76　羊角号

159

图 77　喇嘛吹奏用的唢呐

声,非常悦耳。

8)铜铃

蒙古语称"洪赫",撞击乐器。铜制,似喇叭形,下扩上细,上面有把,里面拴有撞铃的小铜球。用手摇摆时,叮当作响。

图78　铜铃(左)、达慕乳(中)、海螺号(右)

9)小钹

蒙古语称"叮沙",撞击乐器。铜制,形与大钹一样,只是较小,直径只有6厘米左右。两片相击发出声音。

每逢庙会,喇嘛们坐在经堂中诵经,并随着诵经有组织地进行奏乐,所奏之乐是一组非常悠扬的宗教交响曲。而且根据庙会内容的不同,制定了很多套曲,文化内涵非常深奥。这些乐器和乐曲一直流传到建国以后。

蒙古族的音乐,一般都是在节庆、祭典、婚礼、葬礼、那达慕等集体活动中演奏。演奏时,独奏、小型合奏或伴以歌舞为多,大型的合奏很少。

2.歌曲

蒙古语称"道兀"。蒙古族是个善歌的民族,在日常生活中不论男女童叟都能高歌一曲。尤其节庆欢乐时刻,更是歌声不绝,悦耳动听。蒙古歌曲浩如烟海,它在广袤无垠的草原上生根、发芽,茁壮成长。它的旋律表达了蒙古族人民豪放开朗的气质,刻画了勤劳善良的品格,倾吐了对美好幸福的未来的向往,反映了勇敢慓悍的精神。

蒙古歌曲的分类,有多种分法。按曲调分,可分为长调、短调两类。长调歌曲,节奏缓慢、曲调悠扬、调少腔长、自由散板。短调歌曲,拍节固定、节奏规则、韵律整齐、曲调活泼。黑龙江地区的蒙古歌曲多数属于短调。

按社会阶层分,可分为朝政歌、俗歌(民歌)、宗教歌三类。朝政歌称"图日·因·道兀",指在宫廷、王府或官场唱的歌曲,内容以格言训谕歌和对祖先功德的颂歌为主,以宣扬政治为宗旨。元代时在塔察尔国王府、乃颜城,明代时在福余卫所在地、奴尔干都司康旺府宅,清代时在杜尔伯特旗、郭尔罗斯后旗、依克明安旗等札萨克府以及各旗公爷府中,普遍传唱《成吉思汗歌》、《出征歌》以及《成吉思汗军歌》等歌曲。这些朝政歌一直流传至今。其中《出征歌》共四段,歌词大意是:

> 统帅十万大军,
> 占领亚细亚诸国。
> 军民团结一致,
> 战场英勇杀敌。
>
> 统帅二十万大军,
> 统一南北大地。
> 四杰①力大无比,
> 战场迅猛杀敌。
>
> 统帅青年大军,
> 占领欧罗巴诸国。
> 诈降叛逃之众,
> 镇服怀柔兼容。
>
> 统帅五十万大军,
> 占领唐古特②诸国。
> 五色四方异邦,
> 永远为我管辖。

161

---

① 四杰:指成吉思汗麾下的孛斡儿出、木华黎、孛罗忽勒、赤老温四人。
② 唐古特:指西夏国。

　　这些歌曲在札萨克府中，公务人员均能唱诵。俗歌称"育日·因·道兀"，指民歌而言，所以也称"阿尔丁道兀"。主要指民间的宴歌、酒歌、婚嫁歌、葬歌之类。民歌蕴藏量丰富，据不完全统计，至今仍有 200 多首民歌在黑龙江蒙古地区流传。仅 1987 年出版的《杜尔伯特蒙古族传统民歌集》中就收录了 96首。有些歌曲很古老，如《天上的风》，是明代流传下来的民歌。歌词大意是：

天上的风，
变幻莫测。
生来的我，
不能永生。
长生的圣水有谁喝过？
趁此刻，
让我们幸福欢乐。

宇宙的风，
变幻莫测。
宇宙的人，
不能永生。
不死的仙丹有谁喝过？
趁此刻，
让我们幸福欢乐。

图 79　歌唱蒙古民歌

　　这首歌，在黑龙江蒙古地区，可以说是家喻户晓，人人皆知。这是经过明朝的战乱，人们渴望安宁、追求幸福的憧憬。宗教歌称"沙欣耐道兀"。这里又分萨满歌，即孛额·因·道兀；喇嘛歌，即喇嘛·因·道兀。内容均以祈神、赞神、娱神为宗旨，通过歌颂祈求平安。如《敖包颂》、《拜火歌》、《山神颂》、《祭坛》等都属于萨满歌；《圣贤之佛》、《喇嘛叙律格》、《宝格达之歌》等属于喇嘛歌。

按内容分，可分为宴歌、情歌、赞歌、叙事歌、婚嫁歌、猎歌、牧歌、思乡歌、儿歌等等。歌词的内容极为丰富，它把英雄的业绩、骏马的慓悍、羊群的肥美、草原的风光、牧场的欢乐、狩猎的情趣、家乡的情思、爱情的甜美、婚礼的喜悦、生活的吉祥，全部囊括于歌曲之中。宴歌：蒙古语称"乃伊日·因·道兀"。以《敬酒歌》为最。黑龙江蒙古地区的《敬酒歌》与其他蒙古地区又有所不同，它的曲调轻盈爽朗、活泼豪放。它的歌词诙谐通俗、短小精练。流行最广的《祝酒歌》歌词共为四段，大意是：

> 像西江水，
> 清澈透明，
> 用巴吉玛酿造的美酒，
> 请干一杯。

> 像北江水，
> 清澈透明，
> 胡比勒干酿造的美酒，
> 请干一杯。

> 像东江水，
> 清澈透明，
> 用吉木斯酿造的美酒，
> 请干一杯。

> 像南江水，
> 清澈透明，
> 用乌珠玛酿造的美酒，
> 请干一杯。

建国以后,《鄂尔多斯敬酒歌》传入黑龙江蒙古地区,也曾流行一时。每逢宴席都会听到"金杯里斟满醇香的奶酒,朋友们欢聚一堂共同干一杯;丰盛的宴席上全羊肉最美,亲人们欢聚一堂共同干一杯"的悠扬歌声。这首歌已传遍嫩水兴安,受广大牧民所喜爱。情歌:蒙古语称"伊那格·因·道兀"。在蒙古歌曲中数量最多,它反映了男女青年的爱慕之情、相思之苦。曲调幽沉,内容淳朴。《满都拉少爷》这支歌,就是描写清代杜尔伯特旗克尔台屯发生的一桩爱情故事。满都拉是伯颜都仍台吉的儿子,他爱上了牧民之家的九十玲姑娘。可是九十玲的父母却把她嫁到远方,当满都拉知道时,九十玲已经出嫁,由此引起了一场相思恋,人们把这故事编成歌,传唱至今。《吉木斯》也是发生在杜尔伯特旗的一支爱情歌曲。歌词的内容是:家住在敖林西伯乡保日浩特屯的吉木斯与嘎巴相爱了,可是乡邻们却在背地里说长道短,吉木斯与嘎巴不顾他人的冷眼,勇敢地站出来,与世俗的封建意识进行斗争,博得了众人的同情,由此人们编创了《吉木斯》之歌。这类情歌在黑龙江蒙古地区颇多。如《郝连长哥哥》、《吉米》、《哈日胡》、《千朵花》、《青湖畔》、《金花》、《美玲》、《三月》、《阿希玛》等,都是反映黑龙江蒙古地区的爱情歌曲。赞歌:蒙古语称"玛格塔勒·因·道兀"。内容较为广泛,被赞颂的对象颇多,有赞颂帝王的,有赞颂祖先的,有赞颂英雄的,有赞颂故乡的,也有赞颂名山秀水、古刹古塔的,尤其赞马的歌更多,约占蒙古歌曲的五分之一。叙事歌:歌词篇幅较长,情节复杂,人物众多;反映完整的故事情节和鲜明的人物形象;演唱中往往有旁白解说,有单人唱的,也有二人或多人对唱的;既有抗垦起义的社会题材,也有爱情悲剧的生活题材。人所共知的《嘎达梅林》、《陶格涛呼》以及《郭达石拉》等就属于叙事歌曲。婚嫁歌:蒙古语称"浩日莫·因·道兀",婚礼上唱的歌曲。在结婚仪式的每个环节都有不同的歌曲。如《迎亲歌》、《送亲歌》、《迎宾歌》、《劝嫁歌》、《哭嫁歌》、《梳妆歌》、《盛装歌》、《祝箭歌》、《赞马歌》、《赞红缨帽歌》、《献酒歌》、《赞沙思图歌》、《赞姑娘歌》、《拜火歌》、《赞荷包歌》、《贺喜歌》等。猎歌:蒙古语称"昂钦·耐·道兀"。是猎人在深山老林中进行狩猎生产时所唱的歌,其中有歌颂狩猎活动的,有刻画野兽形象的,有描绘山林风光的。猎歌比较古

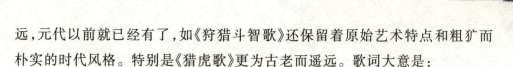

远,元代以前就已经有了,如《狩猎斗智歌》还保留着原始艺术特点和粗犷而朴实的时代风格。特别是《猎虎歌》更为古老而遥远。歌词大意是:

> 西山去猎虎,
> 虎向猎人扑,
> 猎人爬上树,
> 一箭射中虎。

> 东山去猎虎,
> 猛虎剪猎人,
> 猎人诱虎遁,
> 虎随入陷阱。

这首歌表现了猎人的机智勇敢,也反映了历史的实际。牧歌:蒙古语称"玛拉钦·耐·道兀"。主要是歌唱草原,颂扬牧场,赞美驼马,夸耀牛羊。音韵高亢,节奏活泼,旋律宽阔,气势磅礴。如《草原牧歌》、《辽阔的草原》、《青走马》、《查干湖畔》、《微风摇曳的鲜花》等,都是歌唱草原、歌唱游牧的歌曲。思乡歌:蒙古语称"撒纳勒·因·道兀"。是远离家乡的人为思念故乡而唱的歌。有的是当兵离家,有的是远嫁离家,有的是谋生离家。如《充军歌》、《远嫁歌》都属于思乡曲。儿歌:蒙古语称"更希勒·因·道兀"。实际就是摇篮曲,是给婴儿唱的歌,在蒙古歌曲中属最古老的一类歌。它是反映儿童生活的歌曲,除了部分语言明了、曲调活泼、节奏轻快、音色优美,适于儿童听或唱的儿歌外,主要是催眠曲,表达母亲对孩子的感情。如《太阳歌》、《波如来》、《不要哭》、《温腾亥》、《布贝歌》等,委婉柔和,优美动听。如《波如来》中唱道:

> 青花花的小兔子呀,
> 离开了山岗苦伶仃;

生来白净的小波如来呀，

离开了妈妈孤零零。

哦吉当，啊吉当，

波如来你别哭啦，

妈妈还在呀。

又如《温腾亥》，意为"爱睡觉"，只有两句歌词："我的布贝温腾亥，妈妈哄你睡觉啦。"妈妈晃着摇车反复吟唱，直到孩子入睡为止。

蒙古歌曲群众性很强，每当逢年过节、亲朋聚会、各种宴席、饭前茶后、放牧小憩之时，都会听到婉转而动听的歌声。蒙古族乐于以歌声来抒发感情，表达思想，反映自己的理想与希望。母亲抚育孩子以歌声使他入睡，姑娘出嫁以歌声离开父母，外出远徙以歌声告别亲友，招待客人以歌声祝酒饮宴，走敖特尔以歌声揽牛牧羊，甚至妇女操持家务也低声哼曲不止。蒙古族几乎人人都会唱歌，只要大家聚在一起，就自然进入歌的海洋。

3.舞蹈

蒙古语称"布吉格"。蒙古族是个能歌善舞的民族，由于长期狩猎、游牧生活的实践，造就了他们热情豪放的性格，这种性格自然融于舞蹈之中。所以蒙古族舞蹈都具有粗犷、刚健的特点。尤其黑龙江地区的蒙古族，生活在严寒地带，狂风暴雪培养了他们战天斗地、坚忍不拔的勇敢精神。这种文化内蕴对蒙古族舞蹈的形成具有相当大的影响。蒙古族远在氏族部落时期就以歌舞为乐。如氏族集会、推举酋长、喜庆胜利、缔结安达、举行祭祀都要跳集体舞来庆贺。成吉思汗的祖父忽图剌被推举为合罕时，全氏族的人举行庆典，于斡难河的"豁儿豁纳黑川，绕蓬松茂树而舞蹈，直踏出没肋之蹊，没膝之尘矣"[①]。这种围成一圈，拍手踏足，又歌又舞的形式，是古代蒙古族舞蹈的鲜明特色。云南省通海县兴蒙乡的蒙古族，直接继承了这种舞蹈形式，他们称之谓"跳乐"。跳舞时，伴奏以四弦琴，男女分为两行，形成圆圈，互相穿插，踏足击手，且歌且

---

① 道润梯步：《蒙古秘史》，新译简注，卷一，27页，内蒙古人民出版社，1978。

舞。这是古代蒙古族圆圈舞的再现。在黑龙江蒙古地区这种踏足击手的集体舞普遍流行。到元朝以后，蒙古舞蹈更为规范化，特别是出现了宫廷舞蹈，而且又有文舞武舞之别。元成宗大德九年(1305)"命大乐署编运曲谱舞节……文舞曰崇德之舞，武舞曰定功之舞"①。据《元史》记载，元朝朝廷文舞有崇德之舞、武定文绥之舞，武舞有定功之舞、内平外成之舞。跳文舞时，舞人要手持籥、篴、翟；跳武舞时，舞人手持旌、干、戚、镎、铤、铙、铎、鼓等器具。元末时在宫廷中又出现了著名的《天魔舞》。元代诗人萨天锡写下了"红帘高卷香风起，十六天魔舞袖长"的诗句。《天魔舞》风靡一时，在舞蹈艺术上取得了较高的成就。但是蒙古族宫廷舞蹈并没有流传下来，它随着元亡而泯灭。明清以后，蒙古族舞蹈变化很大，不论在内容上、形式上，还是艺术上，更贴近社会、贴近群众，出现了很多精品之作。有的舞蹈直接反映生活本身的实际，只不过把生活高度艺术化罢了。著名的《筷子舞》、《盅碗舞》，来源于人们在喜庆宴席上，即席敲打碗筷翩翩起舞。后经艺术处理，逐渐成为现代的高雅模式的舞蹈。当今在某些欢宴的场合仍有以筷击碗相互起舞的情形。《驯马手》、《挤扔员舞》、《牧民的喜悦》、《欢乐的牧场》、《牧歌》、《草原颂》等，则反映了蒙古民族游牧生产的特点，它是对牧民生产劳动的真实写照。但是，这些流芳千古的传统舞蹈莫过于已经家喻户晓的《安岱舞》。《安岱舞》在蒙古地区普遍流行，在黑龙江地区也是如此。每当节庆或饭前茶后，只要有人起来领唱，大家就会手持手帕情不自禁地跳起来，少则一人，多至千百人，可以同时跳安岱。安岱节奏轻盈欢快，还可以

图80　盅碗舞

歌舞结合，一人领唱，众人齐和，深受牧民欢迎。《安岱舞》起源于科尔沁草原的库伦旗，最初是用来祛病禳灾、祈求吉祥的宗教舞蹈，后来逐渐变为表情达意的民间舞蹈。传说，从前一对老夫妇有一个心爱的姑娘，因为爱情失恋，忧

---

① ［明］宋濂：《元史》，卷六八，1697页，中华书局，1976。

167

郁成疾,多方求医,久治不愈,乡亲们深为同情,便以歌舞为她解愁。姑娘听见这欢声笑语,心情舒畅,病情好转,从此产生了《安岱舞》。实际上这只是安岱的流,安岱的真正源头,起源于蒙古萨满的一个支系"查干额勒",从查干额勒生殖崇拜的舞蹈动作演变而来。到目前为止,《安岱舞》中仍可透视出一些有关性崇拜的古老的文化遗存。蒙古族传统舞蹈,以节奏鲜明热情豪爽为主要特点。男性舞蹈挺拔豪迈,步伐洒脱,通过一挥手、一腾空、一扬鞭等机敏动作给人以慓悍、刚劲的美;女性舞蹈欢快优美,舞步轻

图81　双人舞

盈,多以抖肩、翻腕、后仰等动作而著称。现在蒙古族传统舞蹈不仅在民间流传,而且经过加工提高搬上了舞台,成为广大人民群众不可缺少的艺术珍品。

　　除了上述宫廷舞蹈与民间舞蹈外,还有宗教舞蹈。宗教舞蹈可分为萨满舞和查玛舞两种。

　　萨满舞:也称"孛额舞",蒙古萨满男性称"孛额",女性称"乌德干"。萨满舞就是这种神职人员伴随着神事活动而跳的舞蹈。萨满舞的步伐以漫步、旋转、跳跃这三个基本动作为主,手持工具各有不同。孛额与乌德干手持神鼓,蒙古萨满的一个支系来青跳舞时手握铜钹或剑,另一个支系查干额勒跳神时手持黑巾。在请神、下神、送神的整个行巫过程中全都在跳,所以跳的舞蹈也没有具体名称。但根据历史发展的脉络,可以界定为《图腾舞》、《鼓舞》两种。《图腾舞》是请神或下神时所跳的舞蹈。在氏族社会图腾崇拜兴盛时期,萨满们跳神时模仿本氏族图腾的各种动作和声音,会得到氏族成员的信任与崇拜,从而提高自己的威望。这种《图腾舞》随着历史的发展,逐渐由图腾舞演化为翁古达舞,也就是萨满的神灵舞。查干额勒,即白鹰,是黑龙江蒙古孛尔只斤氏的图腾。查干额勒跳《图腾舞》时,模仿白鹰在天空飞翔或从山上向下俯冲的各种动作,并学白鹰鸣叫的声音;孛额请来蛇神时,仰面朝天卧在地上,手敲神鼓,以后背向前蠕动爬行,以示蛇神降临。这些萨满舞很大程度上都是

模拟性表演,通过舞动来显示自己的神威,取得氏族成员的信任。《鼓舞》是以娱神为目的。每次跳神时都要占用一定时间来跳《鼓舞》,从形式上看是为了娱神、娱人,实际上是表现他的高超的鼓技。萨满跳《鼓舞》时,动作轻盈,技巧娴熟。神鼓在他手中翻、转、绕、抖,表演得十分出众,为观者所叹服。

查玛舞:又称跳布扎的,俗称跳鬼。是一种头戴面具进行表演的舞剧,也可以称它为傩舞,属于祭祀性舞蹈。跳查玛时,寺院喇嘛身着奇装异服,头戴鬼神及各种动物造型的面具,手持古代兵器或法器,在宗教音乐的伴奏下,表演具有一定情节、内容的舞蹈。查玛是随着藏传佛教格鲁派的传入而产生的。它脱胎于黄教"羌姆",到蒙古地区后音变为查玛,是吸收藏族原始笨教兽面舞的形式,经过模仿、继承并加以改造、融合而成的一种祭祀活动。因为这种查玛完全在寺院里活动,角色又全由喇嘛扮演,所以才称它为"寺院傩"。"查玛"是个总称,它可分为好多种类。虽然从外观上看大同小异,但内容情节各不相同。就目前已经调查的情况来说,在蒙古地区的寺院中曾经流行过的查玛有伊赫查玛、巴嘎查玛、米拉查玛、萨嘎尔查玛、宝尔罕腾格尔查玛、额尔勒克罕查玛、伊根腾格尔查玛、玛哈嘎拉查玛、多罗姆查玛、如布珠乌兰查玛、拉姆查玛、色力布查玛、丁呼尔查玛、麦德尔查玛、贡布查玛、道格欣查玛、包格因查玛等十多种。在蒙古地区的所有喇嘛寺庙中几乎都有查玛,在黑龙江地区杜尔伯特旗的富余正洁寺、郭尔罗斯后旗的衍福寺、泰来县的全禧平安寺等寺庙中都流行过大型查玛。查玛是把有情节的宗教故事用舞祭的形式表现出来的一种艺术,一般含义上的查玛是西藏的一个真实历史故事。公元838年(唐文宗开成三年),吐蕃末代赞普朗达玛,即达磨,被反佛贵族杰刀热拥立,朗达玛立即下令禁止佛教,封闭寺院,焚烧佛经,屠杀僧侣,引起佛教徒的强烈反抗。后于公元842年(唐武宗会昌二年),佛教僧人拉垅贝多,即喇罗巴勒道尔吉,为复仇兴教收罗人马,组成舞蹈团,进宫献技,藏王闻而召见,拉垅贝多将弓弩伏于博袖中。舞至高潮趁藏王欢而忘顾之时,遂发弓弩将朗达玛杀死,佛教又得以复兴。为了纪念这次斗争的胜利,将其内容以宗教形式编成查玛舞在寺庙中公演。这就是我们所见到的查玛原形。后来由于时间的流逝,

地区的差别、组织者的好恶,查玛出现了好多异型故事。加上艺术化处理的结果,免不了情节上都会有些变化,但不论怎样变化,其宗旨仍保持了原貌。表演查玛的角色与人数有多、有少尚不一致,多者可达130人,少则也有20人。

4.美术

古代蒙古族,在狩猎、游牧生产过程中发展了自己的艺术创造才能,特别是由于劳动、生活、战争的需要,人们不得不去探索各种艺术,为个人、家庭、部落和社会服务。于是绘画、刺绣、雕刻等各种艺术均有了空前的发展。

1)绘画

蒙古语称"吉如格·吉如乎"。历史上有文字记载的蒙古族画家始于元代。元代的玉出干,善绘墨竹,他所绘的《风烟翠图》为时人所称赞。玉出干子塔塔尔台,承袭父业,成为一代名画师。此外还有肖像画家合里霍孙,山水画家也先帖木儿、张彦辅。特别是元泰定帝也孙铁木儿三子小薛太子,善书画,所绘《画鹿图》、《蛱蝶图》,轰动当朝。同时还出现了伯颜守仁、郝忠恕、汪罕等著名画家。明代出现了陈喜这样的鸟兽画大师。到清代以后,画家更是层出不穷,如巴延珠、布颜图、壁昌、桂馥、奎章、松年、崇绮、扎拉芬、贵全、荣、文熙、葆初等都是著名的蒙古族大画家。但是在黑龙江蒙古地区至今还没有发现闻名全国的画家。不过在民间各种绘画艺术还是绚丽多彩,特别是神像画、鞋花画,在蒙古地区取得了显著成就。

神像画:是黑龙江蒙古地区的一个特殊画种,杜尔伯特旗、郭尔罗斯后旗、依克明安旗等三旗及泰来县的蒙古族群众,在历史上都信仰萨满教和佛教,家家户户都供奉各种神像和佛像,除了少数是从外地购买外,绝大部分是当地绘制的。社会的需求,也就自然地造就了一批专画神像的画家。杜尔伯特旗兴经寺的钟泰喇嘛,是个喇嘛大夫,同时也是个神像画家。他一面行医,一面为需求者画佛像,成为当地著名的神像画家。圣真寺丹必喇嘛,群众称他为画匠喇嘛,他也是专门画神像的画家。这些喇嘛画家主要绘制佛教的释迦牟尼、宗喀巴、介喇嘛、玛哈嘎拉、满珠希利、查干达日克、恼干达日克等佛像,同时也画萨满教的一些神像,如《天马图》、《兴安岭山神》、《多克多尔山山神》、《吉雅其神》、《白老翁神》、《泉神》、《马王爷》、《敖包神》等神像。而且这些神像画至今犹存,艺术性与观赏性融于一体,具有很高的研究价值。

鞋花画:蒙古语称"沙亥·因·乌勒格日",是黑龙江蒙古地区重要的艺术资源。鞋花画是这一类画的总称,其中包括荷包画、袜底画、兜肚画、耳包画、枕顶画等等。这种画在蒙古地区特别丰富,是人们日常生活中不可缺少的艺术。这种画的取材大致分为花卉、昆虫、禽鸟三类。这些画源都来自游牧民的实际生活,蒙古族历来是逐水草而居,草原上生长着各种花草,引来了千奇百怪的昆虫,同时栖息着种类繁多的禽鸟。游牧民伴随着牛马驼羊放牧,与大自然朝夕相处,非常熟悉草原上的景致,所以牧民才把这些花草虫鸟描绘得栩栩如生,而且这些画都出自蒙古族妇女之手。鞋花画植根于牧民群众之中,富有顽强的生命力,至今不衰。笔者在黑龙江省绿色草原牧场孛尔只斤氏·玉文老人家采访时,发现她

图 82　枕顶花(右)、鞋花(左上)、荷包花(左下)

图 83　袜底花

收藏着自己绘制的鞋花画 201 幅,其中鞋花 71 幅、袜底画 10 幅、荷包画 107 幅、兜肚画 4 幅、枕顶画 9 幅。而且这些画在台湾《汉声民间文化》杂志 1993 年第 50 期上已公开发表。这类鞋花画,可以说在蒙古地区家家都有,是一种群众性的绘画艺术。

建国以后,绘画艺术有了新的发展。特别是黑龙江蒙古族聚居地杜尔伯特蒙古族自治县,已经走出了民间绘画艺术的狭窄范畴,向现代的国画、水彩

画、年画等方面转轨。1963年举办了《百花园》大型画展,展出优秀作品40多幅。1979年又举办美术展览。参展画品292幅,其中46幅画获奖。1985年以后,绘画种类与数量都有空前的增加,质量也大有提高,很多画都在省以上报刊上发表并参加省展览馆展出,绘画艺术出现了新的转机。

2) 刺绣

蒙古语称"哈塔呼玛勒"或称"奥尤德勒",后者有"针线活儿"之意。蒙古族的刺绣工艺已有悠久的历史,而且绣艺高超。刺绣分为,素描刺绣、剪贴刺绣两种。素描刺绣是把图案先画在物品上,然后按画线刺绣;剪贴刺绣是把图案画在布、大绒、绸缎、皮草上,然后剪下贴在物品上,按图案边缘进行刺绣。前者适于小型图案,后者适于大型图案,二者各有其特点。蒙古刺绣均由蒙古妇女制作,女孩长到十岁左右就开始学针线活,由母亲教或姐姐带,蒙古刺绣就是以这种家庭传承方式,一代一代的传下来。用于刺绣的范围很广,它是一个民族美的载体和象征。服饰方面:有蒙古袍的领、襟、下摆,裤子腿口,套裤的膝盖处,坎肩的领、袖口,帽子顶与沿,耳包、靴子的勒与脸、兜肚、袜底、绣花鞋等。佩饰方面:有荷包、烟口袋、火镰袋、手帕、首饰袋、针线包、鼻烟壶袋、碗袋等。床具方面:有枕顶、枕套、坐垫、毡褥边等。居室方面:有蒙古包套闹上覆盖的额如合、蒙古包门帘、箱帘等。刺绣的图案更是丰富多彩,除了典型的云纹、水纹、卷草纹、盘肠文、鸟纹、箭纹等纹饰以外,还有蜻蜓点水、彩蝶戏花、吉祥如意、龙凤呈祥、百灵飞鸣、鹊上梅梢、原驰麋鹿、草地奔马等图案,可以说花草树木,禽兽虫鸟不一而足。根据刺绣的对象不同其内容各有所别。刺绣图案造型逼真,形象生动,针法匀称,色彩鲜明,既可观赏又可实用,同时也是绝妙的收藏品。

3) 雕刻

蒙古语称"虽鲁莫勒"或"虽勒呼"。蒙古雕刻艺术已有近千年的历史,表现了草原人的智慧与创造力。雕刻,从方法上可分为圆雕、浮雕、线刻三种。圆雕中含透雕工艺,从质料上可分为石雕、木雕、骨雕、砖雕、金属雕等五种。石雕:大型石雕人像在蒙古草原随处可见,是蒙古先民的历史杰作。但在黑龙江蒙古地区雕人像还很少见,只有碑铭、印章与石狮之类的作品。在黑龙江下游特林地方于明代永乐十一年(1413)所立《永宁寺碑》,用汉、蒙、女真、藏四种文字雕刻,其中书丹是蒙古族阿鲁不花。清代在杜尔伯特旗喇嘛寺湖畔所立《哈日勒岱将军墓碑》以及1944年在多克多尔山南麓所立《杜尔伯特旗王府墓碑志》均为蒙汉文合璧碑,既有蒙古族书丹的记录,还有蒙古族雕刻的记载。除此之外,在民间发现的很多蒙文石章,都是由蒙古族自己篆刻的。木雕:在蒙古地区木雕品范围较广,车马挽具有鞍桥、勒勒车的车棚门脸、刮马汗板。生活用具有炕桌、茶砖盒、木碗、灯台、奶勺、奶酪模具、蒙古包门棂、首饰匣、纺线坠。娱乐用具有沙塔拉、马头琴、四弦琴、手鼓。宗教用具有佛龛、神像、图腾、乌兰毛都等。上述器物可用各种方式进行雕琢,使其美观、形象,具有民族特色。骨雕:一般都是小巧玲珑的物品。如蒙古刀壳、刀柄、羊角号、角杯、角壶、骨筷、鼻烟壶勺、顶针、耳环、烟嘴等。砖雕:主要在建筑领域内,如王府、公府、寺庙等砖瓦结构的建筑中用砖雕来装饰建筑物,美观幽雅,古朴大方。现在保留下来的砖刻有蝙蝠捧月、吉祥法轮、荷花莲藕、绫束书简等图案。金属雕:包括金、银、铜、锡、铅等金属雕品。采取镂或錾的方法进行制造。金质雕品:主要有戒指、耳环、小型护身佛之类。银质雕品:饰品为多,蒙古族妇女所用首饰大部分是银制品,如耳坠、银钗、手镯、银簪等。生活器皿中银质雕品也很多,如碗、杯、壶、奶桶等。日常用具中银雕或用银片镶嵌的物品也不少,比如蒙古刀壳、火镰、乐器、烟具等。此外马具中有银雕的马镫、银片镶嵌的鞍桥等。铜质雕品:主要有铜盆、铜壶、铜碗、铜马镫、铜佛等。锡铅雕品:有布鲁的铅坠,锡壶、锡盆等类物品。清代时,流动蒙古银匠有很多,他们到游牧点去打制各种金属用品,虽然都是手工操作,但他们技术精湛,所制物品造型美观,深受牧民欢迎。

图84　砖雕

5.书法

蒙古族历史上出现了很多书法家,如元代的真金、只必、哈剌哈孙、爱育黎拔力八达、也孙铁木儿、那海、硕德八剌、八达氏、松壑、道童、兀良哈台、普花帖木儿、沙剌班、诺怀,明代的岳彦高,清代的老藏丹贝、拉锡、伍弥泰、包明葆、伊兴额、国章、恩成等都是一代书法大师,为书法艺术作出了自己的贡献。蒙古文字是从左向右竖写的拼音文字,不论字的形体还是结构,都有自己的特点。所以蒙古族根据自己文字的特殊规律创造了有别于其他文字的书法艺术。蒙文字母虽然变化繁多,但是按字形分析,可以归纳为 18 种基本笔画,如果掌握了这些基本笔画,也就突破了书写中的难点。蒙文字形体大多按人体结构命名。18 种基本笔画名称如下。①都户:蒙古语意为后脑勺,指后弯笔画;②格德斯:蒙古语意为"肚子",指前弯笔画;③哈木日:鼻子,指点弯笔画;④西勒必:胫骨,指撇;⑤鸭德格:发鸭音的钩,指上钩笔画;⑥窝德格:发窝音的钩,指下钩笔画;⑦德特木德格:发德音符号,指前弯圆笔画;⑧比图都户:意为封闭的后脑勺,指上弯圆笔画;⑨热·特木德格:发热音符号,指叉头笔画;⑩玛拉格:帽子,指后下垂笔画;⑪格吉戈:辫子,指后上提笔画;⑫车·特木德格:车音符号,指直角笔画;⑬哲·特木德格:哲音符号,指钝角笔画;⑭和硕图·都日勃勒斤:菱形,指菱角笔画;⑮查出勒嘎:缨络,指前长撇;⑯敖日给哲:意为字撇,指后长捺;⑰阿出格:牙,指短小的横;⑱都斯勒:点,指点笔画。掌握好以上 18 种笔画,是书法的基本功。

蒙文书法分为,草书、篆书、美书三种。

1)草书

文笔浪漫,结构松散,运笔如风、落笔如云,写出的草字风云一体,使人感受美的享受。草书用毛笔书写,用墨浓淡有致,笔锋轻重有序,干体粗细有别,字形大小有分。当落笔的一瞬间,展现在你面前的不是蒙古文字,而是一幅别致的水墨画。

图85 蒙文草书(右)、美书(左)

2) 篆书

蒙古语称"高日乌苏格"，元代时就已创造出了这种字体。书写篆字要用特制的竹板笔，称"乌珠格"。篆书，要运笔稳、墨迹匀、竖行直、笔道清。篆书的特点是整齐清晰，美观大方，使人赏而不烦，阅而清心。艺术感染力很强，是蒙古文独特的一种书写形式。篆书是黑龙江蒙古

图86　蒙文竹板书（左）、篆书（右）

族的优势，多少年来代代传袭。齐齐哈尔民族师范学校宝玉先生的蒙文篆书，于1997年曾在韩国书法展中展示。

3) 美书

种类较多，将其中主要的十种做一简述。一是方黑体，所有的笔画都见方，看起来粗硬整齐，端庄严肃；二是圆黑体，所有的笔画均呈圆形，结构严谨，形体浑圆；三是半圆体，笔画是上圆下方，字形清秀美观；四是硬弯体，笔画带有硬弯的长弧线，结构紧密，整齐秀丽；五是月弯体，也称软弯体，笔画末端带细尖，均呈弯月形，形体旖旎，轻快活泼；六是漫卷体，笔画均弯曲而向上翘，潇洒活泼，刚柔兼备；七是波浪体，笔画以夸张的手法由有规律的曲线构成，形似水纹，体似涟漪；八是多角体，笔画均直角构成，线条端庄，棱角分明；九是长尖体，笔画细而长，末端有尖，锋锐有力，刚劲结实；十是长带体，笔画加长，由细变粗，形似彩带，体似流线。

第六节　说唱文艺

1.胡仁乌力格尔

即蒙古书。它是操胡琴伴奏的一种说唱艺术。这种民间曲艺有深厚的群众基础，在蒙古地区较为普及。说书的艺人称为"乌力格尔沁"，其中操马头琴伴奏说书者称"朝日沁"，操四弦琴（指四胡）伴奏说书者称"胡日沁"。明代晚

期黑龙江蒙古地区有朝日沁说书,主要说史诗《江格尔》。清朝以后,黑龙江蒙古地区说书的主要是胡日沁,史称"豁儿赤",同语异译。清朝中期后,战争逐渐减少,社会逐步安定,人民安居乐业,这为与中原地区进行经济文化交流提供了有利条件。就在这个时期,《封神榜》、《三国演义》、《隋

图87　说唱乌力格尔

唐传》、《东辽》等汉文古典文学进入黑龙江蒙古地区,并由文人翻译成蒙文手抄本,由胡日沁来说唱。胡仁乌力格尔,是非常方便简易的曲种,每当逢年过节或休闲季节,在牧区胡日沁坐在蒙古包内,拉起四胡便开说,大伙围坐一圈儿,边喝奶茶边听说书;在农区胡日沁在炕头,摆上小炕桌,拉起四胡说得有声有色,人们在屋内外,炕上炕下,里三层外三层,挤得水泄不通,听得津津有味。一部书一说就是十天半月。胡仁乌力格尔有三个特点:一是故事性强。所有的乌力格尔都是大故事套小故事,事事相连,听了以后,引人入胜。二是变化性快。胡日沁手操四胡,自拉、自唱、自叙,一专多能,一物多用。故事中的男女老幼、文官武臣等人物集于一身,变化迅速,角色分明,使你听而不乱,程序井然。三是随意性大。胡日沁说书时,对乌力格尔从不照本宣科,同一内容,每次说唱,语言风格各不相同,让人听而不腻,总有新鲜感。胡仁乌力格尔的故事内容,情节复杂,结构严谨;故事曲调,悲喜有别,刚柔分明;故事语言,俗中有雅,清晰易懂。特别是曲调,独具风采。可分为,哼唱、叙事、抒情、诙谐四个方面。经过长期的运作已经形成固定的《引子》、《书帽》、《叙事》、《着装》、《出征》、《赶路》、《上马》、《战斗》、《逃窜》、《凯旋》、《饮宴》、《上朝》、《过堂》、《思恋》、《忧愁》、《哀伤》、《喜悦》、《衔接》、《终了》、《尾声》等二十多种曲牌。说书时,凡遇到上述某一情节时,都运用同一曲牌。所以胡仁乌力格尔已经统一化、固定化、规范化,是一种较为成熟的艺术形式。

2.亚布干乌力格尔

即讲故事。不用琴伴奏，不说不唱，俗称"讲瞎话"或"讲笑话"。它是相对胡仁乌力格尔而称。亚布干乌力格尔没有长篇大论，只讲小段，一事一了。也没有专业人员，谁都可以参与。饭前茶后，劳动小憩，牧闲农暇，集帮搭伙，三五个人凑在一起，就可以讲一段。不用请，也没有报酬，甘愿奉献。亚布干乌力格尔是简捷、方便的群众自娱形式。在黑龙江蒙古地区，亚布干乌力格尔的内容，主要讲《巴勒根桑的故事》和《蟒古斯的故事》。

3.好来宝

是"连接"之意，意思是我说完后你得能接上茬。它是流传在黑龙江蒙古地区的最广泛的一种说唱艺术。说唱好来宝用四胡自拉自唱。好来宝分为三种形式：第一种是叙事式单口好来宝，蒙古语称"扎达盖好来宝"，敞口或开放的意思，由一个人说唱一段情节完整的富有教育意义的社会事象。第二种是问答式的好来宝，蒙古语称"比图好来宝"，封闭或隐讳的意思，与扎达盖好来宝相对，由二人说唱，是比赛知识、智慧、口才的一种手段。从天文地理到政治经济，从历史现实到人类动物，无所不问，多以对唱的形式互问互答。第三种是群口好来宝，这是建国后新创造的一种好来宝形式，由四个人以上组合，或集体说唱，或一人问其他人集体回答的方式来说唱好来宝。它的特点是场面大，有阵势，艺术效果好。好来宝有专门的曲调，唱词音押头韵，句式整齐，幽默诙谐，明快流畅。除了文艺团体中有好来宝专业人员外，在牧民中也有很多业余爱好者，他们即兴自编自唱，说起来口若悬河，滔滔不绝。好来宝的曲调已经定型化，有多种套曲曲牌，演唱者可根据好来宝的内容任意选用曲牌。在黑龙江蒙古地区流传的好来宝，古代曲目有《天问》、《一万个为什么？》、《太阳与月亮》、《牧民的苦恼》、《啃骨头》、《昌盛的多克多尔山》、《巴彦与雅都》等；现代曲目有《虚伪的旧社会》、《草原

图88　说唱好来宝

177

颂》、《欢乐的那达慕》、《喜送巴图上北京》、《草原插上了金翅膀》、《草原架起高压线》、《赞火车》等。

4.绍格耶日阿

意为"诙谐语言"，实际就是指蒙古相声。从清朝到20世纪50年代，这种蒙古相声在黑龙江蒙古地区较为盛行。每逢节庆、集会、筵宴、娱乐都要说上一个段子，供人们欣赏。绍格耶日阿的特点是：内容滑稽，语言诙谐。段子都是属于笑话类的事象，很少有严肃的政治内容。后来由于创作方面的原因，绍格耶日阿这种艺术形式逐渐萧条，到70年代时，很少有人从事这项说唱艺术了。在黑龙江蒙古地区表演过的蒙古相声有《吹牛》、《上吊》、《黑与白》、《马尾巴》等段子。

5.怯热

蒙古语化的藏语词，意为"哲理答辩"。是在官府或寺庙中举行的一种答辩会。在黑龙江蒙古旗札萨克府和旗寺都曾举办过这种答辩会。举行哲理答辩时，召集知识渊博的学者、官员或精通经文的喇嘛，集中在一起，然后一对一进行答辩。一个人首先提出一个问题，说出自己的观点，然后他的对立面提出质疑或提出新的问题，相互争论，直到把问题搞清楚，以正视听。他和一般的会议发言争论不同，二人争论时含有一定的文艺性，当场两人站起来，面对面辩论时，带有表情和手势，并以诗的语言诵说。答辩的范围很广泛，由古及今、天文地理、社会政治、宗教哲理，无所不及。通过这种活动、可以开阔视野，传播知识，发现人才，活跃气氛。

6.玉热勒·玛格塔勒

玉热勒是祝(颂)词，玛格塔勒是赞词。祝(颂)赞词虽有区别，但在应用时相互联系非常密切，很难机械地分开。祝赞词是极古远的民俗文化，在黑龙江蒙古地区有悠久的历史。祝赞词分为祭祀祝赞词、节庆祝赞词、礼仪祝赞词、生活祝赞词、牲畜祝赞词、宗教祝赞词六种。祭祀祝赞词有《祭天颂词》、《祭火颂词》、《祭日颂词》、《祭星颂词》、《祭月颂词》、《祭山祝词》、《祭泉祝词》、《祭尚西祝词》等。节庆祝赞词有：过春节时的《新年赞词》、《贺春颂词》，狩猎节的《归猎赞词》，天仓节的《仓廪赞词》，打鬃节的《驹马赞词》，那达慕会的《那达慕赞词》以及与那达慕会有直接联系的《头马颂》、《骑手赞》、《摔跤手赞》、《弓箭颂》、《弓箭手赞》等。礼仪祝赞词有：婚礼中的《婚礼祝词》、《荷包赞》、《新娘赞》、《沙恩图赞》、《拜火颂词》、《拜天颂词》、《喜宴赞》、《盛装赞》、《揭帷幕赞词》、《入洞房祝词》等，丧礼中有《丧仪颂词》、《离别颂词》、《祭奠祝词》等，生育礼仪中有《剃发祝词》、《摇篮赞》、《剪刀赞》、《满月祝词》、《命名祝词》等，迎客礼仪中有《迎宾祝词》、《赞马词》、《送客祝词》等，饮宴礼仪中有《祝酒词》、《哈达赞》、《德吉颂》等。生活祝赞词有《毡房赞词》、《打火镰赞词》、《嘎拉哈赞》、《鞍辔颂》、《十二属相赞》、《古壶热赞》、《奶食颂》、《酒杯颂》、《蒙古刀赞》、《门槛颂》、《白毡祝词》等。宗教祝赞词有《宗喀巴颂》、《玛尼祝词》、《六字真言颂词》、《寺庙赞》、《宝格达颂》等。可以说，在蒙古族的所有社会活动中都有祝赞词伴行。比如每当家中来客人时，主人出来迎接客人，见了客人首先赞道："久别了的朋友，草原欢迎你；见到了兄弟的面，心中无限欢喜。"当客人把马拴在桩上后，主人看见了客人的乘骑后继续赞颂道："你的骏马是龙驹，你的雕鞍闪金辉，你的辔缰如彩条，你的马鞭显神威。"把客人迎进屋中，然后互相交换鼻烟壶，当主人接过客人的鼻烟壶后，马上又赞道："你的古乎热是玛瑙制成，古乎热的盖是金银镶嵌，掏烟的小勺是象骨制作，如珍似宝的古乎热举世闻名。"如果骑着马路过别人的夏营地时，见到了主人也要致赞词："你的草场像绿色绒毯，你的骆驼像棕色山峰，你的牛马像花色珍珠，你的羊群像白色祥云。"

总之，祝赞词在很多社会活动场合都有，成为一种约定俗成的社会礼貌和日常习俗。20世纪60年代以后，这种祝赞词逐渐演变为"客套话"，有的被几句吉祥词语所代替。

7.蒙古珠吉格

即蒙古剧。产生于元代，元代的"倒拉戏"就是蒙古剧的源头。"倒拉戏"是在元杂剧的基础上，经过选材、改造、提高而创造出来的一个新剧种。有关倒拉戏的情况史载很少，但是我们可以通过元杂剧的记载来透视倒拉戏当时的一些遗迹。元朝时这种戏在北庭哈刺和林、巴尔斯城，以及黑龙江地区的塔察尔王城、乃颜城都曾经为蒙古上层人士演出过。据《世界征服者史》一书记载："一个戏班子……演出前所未有的契丹戏。"马可·波罗也曾亲眼目睹在忽必烈举办的宫廷宴会上，一队演员用蒙古语清唱表演。特别是《青史演义》中有"成吉思汗在征战间隙，命麾下扮演传说人物，以此消遣"的记载。以上都是有关倒拉戏的历史信息。早期成书的《历代旧闻》更直接地描述了倒拉戏。诗云："倒拉传新曲，瓯灯舞更轻，筝琶齐人破，金铁作边声。"并附有"元有倒拉之戏，谓歌也"的注释。"倒拉"一词是元代蒙古语"歌唱"之意，在现代蒙古语中仍是这种含义。元代不仅有倒拉戏，还有倒拉舞的记载。顾名思义，倒拉戏，就是连唱带表演，类似现代的歌剧；而倒拉舞，就是连唱带舞，歌舞融为一体。元代的倒拉戏就是现代蒙古剧的胚胎。虽然倒拉戏在史籍中缺载，但通过对元杂剧的研究，发现蒙古剧与元杂剧有很多相似之处，这说明当时倒拉戏吸收了元杂剧的艺术形式。从剧的篇幅上看，元杂剧一剧四折、短小精干，两折之间加"楔子"，"楔子"是两折的联系与过渡；蒙古剧分序幕、场景，尾声，一事一剧，不复杂，很精练。从剧的人物角色上看，元杂剧分末(男主角，分正末，副末)、旦(女主角，分正旦、小旦、搽旦等)、孤(扮官者)、靓(以粉墨妆饰者)、猱(艳女)、鸨(老妓)、捷讥(丑角)等角色；蒙古剧以蓝、白、红、黄、黑分为五色行，再以性别、年龄划分为额布根(老翁)、额莫根(老妇)、额日格台(壮男)、额莫格台(壮妇)、扎鲁(青男)、乎狠(青女)，乎合德(孩童)等老中青少各角色，然后将角色套入各行，在称谓前加颜色，犹如京剧的"青衣"、"花旦"之类。从剧的艺术形式看，元杂剧曲、科、白结合，曲就是歌唱，科就是表演和舞蹈，白就是宾白念台词；蒙古剧的艺术特点就是歌、舞、剧一体化，很多地方以歌来表达剧情，以舞蹈形式来表现内容，又以精练的语言叙事对话，所以蒙古剧是歌、舞、剧融为一体的剧目。上述三点均与元杂剧相似。元代"倒拉"这种文艺形式，后经明朝的战乱一度中断。到清、民以后，在京剧、话剧等大型剧种影响下，蒙古剧已经失去了发展的空间，加之佛教的渗透，这种民族艺术被宗教艺术所代替。直到解放以后，20世纪40年代蒙古剧才得以重新挖掘、整理、恢复。

1947~1948 年间，黑龙江杜尔伯特旗东吐莫区剧团和郭尔罗斯后旗浩德剧团，配合土地改革运动首次公开演出了蒙古剧《那公爷》。剧情揭露了大牧主那公爷压迫剥削奴隶的罪恶，描述了在共产党领导下打倒那公爷，奴隶翻身得解放，分得了土地牛羊，过上幸福生活的故事。在当时，这幕剧对震慑敌人，提高群众的阶级觉悟，推动土地改革运动起到了积极作用。50 年代初期是蒙古剧繁荣发展时期，相继演出了《嘎达梅林》、《达那巴拉》、《敖包相会》等剧目。特别是 1952 年东吐莫业余剧团，以牧民赵锁头参军前后所发生的故事为素材，由吴文斌创作了《乌云山丹》一剧，由陈根锁、石长青任导演。这出剧演出之后，受到了广大牧民的欢迎，不仅演遍了东吐莫区各村屯，同时又被克尔台区接去公演。一年多的时间，共演出 110 场，观众达五万人次。1953 年出席全旗文艺汇演，获创作、演出奖。从此蒙古剧在我国东蒙地区遍地开花。辽宁省阜新蒙古族自治县的哈达户梢、大巴、沙拉等地相继演出了传统蒙古剧《龙梅》、《桃儿》、《满都海斯琴皇后》、《巴勒根桑的婚事》、《云良》，现代蒙古剧《蒙乡烈火》、《买化肥》、《三百元》、《三英》等。其中佛寺乡于 1951 年首演了蒙古剧《花儿》，为阜新地区蒙古剧的恢复、发展打下了基础。1983 年冬，蒙古剧被国家文化部认定为"第九个少数民族剧种"，已编入《中国剧曲志》。1985 年 5 月，阜新蒙古剧《乌云其其格》和《海公爷》以及昭乌达蒙古剧《沙格德尔》在北京汇报演出，分别获优秀表演奖和剧本创作银奖。1993 年 9 月，鄂尔多斯蒙古剧《蒙根阿依嘎》剧组赴乌兰巴托参加第二届世界蒙古戏剧艺术节，在蒙古国引起轰动，受到世人的好评。蒙古剧完全用蒙古语演出，服装、道具、场景均体现了草原文化的特点，所以深受蒙古族群众的欢迎。

181

第六章　体育卫生

第一节　体育游艺

　　蒙古族在长期的历史发展过程中,创造了很多群众喜闻乐见、具有独特风格的民族传统体育运动。这些传统体育活动,有的直接来自生产劳动、有的来自古代军事活动、有的来自民族风俗习惯的演变、有的是为了纪念本民族的英雄或表达人们的某种愿望而创造的。这些民族传统体育活动,随着历史的前进而不断发展变化,有的由简单到复杂,有的由一种生分支,有的由健身变娱乐。蒙古族的传统体育活动,多数是把体育与文娱融为一体,使传统的体育活动增加了娱乐的性质,不仅能使人健身,而且给人美的享受。

1.传统体育

1)摔跤

　　摔跤是那达慕大会上最引人注目的项目,是传统的三项那达慕之一,是蒙古族最喜爱的一种体育活动。蒙古社会由氏族进入部落联盟后,相互兼并的战争日益激烈。而古代战争的最大特点就是短兵相接,所以人的力量与技巧就成为战争胜利的根本条件。培养选拔勇健超群的力士,是每个部落首当其冲的任务。摔跤这一活动,正是培养人的坚强意志,增进战斗技能的重要方式。所以,摔跤被列入军事训练内容。在古代蒙古社会中三项竞技具有举足轻重的地位。在部落联盟时期的民主选举中,男子三项竞技超群者,才有资格被选为部落首领。蒙古式摔跤,基本保持了传统规则。比赛

图89　摔跤

前按传统习惯,首先推举一名德高望重的长者作为裁判,并负责编排和配对。蒙古式摔跤人数多少不限,但必须是 2 的倍数,不许出现奇数或不是 2 的倍数的偶数。从 2 人、4 人开始,往上人数不限。喀拉喀人的那达慕,曾有 1 024 人参赛,到目前为止,这是蒙古式摔跤参加人数最多的一次。在内蒙古,512 名摔跤手参赛的那达慕则屡见不鲜。参赛者不受地区、盟、旗或部落、氏族以及时间的限制,也不分体重级别混合编排。比赛采取单淘汰的方法,每轮淘汰半数,一跤定胜负。被淘汰者再无赛权。若 512 人参赛,第一轮淘汰 256 人,第二轮淘汰 128 人,第三轮淘汰 64 人……以次类推,直到剩 2 人,以决冠军。最好的摔跤手要授予"达尔罕"摔跤手的称呼。1944 年 8 月,乌兰浩特举行成吉思汗庙落成典礼暨那达慕大会,黑龙江省杜尔伯特旗的滚都获得摔跤亚军。1959 年,黑龙江省第一届体育运动会上,杜尔伯特蒙古族自治县的摔跤手韩章获得中国式摔跤第一名。在黑龙江省第一届少数民族运动会上,杜尔伯特的摔跤手孟庆书获中国式摔跤 48 公斤级冠军,白玉江获第四名,康福坤获第五名。在黑龙江省第二届少数民族运动会上,杜尔伯特的摔跤手刘权获中国式摔跤第一名,康福坤获第四名;包银环获蒙古族式摔跤亚军,刘胜、康福坤分别获第三、四名。蒙古式摔跤有专门的摔跤服。上衣叫"卓德格",是用牛皮制的紧身半袖坎肩,裸臂盖背,坎肩边缘镶有铜钉,非常坚固别致。下衣是特别肥大的裤子,是用 16 尺或 32 尺白布做成的,裤子外面套一件绣有美丽花纹图案的套裤。脚蹬高靿蒙古靴。脖颈戴一个五彩布条做的圆环,叫"京嘎"。"京嘎"原是寺庙的喇嘛们给摔跤手佩戴的一种吉祥饰物,后来演变为胜利的标志,佩戴"京嘎"的多少,就是获得胜利的次数。腰间还要系一条叫"希力布格"的彩色围裙。摔跤手入场时,双方高唱摔跤歌,跳着狮子舞步或鹰舞步上场,双方互致蒙古礼。裁判员下令后,双方激烈交锋,直到一方膝盖以上任何部位着地便为失败而告终。对摔跤优胜者,要敬奶酒献哈达,致赞词,受重奖。

　　2) 赛马

　　赛马是那达慕大会上独具风采的项目,也是传统的三项那达慕之一。蒙古族赛马分为,赛快马与赛走马两种。前者赛奔驰的速度,后者赛走平稳对侧

图90　赛马

步的速度。赛快马在蒙古地区各地都有,赛走马在伊克昭盟、阿拉善盟较为盛行,其他地区已近消失。草原赛马,人不分男女老幼,马不分性别岁口,既不分组,也不记时,选择一处平坦的草原,划定约30公里~50公里的距离,然后进行比赛。裁判员一声令下,便是一个万马奔腾的场面。不论多少人参赛,一次赛完,统一排名次。赛马前,乘马要做好装饰,马的鬃尾都要梳理成辫,马头、马鬃、马尾都要系上彩绸,胸前围一条彩带,马身上要刷洗一新。为了减少马的负荷,一般都不备马鞍,要骣骑。骑手也不穿皮靴,只穿鲜艳的蒙古袍,头上缠彩巾或戴红缨帽。当比赛开始,参赛的骏马如同出弦的箭,奋蹄腾飞,勇往直前。骑手们跃马扬鞭,各显神通。有的顺马的跑势左俯右仰,似鹰展翅;有的身体向前稍屈离开马背,目视前方,无论马怎样飞驰,骑手在马背上驾驭自如,安全无恙。这精湛的骑艺难以用语言表述。当骏马拽着五彩缤纷的彩带从人们面前呼啸而过时,观众欢呼雀跃,抛巾投花,鼓掌喝彩,声震田野。比赛结束之时,按照传统仪式,对获冠军的马匹和骑手,献哈达,披彩带,并向马头泼洒奶酒,以示祝福,还要为头马致赞马词。

　　赞马词,是那达慕的传统特色。赞马词的内容丰富多彩,对马的毛色、形状、产地、速度以及马的放牧者、调教者、乘骑者都要进行赞扬。接着对名列前茅的马匹,还要授予"草原宝驹"、"千骥之首"、"一代神骏"等美名。有的地方对冠军马刻石立碑,以示纪念。参赛者为了取得赛马的胜利,赛前对参赛的马进行20天左右的调教,也叫"吊马"。每天吊控两个小时左右,然后练跑,与骑手紧密配合,夜间还要放青。距离那达慕五六天时,每天要练跑一定的里数,然后休息两天准备参赛。要把赛马吊控到腹小而坚,臀大而实,膘凝于脊,这样的马跑起来才能奔如翔、驰如飞,不喘不累。为了人人都能熟练掌握三项竞技,蒙古族儿童5~6岁时就练骑马,12岁就随大人放牧,15岁时就可以出征战斗。因此赛马活动在蒙古族中有广泛的群众基础。但是,历史上的赛马与当代赛马有很大区别,现在赛马都在现代化的赛马场内进行,并且规定了好多规则,组织严密,项目繁多。按赛马分,可分为牧马赛、役马赛、4 岁马赛、2 岁马赛。按赛程分,可分为长距离赛、短距离赛,障碍赛。长距离为 25 公里、35 公里,短距离为 5 公里、10 公里,而且又分为跑直线赛与跑圈赛。按骑手分,可分为老年组、成年组、少年组,而且男女有别。比赛时还要分组记时,层层选拔,按时间录取。据《蒙古族》一书记载,1903 年曾举行一次北京至天津的 120 公里越野赛马,当时参加比赛的有 38 匹蒙古马,最快的跑 100 公里仅用 5 小时 50 分钟,一般的马跑完全程为 7 小时 32 分钟。1935 年在呼和浩特赛马会上,蒙古族骑手跑 1.5 公里只用 2 分 21.8 秒。在 1959 年全国第一届运动会上黑龙江省杜尔伯特的赛马手陶桂珍获得女子 1 000 米赛马第三名,成绩是 1 分 16 秒。冯翠花获女子 2 000 米赛马第四名,成绩是 2 分 38 秒。赛马,不仅仅是一种体育锻炼和娱乐活动,同时也是展示自己牧业劳动成果、提高生产技能的一种重要手段。

3)马术

马术是在马身上表演各种动作的一项活动。近年它已成为那达慕大会的一项内容,同时也成为蒙古族传统的体育项目。马术是在马奔驰中,骑手在马身上做各种平衡、支撑、倒立、空翻、转体、镫里藏身、飞身上马、海底捞月、空中抛物、叠罗汉、双杠表演、钻火圈、跳障碍等高难精彩动作,深受群众欢迎。建国初期在杜尔伯特有一支马术队,教练王布哈,曾训练出几匹术马,并经常参加比赛和表演。1959 年在全国第一届运动会上,他的队员包启信获高障碍马术第五名,宽障碍马术第七名。"文革"中马术队被撤销。

4)射箭

射箭是那达慕大会中历史最悠

图91　射箭

久的一种活动,也是传统的三项那达慕之一。自古以来,蒙古族就将弓箭作为狩猎的工具和战争的武器。13 世纪时,靠弓箭和铁蹄征服了中亚和欧洲,并以能骑善射而闻名于世。蒙古族的祖先成吉思汗被毛泽东誉为"一代天骄",是弯弓射箭的能手。住在森林的蒙古族,依靠狩猎获取生活资料,所以用的工具主要是弓箭。住在草原的蒙古族,也要靠狩猎获取部分肉类和皮张,用的工具也是弓箭。除了把弓箭作为谋生的工具外,还要作为征战的武器。后来,经过岁月的流逝,社会的发展,射箭逐渐演化为体育游艺竞技活动。现藏于俄罗斯列宁格勒博物馆的《成吉思汗石》(也松哥碑),是 1225 年用畏兀蒙文篆刻了成吉思汗的侄子也松哥在那达慕会上,于 335 度的距离射中了目标的史实。这是为射箭手树立的纪念碑,也是对蒙古族射箭比赛最早的文字记载。蒙古族的传统射箭游戏与国际射箭比赛,不论技术动作还是竞赛规则,都有很大的区别。蒙古族射箭分为骑射、立射两种。所谓骑射就是跑马射箭。骑射人数多少不限,自备骑马与弓箭,弓箭的样式、质量、规格、重量、长度、拉力皆无统一标准,自行选用。射场跑道 4 米宽,85 米 ~ 100 米长,共设 3 个靶位,靶位相互之间的距离为 25 米左右。第一靶是在 2 米高的木架上挂上一个 1 立方尺的彩色布袋,第二个靶是挂 1 立方尺的白布袋,第三个靶是挂等边三角形的黄布袋。布袋里装棉花。要求三个靶的形状与颜色要有区别,并且要鲜明,以便射手辨认。跑道的中心线与靶位之间的距离为 2 米。每人每轮 1 马 3 箭,共 3 轮 9 箭。比赛时背上弓,把 3 只箭放在箭囊中。乘马到起跑线时,拿弓,抽箭,搭箭,发射。3 只箭必须在射程内射完,中箭多者为优胜。古代时射箭都以草人为靶,现在改用毡靶或棉布袋靶。所谓立射就是站立射靶。在 15 米 ~ 20 米距离处设一毡牌靶,毡靶从中心向外分为黄、红、蓝、黑、白五种颜色的圆环。中心的黄色为 100 环,第二层的红色为 80 环,第三层的蓝色为 60 环,第四层的黑色为 40 环,最外层的白色为 20 环。还有一种毡靶不分环,靶心是活动的,射中后靶心自动掉下来。比赛所用的弓为牛角弓,皮筋弦,木箭杆,金属箭镞。而农牧区群众游戏所用的弓是自制的榆木弓或柳木弓。现在正式比赛所用的弓均为钢弓、塑弓,金属箭,尼龙弦。比赛结束,对获得冠军的射箭手,除了重奖外,还要献哈达、诵祝赞词。

　　黑龙江省蒙古族射箭运动由来已久,经历了元、明、清、民国四个朝代,建国后继传至今。每逢那达慕会或体育运动会,都有射箭项目。1959年黑龙江省第一届运动会和1964年第二届运动会上,杜尔伯特选手党树云均获射箭第一名。

　　5)赛骆驼

　　赛骆驼是蒙古族在游牧生活中形成的传统体育项目,也是那达慕大会的游艺比赛项目之一。我国阿拉善、巴彦淖尔、海西、巴音郭楞、锡林郭勒、肃北等地蒙古牧民善乘骆驼。骆驼有耐饥渴、抗寒暑、负量重等特点,所以素有“沙漠之舟”的美称,日行80公里,比马还有耐力。骆驼赛过去都在沙漠中比赛,现在都在城里进行。各地都修造了椭圆形的赛驼场,2 000米长的环形跑道。在赛场内进行速度比赛,分为1 000米、2 000米、3 000米不等。以先达终点为优胜。每逢那达慕都增加了这一项目,深受观众欢迎。黑龙江蒙古地区的赛骆驼活动,在明末清初时还很活跃,后来由于骆驼饲养量的减少,骆驼赛也随之消失。

　　2.当代体育

　　1)田径

　　建国以后,黑龙江蒙古地区的田径活动,有了广泛的开展。杜尔伯特蒙古族自治县以及肇源县超等、浩德、义顺蒙古族乡和泰来县好新、宁姜、胜利、江桥等蒙古族乡镇,每年都要召开体育运动大会。特别是杜尔伯特蒙古族自治县,1957年以后,将长跑、短跑、接力、标枪、铁饼、手榴弹、跳高、跳远等田径项目完全纳入那达慕大会中。每逢那达慕大会,除了蒙古族传统体育项目外,田径项目也是重要内容。平时,农牧民在田间地头或牧场休息时,相互摔跤,同时也比试赛跑。特别是每次那达慕大会前夕,都要组织运动员短期训练,以备参会,参加田径活动的人越来越多,特别是年青人更喜爱当代的田径体育活动,并取得了一定的成绩。1964年黑龙江省第二届运动会上,杜尔伯特蒙古族自治县的赵洪茹获得女子标枪第三名。1982年黑龙江省第五届运动会

上，杜尔伯特蒙古族自治县选手张颖香以 12 秒 3 的成绩获得女子 100 米冠军。

2)球类

球类运动，主要指篮球、排球、乒乓球。在县城或乡镇所在地的职工中，开展球类运动比较广泛，但在农村、牧区就差一些。即或有也只有少数农牧民群众参加。杜尔伯特蒙古族自治县各委办局都曾组织过篮球队。20 世纪 50 年代以来未曾间断过。当时的篮球队各自都有专名。县委机关的篮球队称"七一队"，县政府机关的篮球队称"爱群队"，公安局的篮球队称"前卫队"，税务局、人民银行的篮球队称"红光队"，教育系统的篮球队称"钟声队"，供销系统的篮球队称"银鹰队"等等。每年"五一"劳动节或那达慕大会时，都要进行正式比赛。1960 年全县职工女篮被评为嫩江地区甲级队，职工男篮被评为乙级队。黑龙江省肇源、泰来县内的各蒙古族乡镇，每年都要举行一次篮球比赛。县城或民族乡机关，都设有篮球场、排球场、乒乓球室，机关职工平时也都参与打排球和乒乓球。这些球类运动已成为机关职工的日常健身活动。农村，有条件的生产队也设有篮球场，供社员在茶前饭后玩耍。

3.游艺体育

1)布鲁

"布鲁"是投掷的意思，也是蒙古族传统体育项目。布鲁是一种既能打空中飞禽，又能击地上走兽的猎具。它的形状是一根 70 厘米长，一头弯曲的木

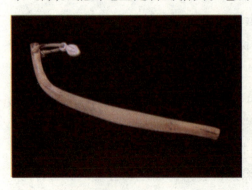

图92　古代猎具布鲁

图93　投布鲁

棒。布鲁分多种，其中一种叫海雅木勒布鲁，是纯木制品，也是最轻便、最普及的一种布鲁。蒙古语"扔"或"抛"称"海雅木勒"，所以引申为投掷用的布鲁。用这种布鲁高抛远掷都比较合适。目前用于那达慕的就是这种扁形的木制布鲁。布鲁比赛分为，投标（投准）、投远两种。投标比赛，要在投掷场地 30 米或 40 米处，立 3 根圆锥形木桩为投准的目标。木桩底端直径 10 厘米，上端直径 5 厘米，桩高 30 厘米。每桩间距为 10 厘米～15 厘米。每人三轮，每轮投三次。以投中目标的多少来排列名次。投远比赛，以所投布鲁的距离远近定名次。投布鲁这种运动，是由狩猎生产演变而来，后人把这种猎具传承下来，成为现代人的体育用具，并成为那达慕的项目之一。

　　2) 乌兰红

　　乌兰红是蒙古族传统游艺活动，现在也成为那达慕的一项内容。乌兰红是指染成红色的牛髌骨，俗称"嘎拉哈"。牛嘎拉哈分为四个面，宽凸面叫"背"，"背"的相对面叫"心"，窄凸面叫"目"，"目"的相对面叫"耳"。比赛时，画一个长 3 米，宽 1.5 米的长方形城池，然后距城池宽的端线外 50 厘米处画一条横线，把牛嘎拉哈放在横线上，参赛人站在旁边列成队等候，比赛开始，一个一个出队。踢乌兰红时，右腿直立，左腿向后弯曲，然后用直立的单腿跳着将嘎拉哈踢进城池里，踢进城池的嘎拉哈，如果"耳"面朝上得 4 分，"目"面朝上得 3 分，"心"面朝上得 2 分，"背"面朝上得 1 分。如踢不进城池里或压线不得分。每人三轮，每轮踢三次，三轮共九次。按累计分数多少取名次。这项活动历史悠久，可追溯到 13 世纪初叶。相传 1204 年成吉思汗西征乃蛮部，屡攻不克。为此木华黎做出占卜，卜的结果是"踢出髌骨，见'耳'则进"。按照预卜成吉思汗连续三天没踢出"耳"，迟迟没有举兵。第四天终于踢出了"耳"，这一天正是农历四月十六日，成吉思汗果断挥师西进，结

图 94　踢乌兰红

果大胜,统一了乃蛮部。为了纪念这次战争的胜利,便将占卜用的这个牛嘎拉哈,用血染成了红色,象征胜利的永生之火,因而得名乌兰红。在漫长的历史长河中,逐渐把这种占卜活动演变成为一种纪念性的游艺活动。每年四月十六日,都要举行踢乌兰红的活动,一方面是纪念这次战争的胜利,另一方面是表示学习成吉思汗的武功。若能踢出"耳",象征吉祥如意。后来,人们把踢乌兰红又纳入那达慕的游艺比赛项目中。

3) 沙塔拉

沙塔拉是蒙古象棋,也是那达慕的游艺项目之一。它与国际象棋同出一源。最初起源于印度,叫"却图朗卡",由 4 人执棋,公元 7 世纪后传入阿拉伯,改名为"沙特拉兹"。公元 13 世纪时,由于蒙古汗国与中亚各国文化往来频繁,随着相互交往,"沙特拉兹"传入蒙古地区,并音转为"沙塔拉",演化为 2 人对弈形式,并对其内容与着法做了某些改进。沙塔拉的棋盘与国际象棋一样,也是正方形,由 64 个小方格组成。共 32 个棋子,双方各 16 枚。其中可汗、王后各 1 枚,特莫(骆驼)、毛力(马)、特日格(车)各 2 枚,瑙亥(犬)或乎(儿子或男孩之意)各 8 枚。棋子以红蓝或黑白两色以区别双方阵容。沙塔拉与国际象棋的规则大体相同,但个别规则却不一致。如开棋后双方必须先走一个瑙亥表示友好,然而也标志双方已经开战;执棋过程中毛力不"将"可汗,因为可汗无论如何也不能死于马蹄之下;可汗与特日格不能相互移位;王后与乎不能兑换;特莫走三格、王后走两格、犬(乎)只能走一格;可汗摆在左侧;无河界满盘可行,所谓逐水草而牧。以上这些都是特殊的规则。沙塔拉的棋子都是木雕的立体物,可汗雕刻一个王冠来表示,特莫、毛力、瑙亥都是雕的活生生的动物形象,特日格则雕一个车轮代替。雕刻的棋子,造型美观,形象生动,个性突出,栩栩如生,富有草原生活气息,是一组精美的艺术品。沙塔

图 95　沙塔拉对弈

拉开棋时,首先到裁判员面前问安,然后双方要以蒙古族礼仪问候,相互交换鼻烟,说几句祝福草原昌盛,牛羊兴旺的吉祥词,各自坐到自己的座位上。对弈结束,双方要把棋子重新摆好后才能离开座位。败方如果是同辈或晚辈,要向对方施蒙古礼。如果败方是长辈,则要说一句"赛音乎",即好小子或好后生之意,然后双方才能离开。

4)鹿棋

鹿棋蒙古语称"宝根吉日格",是草原牧民最喜爱的一种棋,现在已成为那达慕的游艺比赛项目之一。鹿棋棋盘由五条经线五条纬线交叉组成一个正方形。正方形的四个角两角相对各自画一条通栏斜线,形成斜十字。然后取经与纬线中线端头,相互连续画成四条斜线,在盘内又形成一个正方形。这样五条经线、五条纬线、六条斜线相互交叉,形成二十五个点。正方形两侧各有一座山,一面是平顶山,呈三角形,角朝棋盘经线的中线,在三角形中画一十字线,形成六个点。另一面是尖顶山,呈小正方形,一角也朝经线的中线,与平顶山隔盘相对,中间也画一个角对角的十字线,形成四个点。全盘共三十五个点。鹿棋由两人对弈,一方执鹿、一方执犬。执鹿者共 2 个棋子,执犬者共 24 个棋子。对弈前,2 只鹿置于盘内两个山麓下,8 只犬置于盘内层小正方形周围各点上。对弈开始,执鹿一方设法从犬身上跳过,就等于吃掉一只犬,将吃掉的犬拿掉,而执犬者再往棋盘内适当位置另置一犬。鹿不能跳吃犬时,可任意走一步棋,犬再置一子,直至把手中的 16 只子全部下完为止。然后双方在棋盘内盘旋。执鹿者如果将犬全部吃掉,鹿为胜;执犬者如果把鹿围死,无步可走,犬为胜。鹿棋棋路纵横,斜直交叉,加之两端有两座山,给鹿提供了广阔的活动余地,因此,鹿可以在棋盘上任意奔驰。而犬依靠数量多,东奔西跑,左右追逐,群起而攻之。因此,变化多端,饶有兴趣。内蒙古文物考古队在阴山岩画中,竟发现了公元 7 世纪刻在岩石上的鹿棋棋盘画面,而且与现代的鹿棋棋盘基本一致。这说明鹿棋至少也有一千二百多年的历史了。

5)布木格

布木格蒙古语为"球"之意,又称踢行头,是蒙古族传统的游艺活动。近

年把它列入了那达慕项目之中。过去踢布木格是寺庙中的喇嘛在课余时间玩的一种游戏。将猪膀胱充足气，气口结死，不能漏气，外面缝上羊皮，成为一个轻便的球，然后踢着玩，主要看谁踢得高。后来这种游戏传入民间，普及于农牧民之中。每逢年节，找一个小广场立一根木杆做标志，大家集合在一起，各自往高处踢自己的布木格相互争比。建国以后，将布木格列入了那达慕项目，并且制定了比赛规则。赛场中立一根高杆，上面画有鲜明的高度符号标志，如10米、11米、12米、13米、14米等，以立杆为中心向外辐射，画五个圆圈，圈与圈的距离为1米，赛场直径为10米，每半径为5米。比赛时，参赛者站在赛场圈内任何一个位置向高踢球，每人踢三次。高标分：每踢高1米得1分。如踢高15米得15分，踢到19米得19分，以次类推。落地分：球落在第一圈内得5分，第二圈得4分，第三圈得3分，第四圈得2分，第五圈得1分。离立杆最近的里圈为第一圈，最外层的圈为第五圈。高标分与落地分相加为当次的成绩，三次成绩加在一起为总成绩。如果第一球落在第五圈圈外，即取消比赛资格。第二球落在圈外时，第一球成绩有效，第三球落在圈外时，第一、二球成绩有效。

第二节 蒙医蒙药

1.蒙医理论

蒙医学是蒙古民族的医学，它与其他民族的医学一样，具有悠久的历史。蒙医学是生活在大漠草原上的蒙古族，经过长期的与各种疾病作斗争，并不断地实践、探索、总结经验教训而形成的理论体系。这种理论的形成与人们所生活的地理环境、自然气候、生产方式、生活习惯有密切关系。黑龙江地区的蒙医学特别讲究"三因"、"七精"、"三秽"学说。所谓"三因"就是赫伊、希日、巴达干。赫伊：主"气血"，属偏凉阴性，是人体内各种生理功能活动的表征，起到调节气血平衡的作用。如果赫伊一旦失去平衡，就会引起精神紧张、神经衰弱、忧虑伤气、吐泻亏血等病。希日：主"火"，属偏热阳性，是人体内各种器官温度的象征。一旦希日失衡,就会滋生阳火肝胆发热,出现黄疸、口苦、烦燥等热性病状。巴达干:主"土、水",是指人体内一种黏液状物质,属寒湿阴性,因过凉巴达干失衡,就会出现食欲不振、消化不良、腹胀浮肿等现象。清中期雍乾时代的大蒙医学家益希巴拉珠尔(1704~1788),也译作益希班觉,将"三因"理论发展为"六因"学说,即"六基症"学说。益希巴拉珠尔在他的《白露医法从新》一书中提出了"以赫伊症、希日症、巴达干症、白症、黄水症、虫菊症为核心的六基症学说"[1]。白症、黄水症、虫菊症就是在古老的蒙医学"赫伊、希日、巴达干"三因理论学说基础上提出来的。对于"白症、黄水症、虫菊症"有的著作中译为"血、希拉乌苏、虫(包括看不见的)"[2]。"白症"与"血"指的是一种学说,"黄水症"与"希拉乌苏"是等同的,"希拉乌苏"是"黄水"的蒙译词,而"虫菊症"与"虫"是指同一件事,可能是指病菌类而言。这六种病因,形成蒙医学的六因辨证学基本理论。"七精",指人体内的血、肉、脂肪、精、骨、髓、营养。"三秽",是指粪便、尿液、汗水。以上"六因"、"七精"、"三秽"对人体形成一个有机的整体,并且遵循着人体内部的规律进行运转。这个有机整体一旦受到外界的寒、暑、风、湿、菌、虫的侵入,就会使"六因"紊乱,"七精"受损,"三秽"不畅,这就形成不同类型的疾病。实际上这种"六因"学说,与阴阳学说、寒暑学说、虚实学说是等同的,只是说法与运作不同而已。蒙医学认为所有的疾病可以归纳为寒、暑两种,这就是蒙医学的独特理论。蒙医学的寒暑理论还表现在用药上。蒙医治病每天要用三次药,他把"三因"划分为三个时区,"早为'赫伊'的时间,午为'希日'的时间,晚为'巴达干'的时间"[3]。所以用药时"赫伊"偏凉,早晨就要用偏热的药;"希日"偏热,午间就要用偏凉的药;"巴达干"偏寒,晚间要用偏温的药。用这种方式来调整体内的失衡现象,使人体器官有规律的运转。诊断病因、分时投药、进行治疗的过程,就是将人体、疾病、药物三者的对立统一有规律地协调起来的过程。蒙医治病主要通过"问、望、切"三种

193

①　巴勒吉尼玛,张继霞:《蒙古族科学家》,28 页,内蒙古人民出版社,1987。
②　蔡志纯,洪用斌,王龙耿:《蒙古族文化》,183 页,中国社会科学出版社,1993。
③　斯庆格,盖巴特尔,那顺达赖:《草原盛开的奇葩》,载《中国民族》,2001(2),87 页。

方式来诊断病情。"问":主要问病情、病史、病因、病感;"望":主要是观察病人的脸色、眼睛、舌苔、粪便、尿液、痰、指甲、头发、饮食等变化状况;"切":就是切脉。通过这三种方式来进行综合分析确诊。随着蒙医学的不断发展、逐步形成了蒙医学理论体系,创立了以"赫伊、希日、巴达干"三要素为主要内容的六因辨证学说、七元三秽学说、阴阳学说、寒暑学说、虚实学说、经络学说理论。同时蒙医也运用五行学说,蒙医的五行是指空间、气、火、水、土,它与中医的五行金、木、水、火、土不同。中医的五行是对世界五种基本物质的认识,而蒙医的五行是对自然界物质的高度归类。蒙医把五行解释为"空间以声;气以声加触;火以声、触加色;水以声、触、色加气味;土以声、触、色、气味加滋味"[1]是一个比一个多累加一个要素而构成的。这是一种很特殊的认识论。

蒙古传统医药起源,可追溯到公元 7～8 世纪,蒙古族的先民,唐代蒙兀室韦人就开始用药剂。据《大宇妥传》以及第昔桑结嘉措著《藏医学史略》记载的索布医生或霍尔医生(索布和霍尔大致指蒙古)来看,"蒙医药起源于 7~8 世纪是很实际而且很可靠的"[2]。[波斯]拉施特,在记述古代森林部落的蒙古族时,也曾写道,兀剌速惕、帖良古惕和客思的迷部落"熟悉蒙古药剂、用蒙古方法很好的治病闻名于世"[3]。同时他还写道:"有一些蒙古药剂,现今称做'合只儿',古时候却称为'合迪儿',即峻烈药剂。"[4]从上述记载来看,蒙古药剂在古代就很出名,否则不会运用"闻名于世"这一词汇。12 世纪以后,文字记载越来越多。1170 年,成吉思汗的父亲也速该领他儿子到斡勒忽讷惕部求亲,回返时"到扯克扯儿的地面,遇着塔塔儿每做筵席,因行得饥渴就下马住了。不想塔塔儿每认得,说也速该乞颜来了,因记起旧日被掳的冤仇,暗地里和了毒药与吃了"[5]。从《蒙古秘史》这段记载中得知,当时蒙古地区已经能够制作毒药,或者说已经会使用毒药。13 世纪建立元朝以后,蒙医药事业有了新的

194

① 佟德富:《中国少数民族哲学概论》,169 页,中央民族大学出版社,1997。
② 策·财吉拉胡:《中国蒙古族传统医学史研究概述》,载《民族丛刊》,1994(3),110 页。
③ [波斯]拉施特主编:《史集》,第一卷,第一分册,201 页,商务印书馆,1986。
④ [波斯]拉施特主编:《史集》,第一卷,第一分册,229 页,商务印书馆,1986。
⑤ 巴雅尔:《蒙古秘史》(蒙汉合璧本),第一卷,115 页,内蒙古人民出版社,1980。

发展,朝廷又特别重视对医药工作的领导与管理,设立专门机构掌管医药事务。1260年(中统元年),置"太医院,秩正二品。掌医事,制奉御药物,领各属医职"①。1283年,将太医院改为尚医监;1285年,又恢复太医院。当时称最高医官为宣差,后置提点、院使、副使、判官等官员。除中央太医院外,1261年(中统二年),又置"大都惠民局,秩从五品。掌收官钱,经营出息,市药修剂,以惠贫民"②。1263年(中统四年),又置上都惠民司。1272年(至元九年),置医学提举司,掌管诸路医学。1273年置御药局,到1305年(大德九年)分立行御药局,掌行箧药饵。1288年,又置官医提举司,秩从五品,掌管各地医户。现黑龙江省地域元代归辽阳行省管辖,当时辽阳行省设提举、副提举各一员。主管全省的医务工作。同时在全国各地涌现出一大批蒙医蒙药专家和蒙医蒙药经典著作。著名蒙族医学家沙图苏于1326年撰写了《瑞竹堂经验方》十卷本,多次刊行。元朝宫廷饮膳太医忽思慧于1330年著有《饮膳正要》(三卷本),印传至今。16世纪后叶,藏传佛教格鲁派(黄教)传入蒙古地区后,各地大举兴建寺庙,蒙古族踊跃出家当喇嘛,大型寺庙都设有曼巴扎仓,即医药学部,很多蒙医都是从寺庙中培养出来的。有些蒙医学业造诣很深,这个时期是蒙医数量剧增时期。17世纪时,方剂学家占布拉所著《方海》问世,被誉为"神医华佗"的接骨专家墨尔根举世闻名。18世纪时,衮布扎布的《药方》,伊希巴拉珠尔(伊希班觉)的《甘露之泉》、《白露医法从新》、《甘露点滴》、《甘露汇集》和《认药水晶鉴》等5部巨著相继问世。19世纪时,有占布拉道尔吉的《蒙药正典》,高世格的《普济杂方》,特别是蒙古族一代名医伊希丹金旺吉拉,著有《珊瑚验方》、《珍宝验方》、《珍珠验方》和《医学歌诀》等4部经典,其中《珊瑚验方》后改名为《蒙医药简编》,是一部具有重要价值的作品。20世纪后,蒙医药学专著如雨后春笋,破土而生。其中,龙日格丹达尔注解《四部医典诠释》,吉格木德丹金扎木苏著有《观音之喜》,敖斯尔撰著《普济验方手册》,于庆祥编写了《蒙医药物学讲义》、《蒙药名合璧》、《蒙药经营目录十五种》、《脉诀》、《蒙成药经营

①　〔明〕宋濂:《元史》,卷八八,2220页,中华书局,1976。
②　〔明〕宋濂:《元史》,卷八八,2220页,中华书局,1976。

目录》和《蒙成药验方选》等多部,王永福著有《蒙医针灸》、《蒙医放血》、《中医针灸》、《乡村医生手册》、《王永福医案》、《关于对希日疾症的观点》和《希日疾患的治疗与探论》等 7 部,白清云主编了《中国医学百科全书·蒙医分卷》,苏荣扎布著有《蒙医诊断学》、《蒙医治疗原则和方法》、《蒙医温病学》、《蒙医内科学》和《蒙西医结合治疗心脏病》等 5 部专著。在这些著作中,仅《蒙药正典》一书,就列入药物 879 种,药图 576 幅,现已成为当代最宝贵的文献资料。为了继承和发展蒙医药学,已经整理蒙文古典医籍 544 部,已正式收入《中国医药百科全书·蒙医分卷》。

2.蒙医疗法

北方大草原是哺育蒙古族的摇篮,多少个世纪以来一直在这里游牧,经长期的草原生活实践,悟出了一套如何与疾病进行斗争的经验教训。当古代蒙古族还没有掌握现代医疗技术的时候,他们就开始运用在生活中总结出来的,而且是行之有效的民间疗法。即使现代医学如此发达,游牧民也没有完全放弃古代所采用过的验方。这些疗法简便易行,效果明显,归纳起来主要有以下几种:

1)针灸疗法

包括针刺、灸疗、拔火罐等。针刺,是一种对神经或对身体患处用银针进行刺激的一种方法。如局部受风寒时,用针刺后再拔火罐,将风以真空的原理从体内拔出。若生疖疮,用针刺破后用火罐拔,将毒液拔出。这种方法在民间较为普遍,不仅蒙医治疗时使用,就是牧民自己也常用这种疗法。特别是对受风、着凉、长疮、头痛等症,效果明显。灸疗,就是指针灸。蒙医在很早以前就掌握了人体内的穴位,《蒙药正典》一书记载人体灸的穴有三百多个,并且还有图解。这说明灸疗在蒙医中实施的很早,灸疗已成为蒙医的重要疗法之一。灸疗除了用针灸外,还配以用艾叶烧灼与熏烤。蒙医常用"以热治寒"原理来进行治疗。以热治寒的对立统一学说是蒙医理论的重要组成部分,多年的临床经验奠定了"以热治寒"的理论基础。所以蒙医将"以热治寒"、"以凉克温"的对立统一理论运用于医疗是一种有效的创举。

2)放血疗法

这是蒙医治疗方法中的一个奇特的手段,也是牧民在日常生活中经常运用的一种方法。特别是对高血压、脑血栓、脑溢血、头痛、神经痛等病有特效。近现代都用铜针或银针,在额头或手腕处脉管扎针放血。有时高血压症处于严重昏迷状态时,放血后立即清醒,效果极为明显。据说这种扎针放血疗法古代就已有了,考古中出土的砭针就是古代放血用的。在黑龙江蒙古地区还发现有用锋利的玻璃代替针来放血。这种疗法虽不算科学,但在缺少药的时代,为人们的健康起到了一定的作用。

3)热罨疗法

蒙古语称"瑟博素勒格",就是用动物的瘤胃将患处包裹起来,进行治疗,有一定的疗效。历史上冷兵器时代,对箭伤常用这种疗法,当时叫动物腹腔疗法,也称牛腹疗法。古代人得重病垂危或高烧不退时,将牛杀死把内脏取出,把病人放入牛腹腔中,片刻后病情即可得到缓解。《元史·郭宝玉传》载:"甲戌(公元 1214 年)从帝讨契丹遗族,历古徐鬼国,讹夷朵等城,破其兵三十余万。宝玉胸中流矢,帝命剖牛腹置其中,少顷,乃苏。"①史料中虽没有详细记述,但仍可以了解到这是一种用动物腹腔进行的热罨疗法,这种疗法在蒙元时代较为普遍。《元史·布智儿传》也载:"从征回回、斡罗斯等国,每临阵,布智儿奋身力战。身中数矢,太祖亲视之,令人拔其矢,血流满体,闷仆几绝。太祖命取一牛,剖其腹,纳布智儿于牛腹,浸热血中,移时遂甦。"②这是在战争中治疗伤员常用的一种方法。蒙医根据这一原理,将热罨疗法也运用于其他病症。如小孩得麻疹病,疹子出不来时,将鸽子杀死剥其皮,趁热将鸽皮贴在患者胸口或后背,麻疹立刻隐现出来。得关节炎、风湿症时,将动物瘤胃裹于患处或将羔羊杀死,掏出五脏,用羊腔裹于患处,疗效显著。这种热罨疗法既是蒙医原理, 也是游牧民与牲畜打交道中所总结出来的一种民间医疗经验。

① ［明］宋濂:《元史》,卷一四九,3521 页,中华书局,1976。
② ［明］宋濂:《元史》,卷一二三,3021 页,中华书局,1976。

4)烧烙疗法

是对外伤局部患处有溃疡状况时实行的一种疗法。若发现伤口溃烂时，为避免感染，将烙铁烧红后烧烙溃烂之处，以达到灭菌封口、防止感染。实际上这种疗法，也是从古代箭疮疗法传承下来的。冷兵器时代的刀伤、箭伤都是用烧烙法封伤口，使之封闭不感染。据《蒙古秘史》记载："斡阔台被射中其颈，其血凝也，孛罗忽勒以口吮其壅血，流于吻边而来矣。成吉思汗见而眼中流泪。心甚痛之，疾命爇火，烙以透熟。"①这就是古代时外伤烧烙法的具体记载。蒙医接受了这种原理，结合药物治疗实行烧烙疗法。

5)正骨疗法

蒙古族是游牧民族，在游牧生活中免不了要发生骑马摔伤、骨折等现象。所以蒙古族特别注意对外科跌打损伤医学的研究与实践，特别是对扭伤筋骨复位、接骨正骨等外伤科有较深的研究，历史上出现了很多蒙医骨科专家。他们采用热熏扭伤复位法、喷酒麻醉正骨法以及传统的特殊秘方，对骨伤外科作出了贡献。清代被称为蒙古神医的骨科专家墨尔根就是一位典型的代表者。有一次白旗先锋鄂硕中流矢，正在奄奄一息之际，墨尔根赶到。"他站在伤者身边，上下打量一番，立即拔掉矢镞，然后敷上药，病人很快就转危为安。"②还有一次清军黄冠被摔伤，臂膀僵直，不能动弹。"墨尔根叫人先用一锅开水的蒸汽熏其臂膀，再用槌子轻轻地敲打关节，然后用手将臂膀揉得咔咔响，使其很快恢复原状。"③这些都说明蒙医在筋骨复位、接骨正骨等外科跌打损伤方面有特殊的治疗方式，它是我国骨外科医学的重要组成部分。

6)药泉疗法

蒙医的药泉疗法，最初来自于民间。蒙古族所居之处，由于游牧生产方式的需要，一般都是水草丰美的环境。在其游牧境内的江河湖沼中不乏有各种药泉。在无意识的情况下，由于到泉中沐浴而病愈，这就自然引起了人们的注意。蒙医就是在这种情况下，研究泉水的矿物含量、质量以及对哪些病症有益，然后

① 道润梯步：《蒙古秘史》，新译简注，卷六，148 页，内蒙古人民出版社，1978。
②③ 巴拉吉尼玛，张继霞：《蒙古族科学家》，13，14 页，内蒙古人民出版社，1987。

用于临床治疗。蒙医的浸疗法就是药泉疗法的浓缩。如蒸汽浸疗、包裹浸疗、水泡浸疗等。黑龙江蒙古地区的药泉有很多。明代,哈萨尔后裔所居的杜尔伯特有布拉和药泉,清代巴桑后裔所居的依克明安有大泉子、小泉子药泉,斡赤斤后裔所居的蒙古大屯一带有五大连池药泉,这些药泉为当地的蒙古族进行泉疗创造了有利的条件。至今为止药泉疗法仍是人们重要的医疗方式之一。

7)饮食疗法

蒙古族从古代始就有根据当地的地理、气候特点,用饮食治疗某些病症的习惯。饮食对人来说本来是一件很普通的事情,但是偏食某一种食物时,便会起到致病或医疗的作用。如:马乳,性冷味甘、止渴治热,常饮医肺;羊肉,味甘、大热、无毒、补中益气;羊头,治脑热、头眩;羊心,治忧恚、隔气;羊肝,明目、疗肝、医虚热;羊血,治中风、血虚、闷绝;羊肾,治肾虚、益精;羊骨,治虚劳、寒中;羊汤,治感冒。牛肉,味甘、性平、无毒;牛酪,止渴、清热解毒;牛酥,治心肺、润毛发;骨髓,疗风湿等等,这些疗法深受牧民欢迎。蒙医将这种饮食疗法从营养学角度进行总结梳理,引其精粹制作保健药品,医疗某些缺乏某种营养的病症。元代后期,营养学备受朝廷重视。1330年(天历三年),元朝廷饮膳太医忽思瑟撰著了《饮膳正要》一书。在本书序言中说:"人而有生,所重乎者心也。心为一生之主宰,万事之根本,故身安则心能应万变,主宰万事,非保养何以能安其身。保养之法,莫若守中,守中则无过与不及之病。调顺四时,节慎饮食,起居不妄,使以五味调和五脏。五脏和平则血气资荣,精神健爽,心志安定,诸邪则不能入,寒暑不能袭,人乃怡安。"[①]从此,可以看出饮食对人体的重要性。《饮膳正要》是古代营养医学之巨著,书中所述原理均具有现代科学性,是一部营养学与医学相结合的科学大作。《饮膳正要》共三卷,卷一有三皇圣纪、养生避忌、妊娠食忌、乳母食忌、饮酒避忌、聚珍异馔等共六章。其中介绍聚珍异馔共九十五种。卷二有诸般汤煎五十六种,诸水两种,神仙服食二十五种,四时所宜、五味偏走、食疗诸病六十一种。服药食忌、食物利害、食物相反、食物中毒、禽兽变异等十一章。卷三有米谷品四十四种,兽品三十五种,

① [元]忽思慧:《饮膳正要》,刘玉书点校,15页,人民卫生出版社,1986。

禽品十八种,鱼品二十二种,果品三十九种,菜品四十六种,料物性味二十八种等七章。并附有人物插图二十一幅、米谷插图八幅、兽品插图三十三幅,禽品插图二十一幅、鱼品插图十一幅、果品插图三十九幅、菜品插图六十一幅,共计一百九十四幅,为饮食疗法提供了重要资料。饮食疗法要特别注意相宜、相反、利害、禁忌、中毒等原则事项。

8)下泻疗法

这是诸多疗法中的最下策,一般情况下不使用。除非碰到不明其因的病症,又无法治疗,在这种情况下利用下泻的方法祛火祛毒,泻后身体虽然虚弱,但病情会有转机,可以采取适当措施补救。在医疗不发达的情况下,下泻疗法也能起到一定的缓解作用。

9)药物疗法

应该说,在诸多疗法中,蒙医的主要疗法还是药物疗法,其他均属于辅助疗法。蒙药与中药、藏药都不同,有其自己的配方特点,剂量小、药劲大,每天早午晚三次,每次吃的药均不一样。过去蒙药按病现兑制,建国以后对一些疗效较好的成方、秘方制成了成药,既方便了患者,也方便了医务人员。如治疗脑血栓的三盆敖尔布、治疗肾病的沙力冲阿等都是疗效较好的验方。

3.蒙医史略

一般说来,一个民族古老文化的起源,离不开氏族部落的原始宗教。蒙医作为蒙古文化的组成部分,当然也要与蒙古萨满教有直接联系。在氏族社会,蒙医还没有出现的时候,治病这一行业则由萨满来主管。"萨满教主要职司为祛病。"[①]"萨满祛病之道,与民间医术有着千丝万缕的联系。然而,某些祛病却源出于理性,只不过赋之以仪礼性罢

图96 蒙医诊病

① [苏]ш.я 托卡列夫著:《世界各民族历史上的宗教》,魏庆征译,141页,中国社会科学出版社,1985。

了。"①这里所说的仪礼性,就是指萨满治病的疗法,本来是正常的治疗机制,可是却硬给医术穿上了宗教的伪装,使医疗手段神秘化。尤其蒙古萨满,在历史上有相当长的时期是萨满兼任氏族酋长,政教合一的管理,扩大了萨满的职能。在这个时期萨满的职务是"祭司,是医者,又是术者或占卜者"②。到辽代以后,蒙古社会才有了专门的医生,用草药或用一些物理方法来给群众治病。这些蒙医也不是受过专门训练的医生,他们是社会上的一些智者,把群众中流传的传统的治疗方法加以总结、梳理,然后再实践再总结,逐步形成验方。在相当长的时期里蒙医和萨满并存,实行双轨制。人们有病既找医生治疗,也找萨满看病。医生和萨满所治疗的病症也各有侧重,萨满主要治疗脱臼、扭伤、骨折、惊吓、梦游、精神分裂以及心因性的精神疾病;蒙医主要治疗体内五脏六腑方面的病症。后来有关治病的职能,逐渐从萨满中分离出来归医生所掌握。

1)辽金时代

黑龙江辖区有三支蒙古部落,即朵儿边部、乌古敌烈部和豁罗剌思部。1096年(辽寿昌二年),"徙乌古敌烈部于乌纳水,以扼北边之冲"③,朵儿边部与乌古敌烈部同时东迁。考古学家朱国忱认为:"乌纳水,既不在岭西,也不在嫩江以东地区,可能在嫩江以西、洮儿河以北地区"④。据王国维先生考证:"金时乌古敌烈部地在兴安岭之东,蒲与路之西,泰州之北。"⑤朵儿边部于1124年(金天会二年)迁至嫩江东畔。1195年(金明昌六年),弘吉剌惕部的属部豁罗剌思被内迁至松嫩两河结合处之两岸。这三个部落有关蒙医的文字记载很少。但是有关民间对疾病的疗法则已出现,很可能这就是黑龙江地区蒙医的雏形。辽金时代,在蒙古社会中萨满为病人治病则是普遍现象。当时萨满在医病方面还起主导作用,医生治病则是少数,但是已有医生医病之说。

① [苏]ш.я托卡列夫著:《世界各民族历史上的宗教》,魏庆征译,127页,中国社会科学出版社,1985。
② [俄]道尔吉·班扎洛夫:《黑教或蒙古族的萨满教》载《喀山大学学报》,1846(3)。
③ [元]脱脱:《辽史》,卷二六,309页,中华书局,1976。
④ 朱国忱:《金源故都》,288页,北方文物杂志社,1991。
⑤ 王国维:《观堂集林》,附别集三,722页。

2)蒙元时代

黑龙江地区新迁来两个蒙古部落。1213 年(大蒙古国八年)成吉思汗为诸弟诸子封地时,将大兴安岭东西大片国土分封给季弟帖木哥斡赤斤,并封为国王。其军队、部众从 1213 年始逐步东迁至黑龙江地区。牙帐初建于今鄂温克自治旗辉苏木西北的辉河西畔。斡赤斤于 1245 年卒后其孙塔察尔袭任国王,1263 年(中统四年)任朝廷左丞相后将官邸迁至今泰来县塔子城。塔察尔孙乃颜袭任国王后,又于至元年间将官邸迁至今明水县繁荣乡古城村称乃颜城。在此期间,斡赤斤、塔察尔、乃颜三任国王的官邸中以及所属军队中都有专职蒙医;民间牧民中,有些发达地区也有蒙医,但是蒙古萨满仍是基层群众的主要医疗者。1287 年 4 月乃颜举旗造反,中央政府发兵平叛。当年 10 月"诏立辽阳等处行尚书省"①。从此黑龙江地区诸王霸权的局面被终止,建立行省后统一由元朝中央政府领导。从此医务工作逐渐走上正轨,辽阳行省也建立了官医提举司,设提举、副提举各一人,掌管医疗工作,在地方归辽阳行省领导,业务上归中央政府太医院宣差领导。蒙古族集居的万户府、州、千户所、县都有专职蒙医。1293 年(至元三十年),又从今俄罗斯克拉斯诺亚尔斯克边疆区哈卡斯自治州首府阿巴坎以南叶尼塞河上支流乌斯河流域,迁来兀速蒙古部安置于肇州之地。派刘哈剌八都鲁为宣慰使,哈剌八都鲁是行医世家,他本身医术也很高,故元世祖忽必烈赐名哈剌斡脱赤(意为药王爷或医生)。辽金元时代的朵儿边部、豁罗剌思部、兀速部都在肇州附近。连宣慰使都是医生,所以这个地区蒙古部落的医疗工作还是很发达的。

3)明代

是战事连绵的年代,明朝推翻元朝后,元朝退至上都一带建立北元政权,这个政权与明朝对峙一直到明朝灭亡。当时黑龙江地区的蒙古部落主要是帖木哥斡赤斤部的后裔,其他蒙古部落人数较少。明朝于 1389 年(洪武二十二年),"置泰宁、朵颜、福余三卫指挥使司"②来管理蒙古族。其中福余卫和朵颜

202

---

① 〔明〕宋濂:《元史》,卷一四,301 页,中华书局,1976。
② 《明实录》,卷一九六,2946 页。

卫的一部分地区在今黑龙江辖区。斡赤斤的后裔海撒男答溪为福余卫指挥同知。各领所部,以安畜牧。三卫均归奴尔干都司领导。北元、瓦剌与明朝三方都为了争夺对三卫蒙古的管辖权,展开了激烈的武装斗争。这个时期蒙古部落极不安宁,经常迁徙、征战。所以也就谈不上有秩序的、安定的医疗工作,只有治疗刀伤、箭伤、摔伤这类病症的随军医生和随军萨满。虽然,这个时期社会不安定,但由于客观实际的需要,蒙医骨伤外科医疗有了迅速的发展和提高,创造发明了很多治疗方法,总结了诸多的治疗经验,这也是对蒙医工作的贡献。1547年(明嘉靖二十六年)后,蒙古科尔沁部从漠北迁入嫩江流域,占据了原福余卫与朵颜卫的领地。嫩江西畔为扎赉特部、嫩江东畔为杜尔伯特部,嫩江与松花江结合处为郭尔罗斯部。这时明蒙战争已经南移,相对北方初步有了安定局面,医疗工作也随之稳定下来。蒙医随着形势的变化,由随军逐渐进入民间,每个部落都有蒙医,治疗有了初步的保障。

4)清代

是蒙医发展的重要阶段。清朝建立以后,实行盟旗制度,将黑龙江地区的蒙古部落,分别改建为扎赉特旗、杜尔伯特旗、郭尔罗斯后旗,并归属内蒙古哲里木盟。1690年(清康熙二十九年),生活在贝加尔湖以东一带的巴尔虎人,因战乱逃至黑龙江境内,被安置于乌裕尔河下游齐齐哈尔郊区一带,并编入正白旗、镶红旗、正蓝旗、镶蓝旗,驻守博尔德城(今讷河市),后移驻齐齐哈尔城,归齐齐哈尔副都统管辖。1757年(清乾隆二十二年),额鲁特蒙古依克明安部迁至黑龙江乌裕尔河流域,在大泉子建立了依克明安旗,由黑龙江将军节制。清初由于藏传佛教的传入,各蒙古旗纷纷建立寺庙,蒙古族出家当喇嘛已成为当时的新潮。规模较大的寺庙都建有曼巴扎仓,即医学部。喇嘛攻读曼巴扎仓,毕业后可以行医。因此,在清代蒙医出现了两个学派,以传统的蒙医为一派,人们称其为鄂莫其;从寺庙曼巴扎仓毕业的喇嘛为一派,人们称他为喇嘛。传统的蒙医用蒙药为主,喇嘛医除用蒙药外还用部分藏药。黑龙江地区的蒙医,近代有确切文字记载始于清道光年间。蒙医较为发达的地区当为杜尔伯特旗,今杜尔伯特蒙古族自治县。杜尔伯特旗:1833年(清道光十三年)由卓索图盟朝阳迁来一位蒙医,各叫吉米彦扎木苏,落居杜尔伯特旗第五努图克新屯。第五努图克在杜尔伯特旗最南端,与郭尔罗斯后旗毗连。当时的蒙医没有坐堂医生,都是骑马带上药包走村串屯,哪有病人到哪看病。当时的行医范围包括前新屯、中新屯、后新屯、哈布其勒、新苏木、敖包图、唐恩西伯、查干温都尔、布拉合、六家子、五棵树、巴彦哈嘎、好勒布岱、道尔保、宝布、曼代等村屯。继其后于 1858 年(清咸丰八年),从卓索图盟土默特左旗又迁来僧格、嘎达、喀喇沁等三位喇嘛医生,落居第五努图克的布拉合、五棵树一带。并重点在居住地附近的布拉合、六家子、五棵树、敖包图、新苏木一带行医。清同治年间又从外地迁来一位达来医生,居住在巴彦哈嘎屯,在其居住附近的村屯行医。清代在杜尔伯特旗共有五名蒙医行医。郭尔罗斯后旗:光绪年间从扶余来一位名叫关盛业的蒙医在旗里行医,并以针灸见长,颇有名气。清末时有赵永年在古恰一带行医。还有于德江、洋吉德、阿什塔等三人在民意一带行医。清代郭尔罗斯后旗共有四名较有名望的蒙医。扎赉特旗:其南境为今泰来县,清代时除在扎赉特旗札萨克王府有保健蒙医外,在民间还有一位叫吴宝山的蒙医,在泰来一带行医多年。吴宝山通晓蒙、藏、汉文,为蒙医世家,也是从卓索图盟土默特左旗迁至泰来行医的。医术高超,在牧民中有崇高的威望。后来他的儿子吴俊兴,蒙古名色楞继承了他的医业,也成为著名的蒙医。除上述十名蒙医外,在依克明安旗和巴尔虎蒙古族中,未见有关蒙医的记载。

5)民国与伪满洲国

这个时期黑龙江蒙古地区的蒙医有了一定的发展,尤其蒙医事业较发达的杜尔伯特旗,蒙医队伍已形成规模,从当地民间和寺庙中培养出了一批蒙医。在清代五名蒙医的基础上,又增加了十五名。在敖林西伯屯有巴勒吉尼玛、三面井屯有德胜阿、东吐莫屯有金白虎、石万福、布拉合屯有吉正赫、忠乃、中新屯有宗太、后新屯有业希、前新屯有宝曜、巴彦查干屯有旗王府保健医生伍万、巴彦哈嘎屯有郜凤阳、下六家子屯有巴图庆格、大排排屯有贾海峰、吴炳等。特别是 1938 年(伪康德五年)泰来县吴宝山大夫的儿子吴俊兴,蒙古名色楞迁到胡吉吐莫屯居住,在当地进行巡回医疗。色楞于 1897 年(清光绪二十三年)出生于扎赉特旗乌都根召屯蒙医世家。从 8 岁开始跟其父吴宝山学医,一直学了 17 年,到 25 岁才正式行医。他对藏文《四部医典》、蒙文《医案》、汉文《医宗金鉴》、《本草纲目》等典籍都有很深的研究,后来为黑龙江省的蒙医事业作出了巨大的贡献。郭尔罗斯后旗,伪满洲国时在大兴一带有达尔吉喇嘛行医。依克明安旗有贝子府御医王喇嘛、大智寺宝图勒大夫。宝图勒于 1901 年出生于本旗依和努图克辉特屯。自幼入大智寺当喇嘛,在曼巴扎仓学习基础医学。1914 年赴葛根庙、瑞应寺深造,1923 年回大智寺行医。回旗不久被聘为依克明安旗贝子府的保健医生,1931 年又回大智寺行医。

6)中华人民共和国成立

新中国成以后是黑龙江地区蒙医大发展的时期。1945 年"八一五"抗战胜利,日本帝国主义无条件投降,各族人民回到了祖国的怀抱,蒙医事业也摆脱了帝国主义统治的羁绊。解放后,杜尔伯特旗以色楞鄂莫其为核心,开拓了蒙医事业。1945 年末到 1946 年秋,色楞鄂莫其先后招收了哈日巴日、白顺、宫银龙、白永富、金喜明、包喇嘛六人为徒弟,进行教学、培训,并组织学员上山采药、制药,采取以师带徒的方法培养新一代蒙医学员。1947 年 10 月色楞鄂莫其在太平郎吐屯组建了第一个蒙医诊所,由色楞、石万福、吉正赫、吉米彦(绰号大通辽)、包明龙(绰号小通辽)、宝曜六人组成,加上六名学员共十二人,色楞鄂莫其任所长。当年年底,根据东吐莫区区长赵振卯的建议,将蒙医诊所迁至区政府所在地东吐莫屯。1950 年 6 月,包银龙从乌兰浩特市学医回来又师从色楞,这样色楞鄂莫其的第一批徒弟增至七人。1952 年因东吐莫区成立了区卫生所,所以蒙医诊所迁到蒙古族聚居的胡吉吐莫屯。同年第一批学员已陆续毕业。1953 年开始招收第二批学员,有包玉林、白玉石、王金良、张玉安、何玉林、于海廷、张凤山、包新华、秦玉良、李玉峰十人。1956 年 3 月,为了发展蒙医事业,中共杜尔伯特旗委决定,将蒙医诊所改建为蒙医联合诊所,并正式纳入国家发展计划,人员增加到十人。有色楞、包明龙(小通辽)、包银龙、吉正赫、贾海峰、陈玉亭、宝曜、德胜阿、邱凤阳、白永富。色楞任所长、包明龙(小通辽)任副所长,白永富任会计。同年 12 月,杜尔伯特旗改建为杜尔伯特蒙

古族自治县,实行民族区域自治。1957年县委、县人民政府派党员干部王宪章去蒙医联合诊所任行政所长。1958年分别在布拉合、大排排建立了蒙医卫生站,派邰凤阳、吉正赫在布拉合站工作,宝曜、贾海峰在大排排站工作。据《杜尔伯特蒙古族自治县志》记载,另外还有一处保日浩特蒙医卫生站。1953年招收的第二批学员陆续毕业。1958年开始招收了第三批学员。有吴金明、吴金栋、白云峰、海德新、包天宝、王世友六人。1959年8月蒙医联合诊所迁回东吐莫屯,与东吐莫区卫生所合并,成立了东吐莫人民公社卫生院,后改称医院。联合诊所的蒙医全部转为国家医生。王宪章任院长、包明龙(小通辽)为副院长。布拉合、大排排两个蒙医卫生站并入他拉哈人民公社卫生院。1964年色楞鄂莫其招收了最后一批学员,即第四批学员,有肖喜山、吴新民、包清廉、窦子英、孙土英、包成林、白明远、于凤阳八人。1966年3月,胡吉吐莫屯成立了胡吉吐莫地区医院,内设蒙医科。1969年东吐莫公社医院并入胡吉吐莫地区医院。1974年胡吉吐莫地区医院改称县民族医院。1981年改称县蒙古族医院。同年县城内的中医院内增设了蒙医科。到胡吉吐莫地区医院成立为止,色楞鄂莫其共培养了三十一名蒙医徒弟。除此之外,各地蒙医院校毕业生也纷纷来黑龙江蒙古地区工作,如吴红杰、王全、胡雅琴等,都是专业学校毕业的蒙医。1955年,郭尔罗斯后旗在浩德乡成立了蒙医联合诊所,后改为浩德乡卫生院。由张万金、何大喜、王谦、胡明善等人组成。1956年4月,郭尔罗斯后旗改为肇源县。当时浩德乡的胡明善是个著名的蒙医,6岁在衍福寺出家当喇嘛,攻读曼巴扎仓的功课,是名医洋吉德的徒弟,一生行医行善,颇有威望,1979年晋升为蒙医师。1958年5月,黑龙江省中医协会蒙医学术委员会正式成立,办公地址设在杜尔伯特蒙古族自治县蒙古族医院,色楞被选为蒙医学术委员会名誉主任,包明龙为主任,于海廷为副主任。于1986年、1987年分别召开两次蒙医学术讨论会,于1988年出版一部《黑龙江省蒙医药学术论文汇编》共收入优秀论文13篇。并为色楞鄂莫其出版一部蒙医经验专著。建国以后,随着西医医疗技术的广泛应用,西医逐渐被蒙古族所接受,但在农村、牧区仍有些蒙古族笃信蒙医。蒙医也确实在某些顽症方面有特殊的疗效,这为人们信赖蒙医打下了坚实基础。所以不管西医怎样发达进步,而蒙医仍然是蒙古族治疗疾病的重要途径之一。在历史发展的长河中,蒙医学一定会与其他医学在一起互相学习,互相影响,共同进步,共同发展,成为中国医学的重要组成部分。

第七章　节日祭祀

第一节　节　日

节日分为纪庆节日、农祀节日、郊游节日三类。纪庆节日是蒙古社会中大多数人认同的并举行纪念活动或庆祝活动的传统节日。如春节、开路节、破五、人日、浩德格钦、灯节、黑灰节、胡巴亥、杭西、佛诞节、成诞节、娘娘庙会、查玛会、鬼节、那达慕会、蒙古年、千灯节、腊八、过小年等。农祭节日是与农业生产、畜牧业生产有直接关系的节庆活动。它以农事为中心，是人们企盼五谷丰登、五畜兴旺的传统节日。如天仓节、打鬃节、马奶节、招福会、打印节、兴畜节、祭碾、五谷神节、祭场院和白老翁神等。郊游节日是指举行纪念或庆祝仪式后，还要到郊外进行活动，有的直接就在野外活动，凡是这类节日都称作郊游节日，如猎节、沐浴节、避暑节、吉祥节等。

1.春节

春节，俗称过年，也叫新年。蒙古语称"希纳勒乎"或叫"查干萨日·因·巴雅尔"。蒙古族把传统的正月或一年的首月称作"查干萨日"，直译就是"白月"。因为蒙古族尚白，所以，可以引申为"吉祥之月"。古代时，蒙古社会中实行草木纪年，以草返青为岁，并按草生到草枯的自然规律来划分季节。因此，古代蒙古族以草枯的八月末即八月二十八日为年终，九月的第一天为新年。俄罗斯著名蒙古学学者道尔吉·班扎洛夫认为："每年在农历八月二十八举行祭礼，可能即从八月后一个月的第一天开始过新年，新年开始的这个月就叫查嘎萨日，意思是奶酪的月份。因为前一个月，即八月叫做牛奶月。蒙古族把奶酪叫查嘎，由这个词派生的形容词是'查干'，然而同一形容词'查干'也有'白'的意思。因此，查干萨日是奶酪月的意思，在古代相当于九月。"①后来由

---

① ［俄］道尔吉·班扎洛夫：《黑教或称蒙古族的萨满教》，载《喀山大学学报》，1846（3）。

于受到蒙古族尚白习俗的影响,查嘎(奶酪)一词演变为查干(白色),原来的奶酪月即查嘎萨日,就变成白月查干萨日了。蒙古族根据草木、气候的变化来确定季节,草萌芽发绿时为春季,蒙古语称"哈布尔";草发黄变枯时为秋季,蒙古语称"那木尔"。所以,形成了春、秋两时制。后来由于畜牧业生产的发展,游牧范围的扩大,季节性游牧开始被人重视,因此,把春时前的无草期划为冬时,以保护牲畜过冬,蒙古语称"额布勒";把秋时前青草茂盛期划为夏时,成为牲畜抓膘季节,蒙古语称"珠纳"。这就又由原来的两季发展为冬、春、夏、秋四时。继草木纪年后,蒙古族又实行了十二兽纪年。十二兽纪年以虎年为首年。然后是兔、龙、蛇、马、羊、猴、鸡、狗、猪、鼠、牛等。用十二兽纪年时,再将蓝、红、黄、白、黑五色各分阳阴成为十,再与十二兽相配。这样循环周期由十二年发展为六十年。这种纪年蒙古语称蓝色阳为呼和、阴为呼格钦;红色阳为乌兰,阴为乌拉嘎钦;黄色阳为希喇,阴为希喇嘎钦;白色阳为查干,阴为查干嘎钦;黑色阳为哈喇,阴为哈喇嘎钦。如蓝阳虎年就叫呼和巴日斯吉勒,蓝阴兔年叫呼格钦陶赉吉勒,以此类推。一直到公元 1271 年后,元世祖忽必烈建立元朝,采用了中原纪年之法。这样原来的冬、春、夏、秋四季改为春、夏、秋、冬四季,原来的一年之首月从九月改为一月,即正月。现在的蒙古族都在一月过春节。虽然时间往后更移了四个月,但首月的名称没有改,仍把一月叫"查干萨日"即白月。道尔吉·班扎洛夫说:"从忽必烈时代起,就把这个新年从九月移到正月来了。这位贤明的汗迎合蒙古族和汉人的愿望,按照双方各自的习惯过新年,农历八月二十八日他到蒙古地方献祭,与民同乐。但他每年也在北京照中国人习惯迎接新年。"①从那时传下来的习惯,蒙古族每年农历八月二十八日要过传统的蒙古年,同时在正月初一还要过春节。

　　蒙古族过年,从十二月二十三日祭火开始。在牧区,要把蒙古包内外装饰一新,把蒙古包周围打扫干净,并用勒勒车将蒙古包围成一个圆形院落。羊圈、犊牛圈要清理铺垫。拴马桩、犊牛桩都要拴上白色哈达。套马杆、马鞭、鞍

　　①　[俄]道尔吉·班扎洛夫:《黑教或称蒙古族的萨满教》,载《喀山大学学报》,1846(3)。

辔、勒勒车都要拴上彩绸。蒙古包内的神龛要进行装饰,门前玛尼杆要换新的禄马风旗和五彩旗。要制作各种奶制品、肉制品、面制品。男女老少都要做一件新衣服。在农区,粉刷房子,清扫庭院。车辆入棚,役牛役马散放野外。杀年猪、年羊,包冻饺子、冻豆包。每人做一套新装,购买各种年货。停止邻里之间的借取往来。

年三十中午(有的部落在下午三点)全家要吃团圆饭,也就是本年的最后一顿饭。所有外出的人,有条件的都要赶回来吃这顿团圆饭。这顿饭必须吃手把羊肉,没有羊的农区,吃猪肋骨以代替手把羊肉。吃团圆饭时,对祖父母以下故去的家人也要给他们摆上碗筷,表示在一起过年。

除夕之夜,要进行祭祖、祭天活动。根据蒙古族的祖先"冶铁出山"的神话传说进行祭祖。牧区在蒙古包外,农区在庭院中,拢一堆篝火,篝火的南面摆一张祭桌,上面摆上乳酪、奶干、奶皮、奶油等四碟白色食品和一块肥羊肉、一壶白酒、一只银杯、一个香炉。农区缺少奶食品和羊的地方用白糖、猪油、白面糕点、糯米和猪后鞧肉来代替四种白色食品和肥羊肉。没有银杯用白瓷杯代替。摆放好后,家中长者拿一根铁条投入篝火中烧红,然后放在砧子上锻打,象征祖先冶铁出山,并将冶铁出山的神话传说讲给全家人听,这就叫"冶铁祭祖"。讲完故事后鸣放爆竹,全家人按辈分大小依次面朝北跪在祭桌前,最长者点燃三炷香插在香炉里,把酒斟满银杯,向天空洒祭。全家向篝火叩三个头,把四碟奶食品、羊肉、白酒全部投入篝火中,祭祖仪式结束。祭天活动与祭祖仪式同时进行,只在讲述"冶铁出山"后面加上一项致祭天辞,其他程序不变。祭祖祭天仪式结束后,全家人回到蒙古包或居室内守岁。子夜吃年饭,也就是辞旧迎新相互交替的饭。牧区习惯吃全羊、面条,农区习惯吃炒菜、水饺。年夜室内外灯火通明,玩纸牌、玩嘎拉哈,有条件的地方,请豁尔赤说书,彻夜不眠,直到东方拂晓。

元旦清晨,按照古老的习俗,全家穿白色衣服,象征吉祥。近代已不讲究白色,穿各种颜色的新服饰,以示庆贺新年。清早,在太阳出来前,主人要到门前玛尼杆上悬挂本年度的新禄马风旗,然后开始拜贺新年。首先在家庭内拜年,从最小辈开始依次向长辈请安叩头,同辈人年龄小者拜年长者。叩拜的同时,还要说爷爷、奶奶,或爸爸、妈妈,或哥哥、姐姐过年好等贺词。长辈受礼时,也要说几句吉祥祝词,并要赏赐礼物作为春节纪念。家庭拜年结束后,全家围坐在一起吃新年饭,也就是新的一年的第一顿饭。这顿饭在古代都吃奶食品,而近现代都吃水饺。饭后要到本家族、亲友、邻里家相互拜年。在牧区,都骑着马串蒙古包。在农区,则徒步到各户拜年。然后一家一户滚雪球式的组成一个几十人到上百人的贺年队伍,逐户拜年。根据事先约定,要在最后一家吃年禧饭,年禧饭必须吃全羊、喝酒、唱歌、跳安岱、说唱好来宝,欢乐至深夜方结束。

2.开路节

蒙古语称"莫日嘎日干"。意为"走出印迹",汉译为"出行"。正月初二为开路节。这一天要根据占卜到的吉祥方向和时间去开路。有的骑马,有的赶车,也有的徒步到村外三五里之遥,停下来,搞一个开路仪式。参加开路节的人站成一排,拢一堆篝火,领头人致祝词,然后向火堆洒酒致祭,并焚烧一些奶制品, 燃放鞭炮。仪式结束后返回村里。从此可以出行到任何地方。如2003年正月初二,财神正西、福神西北、喜神西南。巳时、午时为吉时。主人可根据自己的意愿,选择财或福或喜。如果选财,那就可以在巳或午时赶车向正西方向走出三五里路举行开路仪式。它象征并向往在这一年里进财致富走运气。

3.破五

正月初五为破五。也是忌日。因为过年从初一到初五之间,妇女不能做针线活,不能用生米做炊,不能做户外劳动,不能串门,不能邻里相互借取往来。所以,破五后到初六日,一切恢复正常。实际上破五就是最后一个忌日。这一天,家家户户都要吃荞麦面蒸饺来欢度破五。

4.人日

正月初七为人日。这一天人人要过人节。人节的主要活动就是吃长寿面。人日所吃的长寿面,擀得越长越好,所以人们在这一天都要大显技艺,把面条

擀得长长的,意为在人日吃了长面条就能长寿。

5.浩德格钦

浩德格钦一词有"丑角"或"滑稽"之意。每年正月十三至十五日之间举行。活动时每人都要头戴面具进行舞蹈活动。面具共有五类,每类多种。一是孛额、乌都干(男萨满、女萨满),二是神佛(佛陀、观世音、菩萨、度母等),三是人(白老翁、老妪),四是动物(鹿、鹰、虎、牛、豹、羊、鳄等),五是鬼妖(阎罗王、八部鬼众、骷髅神等)。扮演者少则五六人,多则几十人。各自戴上不同的面具,一路连唱带跳逐户进行贺春活动。每到一户,领头的人,要说些吉祥祝词,其他人即兴表演,然后离去,再到另一户。正月十六日,全体参加者到村郊祭坛集中,拢一堆篝火,大家围绕篝火唱歌、跳舞,届时村民也都来观赏。结束时,将所有面具投入篝火中焚烧,意为驱鬼禳灾,一年平安。浩德格钦的原型并非如此,这是演化后的现代形式。过去浩德格钦活动,要由萨满主持。萨满带领这些戴面具的人到各户去驱鬼。浩德格钦的所有成员手持各种法器,到室内室外各个角落进行驱赶、扫除等巫术活动,意为除灾祛祸。最后在萨满带领下表演具有一定情节内容的傩剧。随着岁月的流逝,这些内容被演变为现在的歌舞活动了。

6.灯节

正月十五日为灯节。因为佛祖释迦牟尼在正月十五夜晚示现神变,降伏邪魔。为了庆祝这一胜利,每到正月十五晚间,人们都放灯以示纪念。在牧区,蒙古包门上要挂一个灯笼,围绕蒙古包哈那周围,等距离地摆放九盏羊油面灯。在包前的拴马桩上也要挂上一盏灯笼。在农区,除了居室门、庭院的大门挂灯笼外,羊栏、牛舍、马棚、车库以及门前的路两旁都要放置用面做的羊油灯。同时,各户每人做一火把,大家集中在一起,带着火把挨户游行,每到一家,要周游院庭四角,然后在院中心转一圈儿,再到另一户,以次类推,把全村的各户都走完。正月十五晚上放灯、举火把,目的在于到处灯火通明使妖魔无处躲藏,只好逃之夭夭,使人们岁岁平安。后来农区的灯节有很大的变化,因为农区的蒙古族与汉族杂居的较多,逐渐受汉族正月十五灯会的影响,蒙古族的灯节也向汉族灯会的形式转化。一般都要做一个漂亮的彩灯,参加到秧歌队伍中,举着彩灯扭大秧歌。原来驱鬼逐魔的内容逐渐淡化,现在过正月十五,都是以赛灯为主要内容。

7.黑灰节

蒙古族称正月十六日为"哈喇额都日",意译为"黑日",俗称黑灰节,有的部落叫摸黑节。当日清早太阳出来之前,人们早早起来,手里拿着锅底灰或其他黑色颜料,走家串户,相互抹黑脸,以示吉祥。在牧区,人们认为正月十六抹了黑脸,草原就会避免"黑灾",即旱灾;在农区,人们则认为抹了黑脸,庄稼不得黑穗病,也有的认为抹了黑脸能驱邪,一年平安。所以,蒙古地区每逢正月十六日的早晨,大人小孩倾巢出动,你追我赶抹黑脸,好不热闹。这个纪念活动,是对辽代契丹人传统习惯的继承与发展。经过年复一年、一代又一代的传承,逐渐成为了北方蒙古族、达斡尔族、锡伯族等诸多少数民族的共同节日。

8.胡巴亥

蒙古语意为骷髅。这是黑龙江省依克明安旗额鲁特蒙古族,在正月十六日举行的一件纪念民族迁徙和怀祖的活动。"胡巴亥"一词在额鲁特人中称"浩克迈"或"浩黑迈"。额鲁特人是清乾隆二十二年从阿尔泰·杭盖地区迁徙到黑龙江来的。每逢正月十六日,他们指定一人反穿皮袄,戴上骷髅面具,化装成"胡巴亥",另一人戴上仙鹤假壳,扮演成仙鹤,由胡巴亥领着逐家逐户贺年。每到一户都要说子孙幸福、牲畜平安之类的吉利话。同时还有一段有趣的对话。"主人问浩克迈从什么地方来时,浩克迈深情地说,我是从阿尔泰·杭盖来的。这时主人惊讶地再问,从那么遥远的地方来到这里,山高水深,路途艰险,不知走了几个月。浩克迈笑答,我是骑着仙鹤毫不费力到来了。我每年都要来一次,看望在这里的五百个子女及其他们的后代。"[①]说完后胡巴亥摘下面具,与主人一同喝奶茶、吸烟。临别时主人馈赠奶制品、糖果等,分给扮演者以及随从的人们。从以上对话中我们可以了解到,这是一种怀念故乡、怀念先

---

① 敖乐奇:《依克明安额鲁特蒙古族文化拾零》,载《富裕县文史资料》,第5辑。

祖、纪念民族迁徙的活动。

9.天仓节

农历正月二十五日为天仓节。也是长生天属下主司粮米的仓廪神诞辰日。蒙古族认为,五谷丰登与五畜兴旺一样都是长生天赐给的,所以黑龙江农区的蒙古族把这一天当做天赐粮米的吉日来举行纪念活动。活动的中心内容是祭祀粮仓。清晨,各家各户把院庭清扫干净,然后用草灰在院内画九个圆仓,分别撒入稷子、糜子、谷子、高粱、包米,荞麦、小麦、黄豆、绿豆九种粮食。正中央的圆仓内,置一香炉,燃草香祭祀。主人还要致仓廪神诞祭词。这一天早晨,家家户户都要吃荞麦面蒸饺。

10.祭碾

农历二月初二为祭碾日,俗称青龙节。民间将碾与磨视为龙与虎的象征,历来有左青龙右白虎之说,意思是碾子在左, 磨在右。祭碾仪式较为简单,到碾房后,在碾台前摆五谷粮做祭品,并点燃一盏珠兰和三炷草香,给碾子叩三个头, 在碾轴和碾框上分别拴红布条,然后推碾子转三圈儿。实际上

图97　草原上的石碾

祭碾日也是开碾日。因为整个正月禁用碾磨,二月初二祭碾后,就可以推碾拉磨了。同时祭碾也有龙动百虫动的含义。这与汉族二月二龙抬头的习俗颇有相似之处。

11.杭西

每岁三月清明日,为蒙古杭西节。杭西节主要是祭祖扫墓。每当杭西之日,全家乘车到墓地,为故人墓冢填土。然后在墓前画一个圆圈儿并有门,圆圈儿里拢一堆篝火,将作为祭品的食品、烟酒、糖茶、布帛、冥钞、黄纸、草香等投入篝火中烧掉。所有参祭人朝篝火跪拜叩头。这种仪式叫"土列失邻",相当于辽代的"烧饭"之俗。

12.打鬃节

黑龙江蒙古地区的打鬃节时间不一，南部地区在农历三月清明以后、北部地区在阴历五月端午以后择日进行。当马驹长到一周岁时，要进行首次剪鬃。届时进行隆重的剪鬃仪式。这一天，在牧区将马群合拢于蒙古包营地周围草地上，农区则将马群赶入马圈中，牧民集中于马群附近。首先聘请几位德高望重、剪技高超的老牧人掌剪，节日的组织者先向掌剪人敬酒、献哈达，然后把托在盘子里的鬃剪郑重地呈递给掌剪人。这时骑手们将马驹套至剪鬃人前。首席剪鬃者接下鬃剪后，致剪马鬃祝词，向被剪鬃的首匹马驹泼洒奶酒，向马的脑门涂抹奶油，实行涂抹礼后开始剪鬃。要把第一剪剪下的马鬃送至吉雅奇神龛前供祭。然后一匹一匹地打马鬃，打完马驹打成年马的鬃，一直到把所有应该打鬃的马全部打完为止。最后在草地上就地举行欢宴，农区则在室内举行，大家行酒作乐，祝福马群兴旺。

13.打印节

打印节一般在青草发芽时节进行。黑龙江蒙古地区的打印节往往与招福会或打鬃节同时合并举行。给牲畜打印记，是草原上的一场盛会。打印节一到，人们把马、牛、羊赶到指定的草场上，分别组成三个大群，人们聚在牲畜的周围，并燃起一堆杏树疙瘩篝火或牛粪火。通常由一个骑艺精湛、烙技娴熟、通晓马性、德高望重的牧人执印。首先由节日主持者向执印者敬酒、献哈达，执印者往印具上涂抹奶油并在印把上拴一条哈达，然后致祝词，赞颂印具。参加套马、抓牛、牵羊者排成一列，主持人向他们一一敬酒、献哈达表示祝福。待印具在火中烧红，便宣布打印开始。这边众骑手早已急不可待，个个策马挥杆，把马群团团围住，争先恐后套马，草原上顿时人呼马嘶，蹄声雷动，烟尘蔽日。骑手们追逐马群，忽东忽西，时远时近，有快有慢，场景极为壮观。骑手每套一匹烈马，执印者便在马的左胯中心部

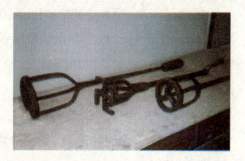

图98 马印

215

位打一印记，被印具烙过的地方毛已烧焦，印形清晰醒目，即或再长出新毛，颜色也与原来不同，很远就可辨认。骑手们一匹一匹地套，执印者一匹一匹地打上印，直至把一群马全部打印完为止。那边套牛的人也是忙个不停，一头一头地进行打耳记。另一边则是给羊打耳记，牵羊的人络绎不绝，一只一只地把羊耳记打完。

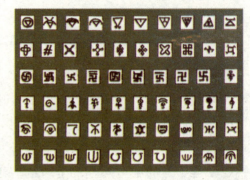

图 99　马印图

打印记的目的，最早是用于赋税，13 世纪时，用畜印来计算税收。后来普遍用于辨认部落与部落之间的畜群。往往在一场风雪中畜群跑散，在一场战乱中畜群丢失，靠什么去识别自己的牲畜，唯一的办法就是靠印记。每个部落、每个氏族、每个家庭都有自己的印记，从不重复或混淆，所以按印记特别好识别。

印记的种类繁多，形状各异。有圆的、方的、三角的、梯形的、多边形的以及其他各种形状的，如日、月、火、山、鞍、弓、箭等。要按照自己的意愿选择印记的图形来作为部落或个人牲畜的标志。在黑龙江蒙古地区发现的印具主要有以下几种：杜尔伯特旗后新屯贝子府的印记为葫芦形，杜尔伯特旗王府的印记为吉祥结，杜尔伯特旗敖林西伯努图克布木格屯的印记为蒙古一词的第一音节"M"，杜尔伯特旗新屯努图克中新屯吴姓家的印记为"万"字形等等。

每逢打印节，草原上的人们云集而来，观赏套马。姑娘们则趁此良机选择情人，而小伙子们当然尽力在姑娘面前表现自己套马的技能。因此，每当打印节盛会开始后，整个草原热闹非凡。这种古老的印记文化，在蒙古地区一直流传至今。

14.佛诞节

农历四月初八为佛诞节，是佛祖释迦牟尼的生辰。蒙古地区的所有寺庙都举行庙会，诵经祝诞。当地的蒙古族群众都赶来参加庙会，向寺庙献牲、佛灯灯油、纸花、茶果等。人们进入庙堂正殿首先向释迦牟尼佛像烧香、叩头、礼拜,然后转经轮,绕庙堂三周。

15.成诞节

农历四月十六日是成吉思汗诞辰纪念日,居住在黑龙江的成吉思汗的后裔在这一天都举行纪念活动。当日在蒙古包或在居室内,摆上成吉思汗的画像,用奶食品做供品。传说成吉思汗出生的那一天,降了一场洁白而透明的乳雨。云,是白色的;雨,也是白色的;雨后,天空出现了一道银白色的长虹。因此成诞这一天,人们都喝奶酒,吃白色奶食品,以示纪念。

这一天的活动主要有两项。一是制作摇篮。成吉思汗出生时,乌梁海部落的扎儿赤兀歹用紫柳为成吉思汗编制一个摇篮,吊挂起来,让他睡在空中,最后成了伟人。后人仿效先人,认为如果孩子能睡上四月十六日做的摇篮,长大后一定会有出息。因此,人们都争取在这一天做一具摇篮,为孩子使用。另一项活动是踢乌兰红。这一天要举行踢乌兰红比赛,获得第一名者要受重赏。因为1204年成吉思汗进攻乃蛮部时用牛髌骨占卜,踢出"耳"面即可进攻,结果在四月十六日踢出了"耳",成吉思汗率军出师得胜,凯旋而归,一举收服了乃蛮部。人们为了纪念这次战争的胜利,就把占卜用的牛髌骨染成红色,故将踢牛髌骨叫做踢"乌兰红"了。所以,在这一天人们都举行踢乌兰红的活动。

16.娘娘庙会

农历四月十八日为娘娘庙会。在牧区没有这个节日,而在农区则特别盛行。因为这是民间的节日,所以不到喇嘛寺院,只在各村的娘娘庙举行庙会,因此也就没有喇嘛诵经。每到农历四月十八日,参加庙会的人带上一袋小米面蒸的馒头,馒头上还要点上红花或三个红圈儿。到庙后要供祭娘娘神,给娘娘神叩头祈愿。参加娘娘庙会祈愿的绝大多数是不孕夫妇,无子女夫妇或子女有病的夫妇,祈求娘娘神赐子传宗,保佑儿女平安。祭拜结束后,所有参祭人要依次上娘娘庙门前的"多子树"前,向下抛掷从家中带来上供的小米面馒头。大人小孩在树下等候抢馒头。传说不孕妇女吃了这馒头能怀孕,普通人吃了多子多孙,小孩吃了祛病禳灾。庙会结束时,所有参祭人都要往"多子树"上

217

拴一条红布，以示吉祥。

17.猎节

农历五月五日为猎节。相传，很早以前，蒙古部落曾遭到一次异族部落的突然袭击。由于这一天，除了老人小孩外都去猎场围猎，一场灭绝性的血腥屠杀得以幸免，这一天正是农历五月初五。从此，蒙古族每到这一天都去野外狩猎，以示纪念，五月初五逐渐就变成了狩猎节。每逢五月初五，牧民要选出一个德高望重的猎手为"阿宾

图100　古代狩猎图

达"，即狩猎总指挥，然后所有参猎人，身跨骏马，腰背弓箭，手持布鲁，携着猎犬，驾着猎鹰，去野外行猎。在近代这种集体围猎逐渐演化为个人行猎，三五为伙，做些力所能及的狩猎活动。农区的蒙古族，到五月初五这一天，同样清早起来，成帮结伙到郊外野营，带美酒佳肴，在河边柳林或旷野地，来一顿丰盛的野餐，以欢度狩猎节。

18.马奶节

黑龙江蒙古地区的马奶节，于农历五月择日举行。因为五月是马下驹之月，也是盛产马奶之月。届时牧民将马群围拢于营地附近的草场，全部落的人都来参加。部落酋长用银碗盛鲜马奶向上苍泼洒祭天，然后向马群泼洒鲜奶。因为鲜奶是长生天赐给的，所以要用鲜奶来娱天。部落酋长洒祭后，全体参加者将第一碗鲜马奶泼洒于地，以示敬天，然后也向马群泼洒鲜奶。敬天仪式结束，全体牧民就地举行马奶宴。部落酋长致祝词，大家喝鲜马奶，吃手把肉，饮酒作乐，载歌载舞举行庆祝活动，直至夕阳西下，方散而归。回到蒙古包后，还要祭祀白老翁神。

19.招福会

招福会也叫招福仪式，蒙古语称"达喇拉嘎祭"。在马群中圣选出神马后，每年进行的一种祭祀仪式。达喇拉嘎祭在每年的阴历春夏之交举行，如果马群染疾时，可随时举行达喇拉嘎祭。祭祀时，将马群赶回营地附近的草场

218

上，放一张小桌，摆各种祭品，由萨满主持仪式，并致祭词。萨满手中握一束用各种彩条布装饰的柳枝丛，顺时针方向摇晃，同时口中呼喊"布彦贺希格，呼来！呼来！"意为福禄祯祥。对这句祈祷词要反复呼喊，最后萨满高声祈问："布彦贺希格，依日吉？"(意为福禄祯祥来了没有？)众人答："依日借。"(意为来了。)这时萨满给神马的鬃尾系上新的五彩布条，然后用柳枝丛蘸马奶向神马淋洒，众牧民也各持柳枝丛蘸马奶向马群淋洒。这样才能使畜群逢凶化吉得以安宁。佛教传入黑龙江蒙古地区后，招福仪式逐渐改由畜主主祭，寺院的喇嘛们参加助祭。届时，喇嘛们排坐两行，诵《招福经》，并伴以宗教乐器，如立鼓、大钹、老牛号、羊角号、唢呐、海螺号等等。主祭人致祭词后，拿着柳枝丛反复祈祷呼喊："布彦贺希格，呼来！呼来！"然后向神马和马群淋洒马奶。参加招福仪式的群众，也拿着柳枝丛向马群淋洒马奶。最后喇嘛们排成大队诵经并伴奏宗教乐器，绕马群一周，众人跟随在喇嘛后面游行。绕马群一周后，就地宰羊吃手把肉，饮酒作乐，载歌载舞，大家热闹一场。

20.沐浴节

农历六月初六为沐浴节。每岁这一天，不分男女老幼都要去嫩江洗浴。男女各自有约定俗成的天然洗浴区。传说六月初六这一天洗澡，可以清除百病，全年健康。沐浴节洗澡也有些传统的规矩，如先洗目，再洗脐，然后才能全身下水。

沐浴结束，要在河畔草坪或树丛中集体聚餐。大家围坐一圈儿，升起篝火，喝茶饮酒，谈笑风生，直至夕阳归山，方散。

21.查玛会

农历六月十四、十五日为查玛会，俗称"跳鬼"。个别地区有在正月初七、初八举行的。黑龙江蒙古地区的查玛会，分别在富裕正洁寺、衍福寺、全禧平安寺、嵩龄寺、兴经寺等较大的寺庙举行，附近的蒙古族群众都来参加观赏。查玛是寺庙的喇嘛们头戴各种面具进行表演的舞剧。跳查玛，喇嘛们身穿奇装异服，头戴鬼神及各种动物造型的面具，手持古代兵器或法器，在宗教音乐的伴奏下，表演具有一定情节、内容的舞蹈。查玛会的核心内容是驱鬼正邪，

宣扬佛法无边的主题。查玛会结束时,要举行一场驱鬼仪式,蒙古语称"骚日哈依那"。喇嘛们做一些形状奇特的面塑鬼,蒙古语称"别楞",把这些别楞放在一个立体三角形的木盘中,这种立体三角形木盘叫"骚日"。事先在寺院外广场上拢一堆篝火,喇嘛们抬着装有别楞的骚日向广场进发。头戴面具跳查玛的喇嘛们跟随在骚日的后面,在其后是排队诵经的喇嘛队伍,他们架着立鼓,抬着喇嘛号,吹打着各种宗教乐器,列队前往拢篝火的广场。参加查玛会的蒙古族民众,都要在骚日的下面钻过,这样可以驱逐身上的邪气,保一年平安。最后将骚日投入篝火中烧掉,意为把魔鬼全部除净。查玛会结束。

22.鬼节

农历七月十五日为鬼节。原为宗教节日,后来逐渐演化为民众的节日。传说佛家弟子目连,看到死去的母亲在地狱受苦,求佛救度。释迦牟尼让他在七月十五日备百味饮食,供养十方僧众,可使母亲解脱。佛教徒据此传说在七月十五日举行庙会,在节日期间除施斋供僧外,还举办放焰口、放灯活动。焰口是饿鬼的名字,为饿鬼施食的仪式叫做放焰口。蒙古族继传下来后,就变成祭祖和祭故人的节日。每到七月十五日,牧区在高岗地,农区在十字路口,进行"土烈食邻"。即画一个圆圈儿,并有门。圆圈儿里拢一堆篝火,将祭品投入火中烧掉,并鸣放鞭炮,以此形式悼念死者。七月十五日的祭品是当日午饭的"德吉","德吉"就是别人没有动筷前先拿出来的份子。如饭、菜、汤、果、烟、酒、糖、茶以及布帛、哈达、冥钞、黄纸、草香等。把这些祭品投入篝火的同时,另外准备一份祭品,向圆圈儿外四周祭奠,意为给饿鬼施食,以免阴间的故人受罪。

23.那达慕会

蒙古族的那达慕会,也称"乃伊日",是游艺、娱乐之意。历史上的那达慕,都在森林、草原举行,只是到了近代,有时也在城市的体育场举行。那达慕的历史由来已久,北方民族早在公元前就有那达慕活动,11世纪后才有文字记载。摔跤、赛马、射箭是蒙古族那达慕的主要活动内容。据史料记载,从公元前3世纪起,中国北方游牧民族就把摔跤、赛马、射箭这三项技艺作为娱乐和习武的主要形式。辽金时期，"三项技艺"在蒙古族中广泛流行。1206年成吉思汗建立蒙古帝国后，凡举行庆典、祭祖、祭敖包、出征等重要活动都要在草原上举行那达慕会。元朝开始，朝廷明文规定，凡蒙古族男子必须具备摔跤、赛马、射箭"三项技艺"。后经明、清、民国三代的延续，具有浓郁民族特色的那达慕，逐渐成为蒙古族传统的节日。那达慕会一般都在水草丰茂、羊肥马壮的六七月间的黄金季节举行，每逢那达慕会时，牧民从四面八方骑着马、赶着勒勒车，向那达慕会址集中。霎时，草原上的毡包与羊群像朵朵白云洒落人间，牛马骆驼像五色珍珠镶嵌在绿色大地。人们的喧嚣声，孩子们的嬉戏声，牲畜的嘶叫声，混成一片。那达慕开始后，一面进行传统的摔跤、赛马、射箭三项技艺，一面还要赛骆驼、掷布鲁、踢乌兰红、下沙塔拉、执宝根吉日格、玩奔布格；另一面人们在会亲结友，吃手把肉，喝奶酒，年轻的姑娘、小伙子们在唱歌、跳舞。为如花似锦的草原，增添了绚丽的风采，这沸腾的草原为蒙古族人民带来了节日的欢乐。

清、民国时期，黑龙江地区的杜尔伯特旗、郭尔罗斯后旗、依克明安旗，每年都举行全旗性的那达慕会，各努图克举行敖包会时也召开那达慕会。建国以后，杜尔伯特蒙古族自治县按时召开全县性的那达慕会已成惯例。杜尔伯特县的胡吉吐莫、巴彦查干、敖林西伯等乡镇，肇源县的义顺、浩德、超等三个蒙古族乡，泰来县的好新、宁姜、胜利、江桥四个蒙古族乡镇，哈尔滨市、齐齐哈尔市、大庆市的蒙古族联谊会等单位，也都举办那达慕大会。可以说，在黑龙江地区凡是有蒙古族聚居的地方都有那达慕会。

图 101　那达慕会场

现代那达慕的项目，除了摔跤、赛马、射箭和一些传统的游艺活动外，还有田径赛、竞赛、球类等项目。当然现代的那达慕与历史上的那达慕不同，发生了相当大的变化。就整个那达慕的历史发展过程，大致可分为三个阶段。辽金时期为一个阶段，元、明、清、民国时期为一个阶段，中华人民共和国成立后为一个阶段。由古到今，不论从内容到形式都发生了变化。

辽金时期的那达慕为原始形态。10世纪以前的那达慕，只有口传还没有文字记载，11世纪以后方见史籍记载。据《蒙古秘史》记载："蒙古之庆典，由舞蹈延宴以庆也，即举忽图刺为合罕，于豁儿豁纳黑川，绕蓬松茂树而舞蹈，直踏出没肋之蹊，没膝之尘矣。"①忽图刺是成吉思汗的堂祖父，11世纪末12世纪初叶人物，可见那达慕此时已具雏形。这是对那达慕最早的文字记载。原始的那达慕，以筵宴为基本形式，以饮酒作乐、唱歌跳舞为主要内容，正如史料中所说，"绕蓬松茂树而舞蹈"，直踏出"没膝之尘"。虽然这是一种形容，但却反映了古代蒙古族举行那达慕进行玩耍的情形。蒙古史上著名的十三翼之战后，有部分部落归服成吉思汗，为此，成吉思汗与其母诃额伦相议："筵于斡难之林中乎！其筵之也，与成吉思汗、与诃额伦夫人、与哈萨尔、与撒察别乞等为首，注一瓮焉。"②这也是庆典，但只有酒而没有其他活动。总之，在1206年建立蒙古汗国以前，蒙古族的那达慕仅限于筵宴、饮酒、唱歌、舞蹈，内容极为简单，是那达慕原生形态的写照。这种形态与当时的社会生产力的发展状况有直接关系。10世纪至12世纪期间，蒙古社会生产力水平很低，人们只能猎取禽兽、采集果实充饥。成吉思汗的母亲诃额伦夫人经常拾稠李子糊其口，而成吉思汗本人也猎獭、野鼠而食。在这种条件下，人们欢庆时能饮用桦树汁或自己酿造的奶酒，那将成为大宴，放声高歌，手舞足蹈，那将是人们最欢乐的表现。那达慕的形式与内容，不可能超越当时生产力的发展水平。

元、明、清、民国时期的那达慕为基本形态。公元1206年蒙古族统一了整个漠北草原，建立了蒙古汗国，加强了政权建设，随着社会的不断进步，那达

---

① 道润梯步：《蒙古秘史》，新译简注，卷一，27页，内蒙古人民出版社，1978。
② 道润梯步：《蒙古秘史》，新译简注，卷四，99页，内蒙古人民出版社，1978。

慕的内容也有了新的发展。每逢那达慕已不是仅仅饮酒欢歌,而且还要举行赛马、摔跤、射箭比赛。从元明开始,朝廷明文规定:凡蒙古族男子必须具备"摔跤、骑马、射箭"三项技艺。后来这种规定成了约定俗成的法律。元、明、清三代都遵循和延续了这一原则,所以这三项技艺就自然而然地成了那达慕的主要内容。加之养马业的发展,无休止的战争,充分发挥了三项技艺的作用,使人们认识到男子三项技艺的社会地位与重要性,从朝廷到平民都很重视三项技艺。据考古发现,额尔古纳河西支流乌鲁伦圭河上游,元齐王府遗址发现了1225年篆刻的蒙古文石碑一通。碑文称"成吉思汗讨虏花剌子模国还师,全蒙古国官人聚会于不花速赤孩之际,也松哥射,矢中三百三十五庹处"。这是对那达慕基本形态最早的文字记载,是那达慕从单纯的饮酒作乐,唱歌舞蹈向竞技项目发展的记录。赛马、摔跤、射箭三项技艺逐步成为那达慕的标准内容。这一形态持续了七百多年的时间。在这漫长的岁月中,以集会为形式的,以赛马、摔跤、射箭为主要内容的那达慕的基本形态已经定型,被草原上各部落的蒙古族所接受,成为蒙古族统一的节日。

中华人民共和国成立以后,那达慕已成为发展形态。建国以后,传统的那达慕,从范围上看,打破了过去以氏族、部落名义举行的界限,一般都以地域或行政区划为单位进行庆典;从内容上看,除了保持传统的赛马、摔跤、射箭三项技艺外,还增加了赛骆驼、马术、马球、投布鲁、踢乌兰红、下沙塔拉、执鹿棋、踢布木格等新的游艺项目。特别是随着社会经济文化事业的发展,那达慕会又增添了文艺会演和物资交流会这样崭新的内容,使那达慕变成了体育、文艺、商贸三位一体的盛会。

24.避暑节

每岁三伏的第一天,为蒙古族的避暑节,一般在农历七月中旬。过去过避暑节时,全家迁徙到河畔高地或湖边林中去居住,把避暑地作为夏营地,整个三伏期间都要在避暑地度过。农区过避暑节只过一天,届时全家带上帐幕或遮阳伞以及野餐用的食品,选择风景幽雅而凉爽的地方去度节,有的几家人联合去度节,晚间举行篝火晚会,大家尽情的唱歌跳舞,好不清闲。

223

25.兴畜节

黑龙江蒙古地区的兴畜节在农历秋八月择吉日举行。其他蒙古地区的兴畜节在三月清明前后。兴畜节,即丰收节。按古代草木纪年,八月份为年终,是总结畜牧生产的季节。届时男女老幼都集中于草场,将牲畜围在人们中间,大家来查看牲畜数量增多少,查看膘情增几分。最后选出一头膘情最好的种公畜,为它披红结彩、挂哈达、泼洒奶酒,并牵着围绕畜群转一圈儿,表示庆贺。然后就地宰羊,举行欢宴,唱歌跳舞,以示人畜两旺。

26.蒙古年

农历八月二十八日为蒙古年。古代蒙古族根据草木纪年的方法,以八月为岁终,九月一日为新年元旦。元朝以后使用中原历法,将年终改为十二月,1月1日为元旦。但是蒙古族并没有把传统的蒙古年抛弃,而是过两次年。既过八月末的年,也过十二月末的年。过蒙古年与过中原年的方式相同,所不同的就是洒马乳祭天,这是庆祝蒙古年最特殊的一种方式。蒙古族以丰盛的奶食品为主,以圣洁的鲜马乳祭天,以此来表达蒙古族过年的心情。

27.吉祥节

农历九月初九为吉祥节。俗称"重九"。蒙古族把"九"作为吉祥数,"九"在自然数中又是最大的数,所以"重九"就更大了,因此把九月九日作为吉祥节。过去蒙古王公过吉祥节时,要摆九九八十一道菜肴的宴席,一般牧民也要吃九种食品,或者根据各自的生活条件或吃三九、或四九,以此类推。过吉祥节相互要赠送"九九礼"以示纪念。吉祥节的另一个重要活动,就是人们成群结队地到草原深处去采野菊花,牧区的人将野菊花带回来装饰蒙古包,农区的人把野菊花挂在门上或插在瓶里放到室内桌子上,以示吉祥。

28.五谷神节

五谷神节是农区蒙古族的节日,俗称拜斗节。冬季打场的前一天在打谷场上进行祭祀活动。斗,是量粮食的一种器皿,立体方形,口大底小。每斗大约装五十市斤左右。十升为一斗,十斗为一石。打谷场中央摆祭坛,放一张长条桌,正中央摆斗,斗中装混杂的五谷,斗前摆五个升,升里分别装稷、黍、谷、麦、菽五种粮食,分别写上稷神、黍神、谷神、麦神、菽神的牌位,插在升中,统称为五谷神。然后燃草香插在斗中致祭。祭毕,在祭坛前燃一堆篝火,所有参祭人在火堆上跨过,实行火净仪式。意为清除晦气,迎接丰收。祭祀结束,大家要吃五谷丰收饭(用五种粮煮的粥饭)。

29.祭场院和白老翁神

冬季所有粮食全部入库后,要祭祀场院和白老翁神。祭场院是农区蒙古族的习俗。这与农业生产有直接关系。祭祀场院时,在打谷场上要堆放稷子、糜子、谷子、高粱、包米、荞麦、小麦、大豆、绿豆九堆粮谷敖包。粮堆的西侧摆放斗、斗趟尺、撮子、簸箕、口袋;东侧摆放车、犁、权、木锨、锹、耙、石磙等。中心粮堆前放一张供桌,用羊肉、糕点、白酒做祭品,在中心粮食敖包上插香,主人用酒进行洒祭,然后致祭词:

> 风和日丽,
> 福禄吉祥,
> 托天神之福,
> 向长生天洒祭。
>
> 五谷丰登,
> 粮食满仓,
> 托地神之福,
> 向白老翁神洒祭。

图 102　白老翁神像

致词后,向天、向地、向粮食敖包、向农具分别各进行三次洒祭,然后带领参祭者围绕粮堆转圈儿,随转随唱《丰收歌》。

> 土地像羊脂一样肥沃,
> 豆谷像珍珠一样闪光,

场院像草原一样宽阔，

粮堆像山峰一样高大。

场院祭结束，要到室内继续洒祭白老翁神。要在白老翁神像前烧香、叩头、祷告。白老翁神是主司粮食丰收、牲畜兴旺的吉祥之神，也是土地和水神之主。一般在农历正月十六日和八月初二日专门祭祀。除此之外，祭场院和庆祝马奶节时必须祭白老翁神。白老翁神蒙古语称"查干额布根"，蒙古族认为农牧业丰收都是主水土的白老翁神的功劳，所以凡是有关农牧业的节庆必祭白老翁。

30.千灯节

农历十月二十五日为千灯节，也称涅槃节，是佛教格鲁派创始人宗喀巴逝世忌日。这一天夜里要点燃很多珠兰(佛灯)来纪念，故称千灯节，蒙古语称"明干珠兰"。掌灯以后，以户为单位行祭。全家老幼围坐在桌旁，用荞麦面做一个长方形的大珠兰，灯盘中呈地垄形，垄沟里每隔3厘米插一根用佛灯草做的灯捻，每一个灯捻视为一灯。然后灯盘地垄中放置黄油、羊油或植物油。每盘灯，灯捻的数量多少不一，有的按宗喀巴逝世的时间，每一年或每十年或每百年为一灯；有的按佛教习俗做一百零八个灯；有的按蒙古族传统习俗做九十九个灯。除了这一盘大灯外，还要做一些一个捻的小型单灯。这些小型单灯要放在窗台、门旁、马棚、牛圈、羊栏、勒勒车、库房、大门口、路边、院墙头、房顶等地。大灯盘做好后，放在桌子上，全家动手把灯捻一个个燃着，然后给灯叩头。拜毕，全家坐在灯旁守祭，观看灯火。灯的火苗向哪一个方向刮，象征哪一个方向五谷丰登、五畜兴旺。如果哪一个方向的灯捻没燃，象征哪个方向有灾害不吉祥。守灯直到灯油燃完，灯熄为止。

同一天夜里，寺庙也举行庙会，全体喇嘛诵经，悼念宗喀巴忌辰。庙堂里灯火辉煌，经声朗朗，鼓号齐鸣，好不热闹。诵经结束，喇嘛们排成长队，走出庙门，到街上去放灯。寺庙附近的蒙古族群众，自己带上用荞麦面做的珠兰，到寺庙里来祭拜，把珠兰点燃后，随意放在寺院任何一个地方，整个寺院内庙堂、院庭、墙垣到处都是珠兰,简直成了灯的海洋。人们一方面放灯叩头祭拜,另一方面观赏这奇妙的灯景,同时跟随喇嘛队伍观看放灯。由于到处是灯,故称千灯节。

31.腊八

农历十二月初八为腊八,又称成道节。始为宗教节日,后来逐渐演化为民众节日。传说佛祖释迦牟尼成佛之前,曾修苦行多年,饿得骨瘦如柴,实在支持不下,决定放弃苦行。这时遇见一位牧女,送他乳糜,食后体力恢复,端坐在菩提树下修行,终于于十二月八日"成道"。为了纪念此事,佛教徒们每岁十二月八日,煮米果粥供佛,称此粥为"腊八粥"。后来人们淡忘了"腊八粥"的真正缘由,而与气候相联系起来。北方蒙古高原,腊月初正是天寒地冻时期,平均温度在 −30℃左右,所以认为在腊月初八这天吃佛祖曾吃过的"腊八粥"一定会身暖心和,吉祥长寿。于是人们年复一年的在这一天吃"腊八粥"。

32.过小年

农历十二月二十三日为过小年。过年是从过小年开始的。这一天也是祭火日。过小年主要做过大年的准备工作。在牧区,蒙古包内外都要打扫干净。在农区,要扫房刷房,制作过年用的食品等。具体内容已在春节一节中叙述。

第二节 祭 祀

1.腾格里祭

"腾格里"在现代蒙古语中为"天"之意。腾格里祭,即指祭天。黑龙江地区的蒙古族,既有成吉思汗的直系后裔,又有成吉思汗二弟哈布图哈萨尔的后裔,还有成吉思汗季弟帖木哥斡赤斤的后裔。成吉思汗家族与"天"有着历史的渊源,因此黑龙江地区的蒙古族特别重视祭天活动。《蒙古秘史》一开篇就说:"奉天命而生之孛儿帖赤那,其妻豁埃马阑勒。渡腾汲思而来,营于斡难河源之不罕哈勒敦。"[1]孛儿帖赤那夫妇就是成吉思汗的第二十二世先祖,是

---

[1] 道润梯步:《蒙古秘史》,新译简注,卷一,1页,内蒙古人民出版社,1978。

他们告别了森林狩猎而走向草原，为蒙古族的游牧生活奠定了基业。其后，成吉思汗的第十一世祖阿阑豁阿，其丈夫朵奔蔑儿干死后又感光生子，说她感光所生之子为天子，是天下之主，后成为孛儿只斤氏的祖先，即成吉思汗的祖先。当1189年成吉思汗被推举为蒙古部汗时，大萨满豁儿赤事先就扬言："天地商量着国土主人教帖木真做。"①在成吉思汗的一生活动中经常谈及天的助力，"托着长生天的气力，皇帝的福荫，彼所为之事，则曰天教凭地；人所已为之事，则曰天识着。无一事不归之天，自鞑主至于民无不然。"②天，是永恒存在，所以称长生天。黑龙江的蒙古族与长生天有缘，他们把古远的敬天习俗流传下来，所以"腾格里祭"之俗传承至今。但是古代祭天仪礼，史书中记载的却很少，即或有记载也很简单，缺乏翔实具体的资料。《鲁不鲁乞东游记》中曾记有："当他们(指蒙古族)聚在一起会饮时……向南方洒饮料三次，每次都下跪行礼，这是向火敬礼；其次，向东方，向天空敬礼；然后向西方，向水敬礼；他们向北方投两次饮料，致礼于死者。"③这里所表述的向东方洒祭，就是祭天，东方即日出之方，是天的象征。在《元史》中也曾记叙了元朝皇帝举行的隆重的祭天仪礼。但是各代皇帝祭天的时间不统一，祭无定日，有二月二十四日的，有三月庚戌的，有四月初八的，也有八月八日的，各不相同。民间祭天仪礼比较稳定，特别是黑龙江蒙古地区祭天，均在大年初一、七月七日和九月九日，这已成为约定俗成的祭日。民间祭天，古代实行悬杆祭，把祭祀的马皮或羊肉，挂在木杆上，泼洒马乳跪拜叩头。经过漫长的岁月，这种悬杆祭已逐渐消失。祭天仪式也发生了演变，官方主持的大型公祭仪礼逐步向私人主持的户祭过渡。每逢祭日，牧区要在蒙古包门前，东南方位的勒勒车上，放一张供桌，而农区则在庭院东南角放一张八仙桌。通常桌上摆一只全羊和奶油、奶皮、奶酪、奶干等四种奶食品及一壶白酒，然后桌前拢一堆篝火，全家人按老少辈分依次跪在桌前，家中最长者或户主斟满一杯酒，向天空日出方向泼洒。主祭人

---

① [蒙古]波·苏米雅巴特尔：《元朝秘史》，蒙汉合璧版，201页，乌兰巴托，1990。
② [宋]彭大雅撰：《黑鞑事略》，徐霆疏证，丛书集成本，7页。
③ [英]道森编：《出使蒙古记》，吕浦译，周良霄注，114页，中国社会科学出版社，1983。

致祭天词。各户的祭天词都是祖传的,各不相同。下面抄录一节孛尔只斤氏家族祭天词的部分段落。

> 天,为蒙古族传下了人种,
> 使蒙古族得以繁衍兴旺,
> 远祖孛儿帖赤那的子孙,
> 撒遍了沙漠的海洋。

> 天,为蒙古族培育了五畜,
> 使蒙古族生存有了保障,
> 草原上布满了牛马驼羊,
> 感谢天恩浩荡。

> 天,为蒙古族赋予了力量,
> 使蒙古族在世界中逞强,
> 征服了妖魔和邪恶,
> 享受了和平吉祥。

　　致词后,全家向篝火三叩首,把四碟奶食品、壶中的酒并割下一块肥羊尾投入火中。全家守火,直至篝火熄灭。

　　黑龙江地区的蒙古族多在除夕之夜或大年初一早晨祭天。正如《蒙鞑备录》所言:“正月一日必拜天。”①同时也有在农历七月七日、九月九日祭天的。七月七日祭天要由幻顿②来主持。幻顿主持的祭天仪式与民间的祭天仪式有所不同。他要摆设大型祭坛。逢祭日,要在庭院中央铺一条白毡,毡子上放一张供桌,供桌上还要放一个量器升,升里装满粮食,一般要装稷子或者高粱,

---

① 　[宋]赵珙:《蒙鞑备录》,丛书集成本,7页。
② 　幻顿:蒙古萨满的一个派系,专门主持民间祭天活动。

图 103　苏勒德腾格里神像

图 104　太阳神偶

230

图 105　月亮神偶

然后以供桌为中心,按东、西、南、北、东南、东北、西南、西北、中央九个方位插上九面旗,旗的颜色为红、橙、黄、绿、青、蓝、紫、白、黑九色,插在中央正中的旗必须是蓝色。用全羊、马乳做祭品,并将羊心掏出来直接祭天。主祭幻顿穿戴上神服、神帽,手持神鼓,念诵神词。幻顿的神词内容,绝大部分是娱天、颂天的。诵完神词,要带领所有参祭人,面朝南跪在供桌前,向天空叩九九八十一个头。最后用马乳向四方洒祭,祭天仪式结束。

2.娜仁帖黑勒

娜仁帖黑勒就是祭日(祭太阳)。蒙古族的拜日习俗,是在漫长的历史岁月里逐渐形成的。每天清晨日出之时和正午日照头顶之时都举行拜日活动。拜日仪式比较简单,旭日东升之时,男人朝着太阳站立,解下腰带,用双手托过头顶,弯身向太阳三鞠躬,然后扎上腰带,仪式结束。午间也是如此。古代人日复一日地这样去做,已经形成固定的模式。在黑龙江蒙古地区女人不拜日。古代这种拜日习俗,建国以后逐渐消失,只有草原干旱、疫病蔓延、求育男婴时,偶而举行拜日活动。

3.萨仁帖黑勒

萨仁帖黑勒就是祭月,每年正月初二夜为祭月日。祭月实行洒祭礼,以马奶酒、白酒、鲜奶为祭品。祭祀时朝月亮方向摆祭坛,将祭品放在祭坛上,叩拜后洒酒以祭。除了正月初二集体祭月外,对每月月初的新月和月中的望月都进行观拜。特别是得眼疾、祈求生女婴时,也要向月祭拜。据史书上记载，蒙古族"见新月必拜"①，这是人们崇月心理的反映。

4.奥敦帖黑勒

奥敦帖黑勒就是祭星。每年正月初七为祭星日。蒙古族对星宿的崇拜，与从事畜牧业生产有关。因为经常进行夜牧，在常年观察夜幕天象中产生信仰。如北斗星，蒙古语称"道兰额布根"，即"七老翁"之意。人们在观察中发现这座星，一年四季总是有规律地运转，视为神奇。北极星，蒙古语称"阿勒坦嘎达斯"，即"金钉"之意，如同一个钉子钉在那里常年不动，牧民把它视为方位星，夜牧或遇大风雪迷路转向时，随时跪拜北极星，以求指路。三犬星，蒙古语称"古日本敖敦"或"古日本瑙亥'。前者意为"三颗星"，后者意为"三只犬"。牧民把它看做测时星，东升西落，按它在天体的运行位置来测定时间。在无时钟的古代，起到了夜间记时的作用。人们外出办事或夜间放牧，随时祭拜三犬星。蒙古族除了祭祀这三座星外，对启明星、木犁星、火星、水星、银河星、牛郎星、织女星、南斗星等也都进行祭祀。祭星有两种形式，一种是综合性祭祀，也

图106 星神图

就是对所有的星宿进行祭拜；另一种是专门性祭祀，也就是对某个星座专门祭祀。每逢正月七日午夜，待星辰满天时，蒙古包外或庭院中放一张供桌，桌上摆香炉，插七炷草香，放七盏珠兰(铜灯)，一碗清水，一面镜子。同时供羊肉、白酒、奶酒、果点、茶叶、红糖、奶皮子七种祭品。有些地区香、灯、祭品全是九数。摆好后点草香、燃珠兰，全家跪在桌前朝四方天体叩头，并向天空进行洒祭礼，然后在水碗和镜子里观星。如能看到北极星一年内不迷路，如能看到牛郎织女星未婚人能成婚配，如能看到北斗星人会走运。所以人们都在初七的午夜，争先恐后在镜子和水碗中观星，以求吉祥。这是综合性祭星。专门性祭星主要是祭北斗星。北斗星在蒙古族的星宿崇拜中占有特殊地位，所以

① [宋]彭大雅：《黑鞑事略》，徐霆疏证，丛书集成本，6页。

231

特别重视对北斗星的单独祭祀。祭北斗星时，要在院庭东北角，仿北斗星的形状堆七个土堆。每一个土堆表示一个星，所以土堆也称星堆。其他地区不按北斗星图形堆星堆，而是把星堆摆成从西南朝向东北的一条直线。唯黑龙江蒙古地区按北斗星图形堆积星堆。待北斗星全出齐时，在七个星堆上点燃篝火，然后向七堆篝火中投羊肉、果点、茶叶、红糖、奶皮子、白酒、奶酒七种祭品，并举行洒祭礼。参祭人跪成一列，叩拜七次。

5.山祭

山祭之俗古来有之，蒙古族把自己居住区域内的最险峻的山称为神山，即"博格达乌拉"。认为神山能保佑五畜兴旺、人丁安详。黑龙江蒙古地区，除了祭奠不罕哈勒敦山外，还要祭祀兴安岭以及伊春、铁力交界的大青山、木兰县境内的蒙古山，肇源县境内的赫吉孟和山(立徒山)，德都县境内的药泉山，泰来县境内的乾德门山，杜尔伯特蒙古族自治县境内的多克多尔山等。大青山、蒙古山：蒙元时期，是从成吉思汗季弟帖木哥斡赤斤到塔察尔、再到乃颜，祖孙五代人祭祀的圣山。立徒山：是成吉思汗二弟哈布图哈萨尔十七世孙莽果三子，郭尔罗斯后旗小努图克台吉色尔固楞家族祭祀的圣山。乾德门山：是哈布图哈萨尔十六世孙阿敏的后裔所祭祀的圣山。多克多尔山：是

图107　多克多尔山

哈布图哈萨尔十六世孙爱纳嘎后裔、杜尔伯特旗的蒙古族所祭祀的神山。

山祭，经过历史的洗礼发生了很大变化，由原来祭祀大自然的山岳，逐渐向祭祀山神过渡，后来又把山神人格化。凡是祭祀的神山都有一个想象的形象。如兴安岭山神：是位身穿皮大衣、头戴风雪帽，脚蹬鹰嘴靴，背挎硬角弓，腰挂翎箭囊，手执激达枪，骑跨一只猛虎的老翁。身后远方有高高的五座山峰，左上方有一轮红日，右上方是一弯明月。大青山山神：是一位长眼长鬓，头戴钹笠帽，身穿蒙古袍，脚穿马亥(布制靴)，骑着一匹骊马，右手执一方宝剑，

左手扯着鞍鞯的武士。背景是高高的大青山，山下是一片松林。乾德门山山神：是一尊佛像，盘腿坐在高背的安乐椅上，头上有光环，身上披着袈裟，左手拿着铜铃，右手拿着金刚杵。安乐椅前摆着一个供桌，桌上摆着法轮、胜利幢、双鱼、金轮宝、吉祥结、右旋海螺、妙莲等佛堂八供。安乐椅后面衬着五朵祥云。多克多尔山山神：是一尊穿着绿袍的女神，左手拿着套鞭，右手擎着压腰葫芦，胸前挂着珠饰，额前缠着珊瑚带。身边有九种畜兽和五种禽鸟，身后衬着七座山峰，正前方是一棵古松，左上方是一轮红日，右上方是一枚新月。这十四种禽兽都围绕着女神或立或走或飞翔。女神前方是

图108 多克多尔山山神

狮、狐狸、狍子、孔雀、仙鹤，右边是虎、牛、鹿，左边是狼、马、驼，上方是鹰、燕、云雀，脚下是一片草地。是一幅典型的放牧图。

233

山祭，必须遵循常规仪礼。分为公祭、户祭两种。公祭：由部落大萨满或部落酋长、王公诺颜主持。每年举行一次，没有固定祭日，大多数地方都在农历七八月份举行。佛教传入蒙古地区后，寺庙的喇嘛也到场诵经。公祭仪式比较隆重，祭祀时间一般在三至五天。全部落人以户为单位，骑着马，赶着勒勒车，载着蒙古包，放牧着畜群，由百里之外游牧到神山附近，安营扎寨，参加祭奠活动。祭山要宰杀大牲畜进行血祭或酒祭。古代时祭山宰马祭为多，把马宰杀后，将马五脏掏出，以柴草把马皮楦起来，恢复为马的原状，悬在木杆上，取悦山神，古人称悬杆祭。除了公祭的供品外，参加祭祀的人要根据自己的经济状况向山神献哈达、奶酒、果品、奶酪等，以示对山神虔诚。献毕，主持人宣读祭词，全体肃立，把腰带解下挂在颈上，摘下冠帽握于手中，然后将双手交叉放在胸上，注目敬仰山神。后跪拜三次，每次三叩首，共九叩礼。这是蒙古族最庄严的祭礼，因为蒙古族的腰带是男人的象征。男人的腰带只有在犯法入狱、长者逝世、觐见皇帝王公等这三种情况下才能解下来，所以祭奠山神时将腰

带解下,这是肃穆、庄严、虔诚的姿态,而且九叩礼也是蒙古族礼法中最高的礼仪。山祭结束时,也就是最后一天,还要举行声势浩大的转山活动。人们在萨满或酋长的带领下,排成长长的大队转山,十分可观。户祭:一般是在家庭遭灾、人染疾病时,为了祛灾祈福,户主带领家人到山上进行祭祀。也有的在庭院中朝神山方向摆祭台,进行祭祀。家祭比较简单,按照传统规矩,将祭品摆好后,户主向山神祷告祈求的事项,然后跪拜叩头,最后实行洒祭礼。

图109　蒙古山神

　　山祭仪式在蒙古地区大同小异,但唯有多克多尔山祭奠仪式与其他各地不同,它有四个特点:一是祭奠时间不同,一般山祭都在白天,而多克多尔山则举行夜祭。二是祭奠形式不同,一般山祭欢声笑语,热闹非凡,而多克多尔山祭祀仪式庄严肃穆,除萨满与酋长诵神词和致祭词外,其他一切活动都在无声中进行,不准笑语喧哗,不准高歌欢舞,就是祈祷也必须是在心中,不准说出声音。三是祭牲毛色不同,一般山祭为求吉祥,都宰杀白毛牲畜,而多克多尔山祭却相反,必须用黑毛牲畜。四是祭品处理不同,一般山祭的供品,要由参祭人分享,而多克多尔山的祭品不能食用,要弃之旷野任禽兽撕啄。以上四点构成了多克多尔山祭奠仪式的特殊性,这是原始文化的遗俗。

　　祭山词与萨满祭山颂词,内容不是固定的,各地的祭词均不同,祭词大体都属于媚山、颂山、娱山的内容。

6.泉祭

　　蒙古族对水的祭祀,是伴随着祭祀山岳而同时产生的。相对没有山祭那样广泛庄严。黑龙江蒙古地区祭祀的水主要有嫩江、乌裕尔河以及各地的泉子和井。祭祀嫩江与乌裕尔河都在水泛期进行。各部落祭泉都有各自的历史内涵和固定的日期。

祭祀"布拉格"泉：黑龙江地区的杜尔伯特部落是明嘉靖年间迁徙到嫩江中游左畔游牧的，其第五努图克这一支系，游牧于布拉格草原，蒙古语称"泉"为"布拉格"，就是因为布拉格草原有一口清泉而得名。每年农历五月举族祭祀泉神。祭日，人们来到泉边，用传统的各种奶食品做祭品，并向泉口焚香叩拜，祈祷人畜平安。清代藏传佛教传入后于康熙中叶在布拉格草原建立了福广寺，并将泉神请入庙中供奉，每年五月份有专门的祭泉庙会。届时寺庙的喇嘛们穿着僧服，敲打着宗教乐器，口诵祭泉经，来到泉边进行祭祀。当地的牧民也都赶来共同参祭。

祭祀大泉子、小泉子：这两个泉子位于依克明安旗境内乌裕尔河北畔。当时游牧区内有含重碳酸盐矿泉两眼，俗称大泉子、小泉子，大泉子在西、小泉子在东。泉底为五色彩石，晶莹透明，绚丽缤纷，泉水冬夏长流，-30℃也不结冰，是北方少有的温泉。从泉眼流淌出来的小溪，常年供人畜饮用，牧民视为神泉。

图110 大泉子

所以每年农历五月五日，牧民都来饮水洗目，能祛病禳灾。农历六月初二为祭泉日。届时人们聚集于泉边，用鲜奶、奶干、奶酪、奶油等白色食品进行祭祀，以示洁净。祭日，大智寺的喇嘛们也要在寺内举行泉祀庙会，诵经祭泉。牧民平时得眼疾时，也都到泉边来洗目，一洗就好，这一习俗流传至今。

祭祀药泉：药泉也称五大连池。清康熙五十九年(1720)在德都县境内，讷谟尔河北，火山爆发，熔岩横流，堵塞了讷谟尔河支流白龙河河道，形成了五个火山堰塞湖，因五个湖水相连，故称五大连池。由于火山的作用，在五大连池南又形成了月泡、药泉两个小池。药泉含多种微量元素，是铁质碳酸冷泉，对治疗消化系统、神经系统以及血液、皮肤等病有显著疗效。原来德都这个地方叫蒙古大屯，蒙元时期是成吉思汗季弟帖木哥斡赤斤家族所居住的地方，后来他的后裔一直居住在这一带。传说，有一次蒙古猎人狩猎时，射伤一只

235

图111 草原上的辘轳井

鹿,乘马追至药泉时,鹿跳进药泉,游水而过,出泉后伤愈,飞驰而逃。猎人发现这一奇迹后立刻在族中传开。从此附近的蒙古族都到药泉饮水沐浴,视药泉为神泉。每年农历五月份进行祭祀,周围的蒙古族都来焚香致祭。后来药泉远近闻名,内蒙古、吉林、辽宁的蒙古族也都专程来祭祀药泉。

祭祀水井:黑龙江农区的蒙古族有祭水井的习俗,一般都是在天旱时为了祈雨而祭水井。祭水井要在日落月升后进行,参祭的人们用柳枝围成圆圈儿戴在头上,不穿上衣光臂膀,并将裤腿挽到膝盖以上,光脚板,每人都要点草香来祭祀。主祭人带领全体参祭者,围绕井口转圈儿并唱歌跳舞。主祭人领唱求雨歌,众人合声。唱词的内容主要是天旱,草原干枯,禾苗蔫黄,祈求苍天下雨。唱完求雨歌后,主祭人从井中打出几罐水,往参祭者头上、身上泼洒。这时大家齐声呼喊:"下雨啦!下雨啦!"然后主祭人领着参祭人走街串巷,一路上呼喊:"下雨啦!下雨啦!"每路过一户门口时,户主将事先准备好的一桶水,往参祭人身上泼洒。这样把全屯各户走完祭井仪式方告结束。

7.火祭

火祭,也是北方游牧民族古老的传统习俗。蒙古族把火与传宗接代和繁衍兴旺联系在一起。事实上,在蒙古社会的生活实践中,火,确实暗含着或者象征着这种意义。蒙古婚礼中有拜火仪式,当新郎把新娘从娘家接来后,首先要举行拜火仪式。新郎新娘向燃烧的一堆篝火,双双叩拜,只有拜了火才算夫妻,这叫"繁衍之火",象征着火神赐予你养儿育女。蒙古族的产俗中也有燃火仪式,产妇分娩,婴儿落草之时,门外立刻要燃起一堆篝火,这叫"生命之火",象征着一个人的生命要向火一样兴旺。蒙古语把"火"称为"斡德"或"嘎勒",把季子称"斡德根",意为接替炉灶之火的人。这也是季子继承制的缘由。而"蒙古"的词义就是"永生之火"。蒙古族四季游牧于辽阔的草原,逐水草而居,

236

到处迁徙,有把火种带在身边的习俗,走到哪里,火种就跟到哪里,永不熄灭。如果迁徙中断了火种那可是最不吉利的事情。所以,蒙古族非常崇敬火,把火视为子孙繁衍的源泉,日子兴旺发达的根基。

火祭,仪式较为简单。分为日火日、月火日、年火日。日火日叫"额都仁嘎勒",属于日常用火,不祭祀;月火日叫"萨仁嘎勒",农历每月初一、初二做小祭;年火日叫"吉嫩嘎勒",农历十二月二十三日做大祭,这是所有蒙古地区共同的祭日,只有个别部落因某种特殊原因将年火日从二十三日移至二十四日祭祀。在牧区,祭日黄昏时,按男右女左次序全家围坐在炉灶周围,中央放一张桌子,桌子上放一个大木盘,里面置九盏佛灯、一个香炉、一碗各色绸缎布条、一碗炒米、一碗白酒、一碗马奶酒、几块肥羊尾、一盘羊头、一盘羊胸脯、一盘肋骨共四条、一盘羊后鞧,在这些供品上放大枣、奶油、红糖。在农区,祭品主要摆放一盘黄米饭、一盘红枣、一盘白糖、一盘肥肉、一壶白酒。祭祀开始,女主人把炉灶燃着,熊熊烈火升起时,户主将九盏佛灯点燃,并上九炷草香。门下铺上白毡,主祭人站在门口,面向外,朝日出方向,手托装祭品的大木盘,从左向右转,行招福仪式,口中呼:"呼列!呼列!呼列!"三声。然后转过身来面朝后,再做一次同样的动作。最后将祭品投入火中,以示祭祀火神。伴随着招福仪式,主祭人还要致祭火词。

农区祭火时,在庭院中拢篝火,不断加柴添薪,把火烧得旺旺的,象征日子红火。祭祀结束,全家一起吃火神赐予的饭,叫"嘎勒·因·巴达",实际上就是做祭祀用的食品。牧区在煮羊肉的汤中作粥,放大枣、奶油,味道鲜美。农区则吃黄米黏饭,加大枣、红糖。

8.敖包祭

敖包,蒙古语为"堆"或"包"的意思。也就是在平地或在高山上,用土堆起的土包,或用石头、木头垒起的石头堆、木头堆。敖包产生的年代比较久远,具体时间已无从稽考。关于敖包的由来目前有很多说法,至今还没有一个统一的认识。有的学者认为,敖包是蒙古族对游猎时期山岳、树木崇拜的演化形式;有的学者认为,敖包是祖先的墓冢,是祖先崇拜的一种形式;有的学认

为,敖包是地方保护神的象征等等。

1)敖包的种类

大致可分为三类。一是帖黑勒·因·敖包,指祭祀性敖包;二是特莫德格·因·敖包,指标志性敖包;三是都日斯哈勒·因·敖包,指纪念性敖包。

2)祭祀性敖包

有八种,即阿勒坦敖包(黄金敖包)、艾玛格敖包(部落或盟敖包)、和硕敖包(氏族或旗县敖包)、努图克敖包(宗族或苏木或区乡敖包)、阿寅勒敖包(家族或村屯敖包)、苏莫敖包(寺庙敖包)、额莫斯·因·敖包(女性敖包)、乎和德·因·敖包(儿童敖包)。以上八种敖包既不统属,也不统类,只是从祭祀这一角度归纳而已。黑龙江蒙古地区除了黄金敖包、艾玛格敖包、乎和德·因·敖包外,其他五种祭祀性敖包均有。

和硕敖包:共有4个。杜尔伯特旗(今杜尔伯特蒙古族自治县)、郭尔罗斯后旗(今肇源县)、依克明安旗(今富裕县)、泰来县各有1个。杜尔伯特蒙古族自治县的和硕敖包在巴彦查干乡境内,肇源县和硕敖包在民意乡境内,富裕县和硕敖包在富海镇境内,泰来县和硕敖包在好新蒙古族乡境内。和硕敖包,古代时由氏族萨满主祭,因为在历史上氏族

图112 杜尔伯特旗和硕敖包

酋长兼氏族萨满。在蒙古社会中,氏族长也曾称"别乞"。据《蒙古秘史》记载,巴阿邻氏,乌孙别乞,"衣以白衣,乘以白马,坐于上座而行祭祀"[1]。所以在蒙元时期,和硕敖包都由氏族萨满主持祭礼。明代时氏族与宗教分离,敖包祭由氏族长主持。清代后建立了盟旗制度,和硕敖包归由旗札萨克主祭。建国以后,和硕敖包都由旗县的旗长、县长主持。祭和硕敖包时,一般都召开全旗的那达慕大会。敖包祭与那达慕大会同时举行。在历史上杜尔伯特蒙古族自治县、富裕县的旗敖包,分别于农历五月十三日、五月十六日祭祀。肇源县与泰

---

[1] 道润梯步:《蒙古秘史》,新译简注,卷九,242页,内蒙古人民出版社,1978。

来县的敖包祭均于农历七月十三日举行。

努图克敖包：全省共有 15 个。其中杜尔伯特蒙古族自治县有 6 个，即古日奔努图克敖包称温都尔敖包，高大之意，在胡吉吐莫镇东吐莫村东南岗上；都日奔努图克敖包称德楞敖包，意为乳房，在巴彦查干乡公屯村南四方山上；塔奔努图克敖包称辉特敖包，后或北之意，在腰新屯乡后新屯北沙岗上；道兰努图克敖包称古日奔敖包，数字三的意思，在敖林西伯乡保日浩特村西南隅；阿日奔努图克敖包称珰恩敖包，意为女神，在烟筒屯镇珰奈村附近；阿日奔尼格努图克敖包称巴音敖包，富饶之意，在克尔台乡布合岗子。肇源县有 3 个，即伊赫努图克敖包，在民意乡境内；敦都努图克敖包，在肇东市四站镇境内，原郭尔罗斯后旗地；巴嘎努图克敖包，在义顺蒙古族乡境内。富裕县有 4 个，即依和部努图克敖包称依和敖包，鄂吉格斯部努图克敖包称大泉子敖包，杜

图 113　肇源县努图克敖包

尔布德部努图克敖包称杜尔布德敖包，以上三座敖包均在富海镇境内；特楞古德部努图克敖包称兀良哈敖包，在依安县新屯乡境内，原依克明安旗地。泰来县有 1 个，即原扎赉特旗左翼努图克敖包，在平洋镇敖包山上。齐齐哈尔市有 1 个，即巴尔虎蒙古部努图克敖包，在建华乡高头蒙古族村。努图克敖包，在历史上都由宗族长老或宗族萨满主祭，全体宗族成员参加。有时也召开努图克范围内的那达慕大会。杜尔伯特旗第五努图克于 1939 年祭祀努图克敖包时，就有 800 人参加祭礼，50 名骑手参加赛马比赛，用三口芒金陶告（祭祀用的铸铁大锅）煮肉粥，供全宗族参祭人就餐。现在的努图克敖包都由乡一级政府主持祭祀。

阿寅勒敖包：黑龙江省几乎所有的蒙古村屯都有自己的阿寅勒敖包，数量比较多，现已初步查明的有 191 个。其中杜尔伯特蒙古族自治县有 72 个。烟筒屯镇的东土城子、大黑山；克尔台乡的扎朗格、哈布塔、克尔台、官尔屯、

239

东新屯、前五代、黑地岗子、乌诺、波布代;白音诺勒乡的白音诺勒、巴哈西伯、蘑菇台、沙田格勒、温德格、唐吐马、那什代、巴门代;一心乡的小林科、四方山;江湾乡的拉海、爱河召、九扇门;胡吉吐莫镇的桃里毛吐、王什哈、东吐莫、好田格勒、敖包屯、胡吉吐莫、白音花、波波里、呼和格勒;敖林西伯乡的四家子、铁哈拉、三面井、阿木宫、敖林西伯、好尔陶、庄头、德尔斯台、好利宝、布木格、唐营子、诺尔、阿木朗吐、明代;巴彦查干乡的巴彦他拉、乌古敦、六家子、敖包岗子、大庙;他拉哈镇的喇嘛仓、十五里岗子、大排排、唐营子、查干温都尔、英格地房子、莫胡日代、布拉和、六家子、毛都西那;腰新屯乡的曼代、道拉保、保保、巴彦、好尔、兴隆、一棵树、前新、哈布其;省绿色草原牧场的哈喇乌苏等。肇源县有 65 个,即富强乡的立徙山;古龙镇的敖包得根(共荣)、西南得根(永胜)、道尔宝、喇嘛茄子、葫芦岱;义顺蒙古族乡的义顺呼德、格斯尔·因·西伯(东发)、新西伯、吉拉吐、梅伦屯、哈达户身(宏发)、拉海、甘珠尔屯(永进);新站镇的乌兰诺尔、阿等户(阿都·因·告)、巴彦、卧龙岱、小庙子、吐莫(振余)、木甲;浩德蒙古族乡的浩日其(东浩德)、哈拉特岗子、哈布塔盖(兴海);大兴乡的敖包岗子、哈喇布敦(前进)、敖包台(联结)、红顶子屯;民意乡的西公营子、岔格岱、喇嘛山;茂兴镇的乌日格斯台、博尔岱、乎勒毛力台;超等蒙古族乡的敖包屯(共和)、博尔诺、吐什吐(维新)、超等;头台乡的花尔、查干户(查干告)、西德吉(永和)、古日奔乾德门(三道岗子);古恰乡的高勒·因·西伯(古恰)、嘎尔图庙、索格台(托古);永利乡的仓因召(仓粮岗);兴安乡的达尔吉岗子、乌乃岗子、察布齐勒;和平乡的敏字、木头西北、达尔担嘎(木头)、欧力玛(立功)、蒙古屯(立德);裕民乡的花尔屯、五八屯(敖包屯)、吐莫营(利民);薄荷台乡的薄荷台、塔林西伯、哈拉海;福兴乡的梅伦屯(东兴);三站乡的哈拉湖血、查干诺尔(岔古敖)、大庙屯、额多尔图台等。富裕县有 4 个,即前八家子、后八家子、三间房、小泉子,均在富海镇境内。依安县有 2 个,即西新屯、东新屯,原为依克明安旗地,现归属依安县新屯乡。泰来县有 34 个,即汤池乡的乌诺、吐莫台、特力莫;大兴乡的托力、哈巴岗子;江桥蒙古族镇的吐木西北、毛西北、白其吐、哈木台、艾伦、胡勒、豆海;平洋镇的温得、黄花抄;胜利蒙古族乡的三合昭、二龙梭口、黑帝、鲍拉火烧、查干火烧、哈拉火烧、塔林西北；克利乡的克利、乌兰昭、乾德；宏升乡的敖根山；街基乡的哈拉干吐、乌德根昭、遂合台；好新蒙古族乡的谢拉温敦、查干西胡台、黄花、他拉、好新；塔子城乡的塔子城。肇东市3个，即四站镇的八里城、岔古敖；五里明镇的乌兰明格尔，以上3处原为郭尔罗斯后旗地，后划归肇东。齐齐哈尔市5个，即建华乡的塔奔浅；市种畜场的库木台；边屯乡的查干诺尔、翁海；水师营乡的大巴尔虎屯等。大庆市6个，即双榆树乡的双榆；葡萄乡的哈拉海；省和平种畜场的敖包吐、五棵树、小庙子、大坡拉敖包等。"阿寅勒"一词，在明代是放牧的意思，一个家族的生产活动范围，所以阿寅勒敖包都由家族长老来主持祭祀。清代以后游牧逐渐扩大，一个游牧点由一两座蒙古包发展为4～5个或更多，并且逐渐定居。因此，"阿寅勒"一词也由原来的"游牧点"向村屯之意转化，阿寅勒敖包也就成了村屯的敖包。清晚期以后，阿寅勒敖包都由村屯的头行人主持祭祀。阿寅勒敖包没有统一的祭祀时间，由各村屯自行决定。建国以后，阿寅勒敖包大多数已泯灭，现存的阿寅勒敖包不足1/4。

苏莫敖包：指寺庙敖包。全省共7座。有杜尔伯特蒙古族自治县的富余正洁寺、兴经寺，肇源县的衍福寺、嵩龄寺，泰来县的全禧平安寺、长白庙，富裕县的大智寺等寺庙敖包。寺庙敖包的祭祀由该庙的活佛或达喇嘛主持。祭祀时举行庙会，诵《敖包经》，摆祭坛，十分隆重。祭祀的时间，由各寺庙自行决定。

女性敖包：即"额莫斯·因·敖包"。历史上有关女性敖包的文献资料很少，尤其记述女性敖包的由来、祭典、功能等方面的著作几乎没有，但是这并不等于蒙古地区没有女性敖包。作者于20世纪50年代在黑龙江省搞民族调查时，曾发现两座女性敖包。一座在杜尔伯特旗新屯区后新屯贝子府(今杜尔伯特蒙古族自治县腰新屯乡后新村)南1公里的莲花池畔，敖包遗址上还有1米多高的土堆痕迹，敖包的直径大约有7米左右，是一座具有一定规模的大敖包；另一座在巴彦查干区东巴彦塔拉屯(今巴彦查干乡东巴彦塔拉村)后岗上。这座敖包的痕迹离地面只有1尺多高，中间有一个坑穴，过去曾被人盗掘过,在敖包底下曾出土一尊半身裸体女人青铜像,青铜像通高 20 厘米左右,当地的蒙古族称这两座敖包为"额莫斯·因·敖包"。如果译成汉语,"额莫"是"女"或"雌"之意,"斯"为复数,相当于汉语中的"们"字,"因"是所属格,相当于汉语中的"的"字,通译为"女人们的敖包"。按照汉语语法规律可简称为"女性敖包"。这两座女性敖包的发现,为透视蒙古族的古代社会与文化提供了重要资料。

女性敖包的祭礼:与其他敖包祭礼有很大区别,不仅祭祀时间、参加人员、祭典方式不同,而且装饰与祭品也不相同。祭祀时间:在农历七月初旬,一般在七月初三、初五、初七这三个日子。这个时间正是北方草原万物繁茂、天高气爽的好季节,适合郊游活动。参加人员:全是女性,男性不论童叟一律不准参加。据当地奥敦其木格①老人回忆,过去祭祀女性敖包时,所有的成年女人不论婚否都可以参加,到 20 世纪 30 年代以后,未婚成年妇女即年轻姑娘就不许参加祭礼了。据说,祭祀中的语言、行为动作不适合年轻姑娘参加。通常的祭祀均由女萨满渥都干主持,有时也由部落内有威望的女性长者主持。敖包装饰:每岁祭祀之前,要将敖包装饰一新。首先在敖包上添新土,然后在敖包中央竖一根木杆,木杆顶端是一只木雕的鹰,鹰嘴上挂一个小铜铃,随风飘荡时叮咚作响。木鹰下面挂一个萨满用的椭圆形皮鼓,后来被布料缝制的椭圆形布袋圈所代替,布袋里装棉花使椭圆形布袋鼓胀起来。清代以后,皮鼓和布袋圈被换成了一把弓。木杆周围还要插上一圈茂密的柳枝。祭祀仪式:据海棠②老人介绍,敖包祭典时,所属氏族的妇女要穿上节日的服装,胸前还要挂一个环形饰物。由女萨满渥都干领祭。先是在敖包祭坛上摆放动物的乳房做祭品,并向额秃格神跪拜祈愿,然后逐人去触摸作祭品用的乳房。祭祀仪式结束,渥都干对参祭者进行训谕,让所有参祭者头向敖包,按圆形仰卧于敖包

---

① 奥敦其木格,女,蒙古族,1900 年生,杜尔伯特旗新屯区后新屯人,佟氏。笔者于 20 世纪 50 年代访问她时,她将有关女性敖包的装饰、祭典方面的情况作了翔实的介绍。她本人也曾参加过女性敖包的祭典,同时,她也从她的老辈人那里听到很多有关女性敖包祭典的情况。

② 海棠,女,蒙古族,1898 年生,杜尔伯特旗新屯区后新屯人,包氏。她是后新屯贝子府中的贵妇人,曾亲自主持过女性敖包祭典仪式。笔者访问她时,她对女性敖包祭典的演变与过程都作了详细的介绍。

周围,渥都干继续讲演,并做些示范动作,对参祭者作些必要的指导。然后,全体起立,一阵狂笑,在渥都干的率领下围绕敖包跳祭祀舞。舞蹈动作很奇特,与现代舞蹈大不一样。跳完祭祀舞,各自离开敖包到附近的树林中、湖边的苇丛中进行游览,整个女性敖包祭典结束。

3)标志性敖包

它有两种,即札门敖包(路标敖包)与亥支嘎尔敖包(分界敖包)。路标敖包:产生于游牧时期。在广阔无垠的草原上,牧民为了牢记地形,认清方位,以便巡回游牧,所以每到一个草场,便选择一处具有一定地貌特征的地方堆起敖包作为标志,时间长了,这种敖包自然就成了路标。路标敖包没什么华丽的装饰,只用动物的骨骼做些方位标记。把完整的马头骨或牛、羊、驼头骨朝向太阳升起的方向摆放,人们旅行迷路或游牧转向,到路标敖包跟前一看动物的头首的朝向便知东西南北。同时用石块向下一个游牧点的方向摆一个箭头标志,人们按箭头方向走下去定会找到牧人。这种标记方向的动物头骨和石块,任何人不准随意移动,要由建立标志敖包的人管理。如果发现有人移动,那将根据氏族习惯法处以死刑。在草原上每隔几十里就有一个路标敖包。在黑龙江省至少也有一百多个路标敖包。后来由于牧民的定居、草原的开垦、乡道的开辟,路标敖包除了个别的还有残存遗迹外,绝大多数已经泯迹。路标敖包没有固定的祭日,也不集体祭祀,也没有指定的氏族部落管理。人们游牧或远足路过标志敖包时,随便剪一绺马鬃扔在敖包上或洒祭一点酒或向敖包添一块石头,然后在敖包前坐下休息。路标敖包仅作为一种标志,伴随着游牧民度过了它的最终年华。

分界敖包:产生于清朝时期。《清会典》规定,蒙古"游牧交界之所,无山无河为志者,垒石为志,谓之敖包"。它是盟旗制的产物。因为蒙古地区实行盟旗制后,草原划界定域,蒙古族再不能逐水草而居,随意游牧,要在指定的地方活动。为了使各自的草场范围清晰,以旗为单位建立了分界敖包。清朝后期,朝廷为了摆脱财政的困难,对蒙古地区的优质草原实行移民放垦,只给蒙古族留下了有限的生计地。牧民为了保护生计地资源不再受侵害,便在生计地边界也建

243

立了分界敖包。看来分界敖包,既有草原与草原之间的分界敖包,还有草原与垦田之间的分界敖包,后来这种分界敖包于清末始演化为行政区划的标志。黑龙江省共有 33 座分界敖包。杜尔伯特旗北与齐齐哈尔的分界敖包有 22 座,走向从东北向西南。其中有排列顺序号的有 17 座,第七与第八敖包之间有 5 座无序号的新敖包。第一个敖包称"二十棵树"边界敖包,位于今林甸县二十棵树屯附近,又名后围子,距林甸县城西北向 28 公里。第二、第三敖包,向西南经穆桂英岗子、石家店、小林子、翁海、哈拉乌苏、哈青岗、小阿拉街、大阿拉街、后五家、前五家、包家店、后官地、前官地、时雨直到四方山接嫩江,即第十七敖包,也是最后一座敖包,位于宝兴寺附近。南与郭尔罗斯后旗等旗县的分界敖包共有 8 座,从嫩江东畔起向东走向。第一个叫"胡吉孟和"敖包,位于南四方山;第二个叫"白日勒格其"敖包,在大老波格与吉拉吐屯中间;第三个叫"唐努勒·伊日莫格·布斯混"敖包,在小许中花屯附近;第四个叫"哈嘎·布拉格台"敖包,在扁担岗屯即腰边界处;第五个叫"嘎础勒·哈嘎"敖包;第六个叫"混宝台·因·柴达木"敖包;第七个叫"巴尼·塔奔"敖包;第八个叫"阿如德昭"敖包,也是最后一个敖包,在边界东南角中长铁路以东,前胡家屯与九成窝棚中间。依克明安旗,西与富裕县有两座分界敖包,东与克山县有一座分界敖包。分界敖包,当时对保护蒙民生计地,调解民族关系,促进民族团结,维持边界安宁等方面,都曾起到了它的历史作用。但是由于朝代的变革,行政区划的更移,分界敖包已经失去了它的功能。这些分界敖包都已成为历史的过客,有的已成为文化遗迹,有的已开发为良田,有的已建成村落,有的已复原为牧场。

4)纪念性敖包

主要是马敖包。马敖包是蒙古族崇马心理的一种表现形式。一般都是以纪念马的形式出现的。如马对主人有功劳或主人对马特别喜爱,马死后感到惋惜,为了作纪念将马埋起来,上面堆起土堆,便称作马敖包。这种敖包并不多见,黑龙江蒙古地区只有两座马敖包。

5)敖包祭典

一般来说,分为火祭、玉祭、酒祭、血祭四种。

火祭：在敖包前点燃一堆篝火，参加祭祀的人们以顺时针方向围绕火堆转，口中叨念自己所属的部落、氏族、姓名，并将自己带来的祭品投入火中焚烧，表示虔诚。同时不断向篝火添薪助燃，火旺人祥。火祭时间，最长可达一天一夜。

　　玉祭：以玉祭祀敖包。用来祭祀敖包的玉有各种造型，如"吉祥玉"、"方玉"、"环玉"、"双福玉"、"双喜玉"、"盘龙玉"、"日月玉"等。祭祀时，所有参祭人有秩序地站在敖包前，萨满点火煨桑，击鼓跳神致祭词，主祭人将祭玉用双手举过头，恭恭敬敬地摆在祭坛上，全体叩拜。然后主祭人带领大家转敖包，萨满在旁边击鼓唱神词。转包时，每次路过祭台，每个人都要用手触摸一下祭玉或拿在手中触一下脑门或用鼻子嗅一下，放还原处，再继续转敖包。这样做被视为敖包神接受了祭祀人的祈愿。民国以后，玉祭逐渐减少，而且祭玉也被现代硬币所代替。

　　酒祭：也叫洒祭礼。就是把奶酒、白酒或其他类酒，洒在敖包上祈求吉祥。这

图 114　火祭敖包

图 115　敖包玉祭品

种祭祀方式较为普通，因为洒祭礼不杀牲，特别适宜佛教教规，所以被寺庙的喇嘛们所继承。清代中晚期以后，黑龙江蒙古地区的敖包祭，大多数都有喇嘛参与。

　　血祭：就是宰牲祭，是萨满教的重要仪礼，祭敖包时要以牲畜作牺牲。古代蒙古族认为，牛马羊驼都是长生天赐给自己赖以生存的东西，因此要杀牲

祭典以报天恩。血祭分为九祭、二九祭、三九祭直至九九祭。"九"是蒙古族的吉祥数字，又是自然数中最大的数字，所以九九祭是最高的祭礼。九祭要宰杀九头牲畜，二九祭要宰杀十八头牲畜做祭品，以次类推。宰杀的祭品或按畜种、或按岁口、或按毛色不等。佛教传入后，宰牲祭逐渐淡化，但未能消失，只是宰杀的数量减少而已。一般只宰杀一匹白马或一头青牛，或宰一峰白驼或一只白羊来代替九祭礼。

每次祭典，敖包都要重新进行装饰。古代时，敖包的中央插一杆旗纛，用马鬃做纛缨，象征战神；有的敖包中央插一根木杆，木杆周围插柳枝，并悬挂白、蓝、绿、黄、红五色旗幡；有的敖包中央的木杆上悬挂禄马风旗。各地的敖包装饰不一，各有特点。黑龙江省杜尔伯特旗和硕敖包，在敖包杆上烘托日月模型，因为日月是早期蒙古族的徽标，象征光明。杜尔伯特旗第五努图克的辉特敖包，在敖包中央的木杆上立一只木雕的鹰，同时围绕敖包在西南、东北、东南、西北四角各立一只木雕的鹰。因为第五努图克的蒙古族，他们的氏族属于鹰图腾，故立鹰杆，象征族灵神。祭典时，敖包前摆放九块或三块平石做祭台，用艾蒿、芸香、柏枝、檀香等煨桑。蒙古萨满身穿法服、手持神鼓、口诵神词致祭。佛教传入后，寺庙的喇嘛们也前来诵《敖包经》参与祭祀。有的地方伴随着敖包祀举行规模宏大的庙会或召开那达慕大会。然后举行转敖包仪礼，高唱《敖包颂歌》。蒙古族对敖包的崇拜观念很深，就是平时路过敖包也不能随便走过，到敖包前必须下马，剪下一绺马鬃或马尾系在敖包杆上，或者给敖包留下银两钱币放在祭坛上，或者拾一块石头扔在敖包上，或者用酒洒祭，或者叩拜，方能离开。清人祁韵士《西陲竹枝词·鄂博》中云："告虔祝庇雪和风，垒石施金庙祀同，塞远天空望不极，行人膜拜过残丛。"①这首诗把人们对敖包的崇拜作了极其真实的描述。

6）敖包的数量

古代时人们只祭祀一座敖包，后来出现了由三座，或七座，或十三座敖包组成的敖包群。在黑龙江蒙古地区除七座敖包外，其他三种均有。大量的是一

---

① 祁韵士：《西陲竹枝词》，嘉庆十六年，木刻本，6页，北京中国书店。

座敖包,个别的有三座敖包或十三座敖包。十三座敖包的造型有多种多样:一是平行排列,大敖包居中,左右两侧各六个小敖包;二是交叉排列,大敖包居中,小敖包在大敖包的东南、西南、东北、西北方位各三个;三是丁字形排列,大敖包居中,小敖包在东、西、北三面各四个,南面是祭台。杜尔伯特的十三座敖包是第二种造型。第十努图克敖包也是十三座敖包。史料记载:“设土堆十三座,做十字形,每土堆点炷香三枚,并采野花插满其上。”①杜尔伯特第七努图克的敖包是三座敖包,平行排列,中间敖包大,东西两面各一座小敖包。人们祭祀一座敖包,象征地方保护神;祭祀三座敖包,象征天、地、人,中间的大敖包代表长生天,右边的小敖包代表土地神,左边的小敖包代表祖先神;祭祀七座敖包,象征七曜之神,即日、月与金、木、水、火、土,七座敖包无大小,平行并列,每一座敖包代表一曜;祭祀十三座敖包,象征全世界。这是佛教传入以后的观念,中间大敖包,代表须弥山,十二座小敖包代表十二提布,总之,象征全世界的各个部分,而《蒙古风俗鉴》的记载却与此大相径庭,说:“唐王李世民皇帝时代,立十三座敖包,原因是为国家十三位英雄祭敖包。”②究竟十三座敖包象征什么,还有待进一步探讨。

9.雪敖包祭

祭祀雪敖包,这是黑龙江巴尔虎人特有的习俗,每年除夕日,要在村落的西南选一处高地,堆一堆雪,呈敖包状,上面插树枝,挂白布条。新年早晨,当地的巴尔虎人都来祭祀。祭祀时,拢上一堆火,用酒、奶、羊肉做祭品。祭毕,将祭品投入火中,人们围着雪堆转三圈,祭祀仪式宣告结束。

10.祭祖

祭祖分为祭祀远祖、祭祀共同的祖先和祭祀直系祖先三种。

1)祭祀远祖

蒙古族的祖先崇拜意识由来已久,早在《蒙古秘史》中就有“俺巴孩合罕之妃,斡儿伯、莎合台二人,往行祭祖之礼”③的记载。《鲁不鲁乞东游记》中也

---

① 张伯英:《黑龙江志稿》,卷六,16页,北平,民国二十一年。
② 罗布桑却丹:《蒙古风俗鉴》,赵景阳译,141页,辽宁民族出版社,1988。
③ 道润梯步:《蒙古秘史》,新译简注,卷二,33页,内蒙古人民出版社,1978。

对蒙古族云："他们以毡制作死者像，以最珍贵的衣料做成的衣服穿在毡像上，把这些毡像放在一辆或两辆车里……在节日或每个月的第一天，他们把前面提到的毡像拿出来，在他们的帐幕里把他们整整齐齐的排成一个圆圈。然后，蒙古族来到帐幕里，向这些毡像鞠躬行礼。"①约翰·普兰诺·加宾尼的《蒙古史》中也提到，蒙古族"为第一代皇帝做一个偶像，他们把这个偶像放在一辆车子里，这辆车子则放在一座帐幕前面的敬礼偶像的地方……他们向这个偶像奉献许多礼品，他们也向这个偶像奉献马匹……奉献其他动物"②。以上描述，完整地记录了 13 世纪蒙古族进行祖先祭祀仪式的程序。古代蒙古族就是以这种形式来悼念故人，继承古训。近代蒙古族把古代开矿冶铁、劈山铺路、集体迁徙、走向草原的先人孛儿帖赤那、豁埃马阑勒夫妇作为自己的远祖，也就是"化铁开山"历史传说中的头领。每到除夕之夜，各家各户都要举行冶铁祭祖仪式。举行仪式时，事先拢一堆篝火，将铁条插在篝火中烧红，然后放在铁砧上锻打，用这种方法来作为对祖先冶铁下山走向草原的纪念。黑龙江地区的蒙古族几乎家家都有这种习俗。

2) 祭祀共同的祖先

蒙古族共同的祖先就是元太祖成吉思汗。到了近代后，祭奠成吉思汗陵已成为全体蒙古族的习俗。成吉思汗逝世后，几个世纪以来他的灵柩一直安放在伊克昭盟的鄂尔多斯高原，由达尔扈特人进行管理。最初，成吉思汗陵由游动的八白宫组成，对八白宫史书记载也不一致。《成吉思汗陵》一书记载八宫为："①成吉思汗；②第一夫人孛儿帖；③第二夫人忽兰；④第三夫人也遂；⑤两匹白色神马图；⑥祭天之用的檀香木桶；⑦弓箭；⑧马具。"③而《成吉思汗祭奠》一书则记为，成吉思汗伊金白宫、忽阑哈敦白宫、弓箭白宫、鞍辔白宫、仓廪白宫、呼日勃勒真哈敦白宫、宝日温都尔白宫、溜圆白骏④。相互比较前者多孛儿帖、也遂两宫，少仓廪白宫，后者多呼日勃勒真哈敦白宫。后来游动的

---

①② 道森编：《出使蒙古记》，吕浦译，周良霄注，158～159、10 页，中国社会科学出版社，1983。
③ 宝斯尔：《成吉思汗陵》，8 页，内蒙古成吉思汗陵管理所。
④ 赛音吉日嘎拉，沙日勒岱：《成吉思汗祭奠》，郭永明译，83 页，内蒙古人民出版社，1987。

八白宫已变成了固定的陵殿,在陵园里行祭。卢沟桥事变后,日本帝国主义占领了中国北部大片领土,并继续西侵,为了保护成吉思汗陵寝,鄂尔多斯部沙克都尔扎布王爷于 1938 年去重庆向国民党政府提出将成吉思汗陵西迁的建议。1939 年 5 月 17 日(农历四月二十一日),国民党派蒙藏委员会马明山、军事委员会唐静仁两位官员进行协调,并以邓宝珊、沙克都尔扎布等人为专使负责迁陵事宜。来到伊金霍洛后,宰杀三只羊进行祭奠,后将棺椁请上骡轿,礼炮三鸣,在邓宝珊部 200 名宪兵的护送下开始进发。到陕西榆林县后换乘汽车,1939 年 6 月 21 日途经延安时,各界群众一万多人夹道欢迎。中共中央代表谢觉哉、八路军代表滕代远、中共中央高级官员王若飞、陕甘宁边区政府代表高自立等迎接于十里铺,举行了盛大的祭祀仪式。毛泽东主席送了花圈。灵车离开延安后,延安还建立了"成吉思汗纪念堂"。路经西安时,民国政府迎接成灵的代表、西北军区高级官员、西安市长等按蒙古族的祭祀风俗,举行了隆重的"三九"国祭。1939 年 6 月 28 日,灵车从西安直达甘肃省榆中县兴隆山,将灵柩安放在兴隆山大佛殿里。成吉思汗灵柩安放在这里长达十年之久,一直到 1949 年。在此期间,成立了"伊克昭盟驻甘肃省成吉思汗灵寝办事处"负责处理日常事务,每年进行春秋两次大祭。1942 年 6 月 28 日,举行成吉思汗诞辰七百八十周年祭奠时,民国蒙藏委员会副会长赵正清、甘肃省省长胡金龙出席了祭祀仪式。当年 9 月 20 日蒋介石亲自到兴隆山谒拜成吉思汗灵柩。1949 年 8 月 13 日,马步芳派汽车将成吉思汗灵柩从兴隆山迁往青海省湟中县塔尔寺,成立了"成吉思汗灵柩保护委员会",由原成吉思汗陵办事处主任高九如任委员会主任。1949 年 9 月 5 日西宁市解放,9 月 9 日湟中县解放。中国人民解放军贺炳炎将军来塔尔寺,用三只全羊祭奠成陵,并献一面题有"民族英雄"四个大字的挽旗。1953 年 12 月,内蒙古自治区人民政府向中央人民政府政务院提出了将成吉思汗灵柩运回内蒙古的请示报告。政务院立即批转,并拨款 80 万元经费修建成吉思汗陵寝宫殿。1954 年 3 月 15 日,组成了伊克昭盟盟长鄂其尔呼雅克图以及宝斯尔、嘎拉僧活佛等 29 人的迎请成吉思汗灵柩代表团去塔尔寺请灵。代表团 3 月 22 日到达西宁,3 月 29 日返程。4

月3日到达呼和浩特。4月7日将成吉思汗灵柩又安放在伊克昭盟大伊金霍洛原址。4月23日举行了隆重的祭奠仪式，由内蒙古自治区政府主席乌兰夫主祭，副主席王再天、伊克昭盟盟长鄂其尔呼雅克图、中央民族事务委员会代表萨空了、北方区行政公署代表胡石等陪祭，并举行了新陵园的奠基典礼。1955年春新陵园正式开工，1956年4月竣工，同年5月15日新陵落成典礼与大祭一并举行。新陵园总面积4万平方米，陵宫坐北朝南，由三个蒙古包式大宫殿连接而成。分为正殿、西殿、东殿、寝宫、西廊、东廊六部分。正殿居中高24米，宫顶似蒙古包，用蓝黄两色琉璃瓦砌成云纹图案。宫顶下是双层蓝色八角形正檐。东西两殿高21米，顶部装饰与正殿同，一层阁檐。三个宫殿相互连通。宫殿门前有光洁典雅的台阶，周围是水泥栏杆。陵宫正殿前方30米处，矗立着两根8米高的旗杆，旗杆顶为牛毛大纛，蒙古语称"苏勒德"，即军徽之意。两个旗杆之间有绳索相连，绳索上挂着许多五色彩布旌幡，上面印着"天马图"和"九骏图"。两个旗杆中间放一鼎2米高的铁铸香炉，为香客进香所用。成吉思汗陵的寝宫里，正中央的蒙古包内安放着成吉思汗及孛儿帖夫人的灵柩，左右两边是成吉思汗两个胞弟的灵柩；寝宫内东西两侧的蒙古包，分别安放着忽兰与也遂夫人的灵柩。在东殿里的蒙古包内，安放着成吉思汗四子拖雷及其夫人的灵柩。

元朝时，成吉思汗孙、元世祖忽必烈明文规定，祭奠成吉思汗陵要分月祭、季祭两种。月祭定为每月初一、初三。季祭：春祭为农历三月二十一日，是查干苏鲁克大祭，也称"马奶祭"；夏祭为农历五月十五日，称"淖尔祭"；秋祭为农历八月十二日，称"禁奶祭"；冬祭为农历十月初三日，称"皮条祭"。每到祭日，蒙古族怀着虔恭的心情，不辞千里跋涉而来。蒙古国也派大型代表团来参祭。香客们跪在成吉思汗陵前进香、洒酒，献哈达、全羊、乳酪、黄油、奶酒、果品、糕点、钱钞等祭品。

传统的祭祖仪式，由陵户达尔扈特人主持。祭祀者首先在大殿外绕阿勒坦嘎达斯(金柱子)转三圈，绕拴在桩子上的白骏转三圈。然后在陵殿外献酒，达尔扈特人向香客诵祝词。殿外献酒毕，步入殿内，在成吉思汗灵柩前的白毡上跪拜,再献哈达、珠兰、全羊、奶制品、草香、钱钞、酒等祭品,这时达尔扈特人继续为祭奠者诵祝词。献完各种祭品后,向香案前的火盆中投一块肥羊毛,烧哈达碎片,饮一杯白酒或奶酒,吃一小块祭祀的羊肉。祭毕,司祭人给祭奠者一小包鼻烟,一小条京嘎,再给几块乳酪或糖果。

黑龙江蒙古族祭奠成吉思汗陵时,以努图克为单位或以户为单位就地祭奠。祭奠时,在成吉思汗像前放一张供桌,上面摆上羊肉、奶酪、奶油、奶酒,香炉里焚香,参祭人跪在像前,主祭人致祭词,然后叩头,洒酒祭拜。祭毕,全体吃手把肉。

图116 成吉思汗陵祭奠

3)祭祀直系祖先

每逢除夕、清明、农历七月十五都要祭祀直系祖先的亡灵。有的到墓前祭祀并扫墓添土,有的在庭院中祭祀,也有的在三岔路口祭祀。行祭时,首先画一个类似蒙古包的圆圈,并画有朝太阳出升方向的包门,然后在画的包圈里拢一堆篝火,行"图勒失邻",也就是古代的烧饭之俗。把饭、菜、肉、酒、果、烟、茶、布缕、黄纸、冥钞、草香等祭物投入火中焚烧,行祭人叩拜,说几句祷告之词,至篝火熄灭方止。而依克明安旗额鲁特蒙古族祭祖却有另一番情景,他们画一个祖先的头像挂在墙上,在室内祭奠。据史书记载:"额鲁特种族有祭祖者,先以木瓢挂墙上,画耳、目、口、鼻,状如人面,时以牲、酒涂其所画之口。"[1]认为口边油脂越多,祖宗享食者多,必将赐福于子孙。祭祖时要宰杀整羊或猪献祭。全家焚香叩头,然后全家吃手把肉。

11.祭尚西

尚西,也称"尚欣毛都",指独棵大树。古代时称这种树为萨格拉嘎尔树,或称翁衮树,也就是有灵的树,故称神树。后演变为尚西这一名称。蒙古族祭祀神树的风俗与祭祀敖包、祭祀火一样古老,也属于萨满文化范畴。

251

① 张伯英:《黑龙江志稿》,卷六,《地理·风俗》,17页,北平,民国二十一年。

关于祭祀神树的由来,民间有很多种说法,甚至一地一说,但大同小异,区别不大。归纳起来有三:一说是怀故。蒙古族的祖先是森林狩猎民,后来走向草原变为游牧民,为了不忘故土森林,以祭树为怀,逐渐形成了祭祀神树这一习俗。二说是图腾。蒙古部中有的氏族以树为图腾。有"柳

图 117　神树

树为母,鹰鹃为父"的传说,因此,要祭祀树。三说是树有灵。因为扎嘎林天神居于树上,它赐予人以智慧、力量、幸福、吉祥,所以人们要祭灵树。从祭祀树的种类看,三说俱在。

蒙古各部落都有自己的尚西,大部分地区以独棵大榆树为尚西,少数地区也有以松或柏、桦树为尚西的,个别的也有祭柳树的。每年祭祀一次。一般都在农历五月份结合祈雨祭尚西的较多。祭祀尚西时,全部落的人集于尚西之下,用鲜花和彩布将尚西装饰一新,然后用全羊做供品,同时祭以白酒、乳酪、糕点、糖果。主祭人向尚西致祭词,赞词人诵祝词,并以白酒洒祭,全体参祭者焚香参拜。有的地方还推一位在群众中有威望的长者扮成"尚西老人",戴上面具,端坐在尚西下,祭拜后,"尚西老人"将全羊和其他祭品分发给所有的人。然后围绕尚西跳舞,唱"祈雨歌"或其他蒙古民歌,在欢乐的歌舞中结束。有的部落专门为了祈雨而祭尚西。他们人人带一桶水,在神树下或围绕神树相互追逐泼洒以嬉戏,然后排成大队绕村庄三周,当祈雨队伍路过各户门口时,各户也用水向祈祷者泼洒,以求吉祥。绕村三圈后再回到尚西下,集体叩拜,然后散去。以上是当代普通的尚西仪礼,从中看不出古老的祭树内容。从某种意义上看,就是一个简单的祈雨仪式,所以说现在祭祀树的仪式是演化后的形式,并非是早期的仪式。古代祭祀神树的事例,我们从史籍中可见一斑。古代祭祀萨格拉嘎尔树有六种情况。一是召开部落或氏族大会时祭祀神树,而且要在萨格拉嘎尔树下召开。根据史籍记载,俺巴孩汗

被塔塔儿人掳送金朝处以"木驴之刑"后，他的所属部落在萨格拉嘎尔树下召开会议，商讨征伐塔塔儿为先祖报仇。以酒宴与歌舞祭树。二是继承汗位或民主选举酋长时，祭祀萨格拉嘎尔树。成吉思汗堂祖父忽图剌继承汗位过程中，据《元朝秘史》记载："将忽图剌立做了皇帝。就与大树下做宴席。众鞑靼百姓喜欢，绕这树跳跃，将地践踏成深沟了。"①文中所言大树就是萨格拉嘎尔树。这次大会也是在神树下举行的，还是筵宴舞蹈以祭。三是祭祀镇远黑纛时在明干树下进行。明干树即千棵树之意，也是萨格拉嘎尔树的一种。黑纛，也叫四游神矛，是旗徽，也是战神。四是建立安达关系时祭祀萨格拉嘎尔树。凡是建立安达都在神树下进行，在这里誓盟、在这里交换信物、在这里订立公约，象征着有神树保佑，把神树作为两个人执行盟约的见证，这是原始有灵伦观念的反映。五是萨满初任神职祭祀萨格拉嘎尔树。萨满在社会上正式行使神权时，要认一棵桦树为母亲树，树梢上要用绸缎做一鸟巢，用羊毛做九个鸟蛋放在巢中。宰杀一只山羊，用山羊血涂抹母亲树，然后煮山羊肉祭祀。六是春季预防儿童疫病时，祭祀奶奶树。奶奶树也是萨格拉嘎尔树的演变形式。它继承了古代"柳树为母"的文化遗存。每岁农历四月十八日是圣母奶奶回返上天的日子，在这一天都要祭祀奶奶树。从上述六种祭祀形式来看，第一种情况当属怀故。在树下召开氏族部落会议并进行祭祀，在某种意义上来说，是象征对祖先的森林狩猎历史的朦胧记忆，通过会议祭祀神树达到怀旧的目的。第二、第三、第四种情况当属对灵树崇拜。推举可汗、祭祀黑纛、建立安达等，古人认为这都是扎嘎林天神的旨意，是它赋予人们的一切，在这里举行仪式，会得到神灵的监督，会得到神灵的福音。第五、第六种情况存有对图腾的崇拜遗迹。圣母奶奶也好，萨满以桦树为母也好，都是把树人格化，而且人与树有某种密切的联系，这是图腾文化的遗存现象和演化的异类表现形式。

黑龙江蒙古地区神树颇多，几乎每个蒙古村落都有自己的神树，而且年年祭祀。建国后逐渐淡化，很多神树自然枯老，也有的被伐掉，神树日趋减少，

---

① ［蒙古］波·苏米雅巴特尔:《元朝秘史》,62页,乌兰巴托,1990。

253

现在只剩几十棵了。如杜尔伯特蒙古族自治县巴彦查干乡的大庙村、胡吉吐莫镇东吐莫村、扫里毛道村,肇源县民意乡大庙村、二站乡莲花泡,泰来县好新乡黄花村等地至今仍有神树。

12.祭宝木勒神

宝木勒,是"下凡"的意思,顾名思义,这是从天上下来的神。它的载体就是用一根牛皮带缠一块牛骨,把它当做偶像来崇拜。后来经过长时间的演化,给宝木勒赋予了人形,画在牛皮上、白布上或刻在牛角上进行祭祀。看来这是古老的萨满教原始文化。关于宝木勒的来历草原牧民老幼皆知。传说,从前有个大萨满,名叫浩布格泰,也有称布拉特的。有一次他从天庭回人间时,偷回一头神牛,并宰杀吃了肉。此事被上苍发现,就派天使来捉拿浩布格泰归案。浩布格泰占卜后已知惹了祸,就把神牛的骨头分成若干份,然后用牛皮条一份一份的绑好,分发给牧民供奉,说这是宝木勒神,供奉它会四时无灾,人畜平安。等天使来时,浩布格泰将杀神牛的目的说了一遍,牧民也都说神牛

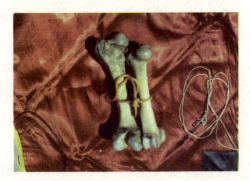

图 118　宝木勒神

下凡给草原带来了吉祥。这样,上天赦免了他的偷牛之罪。从此,宝木勒就成了草原牧民的牲畜保护神。还有的说,玉皇大帝的女儿下凡生了两个孩子,玉皇听了后气冲斗牛,下令将两个小孩从天上扔下去摔死。两个小孩落地变成了两头牛,见人吃人,见动物吃动物。后被蒙古萨满祭祀而收服。有关宝木勒神的传说有多种变体,但中心情节没有什么变化。我们从黑龙江蒙古地区保存下来的萨满祭词中,可以看到宝木勒是一位古老的尊神,同时也了解到宝木勒神的基本状况。"浩大参天树,矗立山峰顶,枝叶何其多,宿有宝木勒。"[1]以上四句神词,传递了巢居时代的信息,宝木勒神栖息在参天树上,这是森林狩猎文化的痕迹,说明宝木勒神产生的古远洪荒时代的背景。与此有直接关

---

[1]　杜尔伯特蒙古族自治县巴彦查干乡田力萨满的神歌。

系的还有"萨满亡灵去,甥舅来相袭"的神词①。这里明显地留下母系氏族社会的烙印。所强调的继承关系不是父子、师徒而是甥舅关系,体现了蒙古萨满教的原始性,也说明了宝木勒神所处的时代最迟要在母系氏族时代或者更早些。有关宝木勒神的性质、职能也在神词中做了交代。"昊天之犬马,翁衮之统帅。"②这说明宝木勒直接隶属于长生天,是长生天的使者,而且是萨满众多翁衮的主宰者。同时在神词中也透露了宝木勒不是一尊单一的神,而是众多神的统称。比如神词中经常提到"在古远的时候,出现了三尊宝木勒神","在洪荒的时候,迎来了五尊宝木勒神","在苍茫的时候,下凡了九尊宝木勒神"③等等。特别是"身下苍狼骥,手执赤蛇鞭,人肉做宴席,瞬时变虎鹰"④等神词,刻画了宝木勒是与禽兽合为一体的人面兽身神像。这是较为原始的早期的神祗形象,是原始社会的文化遗迹。宝木勒神的形象在其他地区也是如此。如蒙古国的萨满神词中说"一块青石为食物,一条赤蛇为长鞭,一只恶狼当坐骑,一堆人肉摆宴席"。这与黑龙江地区的萨满神词大同小异。供奉宝木勒神,位在蒙古包门西侧上方,用一个小白布口袋装好挂在"哈那"上,祭祀时将宝木勒拿出来,往上面涂抹上供的羊脂和羊肉,然后烧香叩头,致祭词。

13.祭吉雅其神

　　每当你走进草原蒙古包时,你就会看见蒙古包门旁挂着一个粗具人形的画像,这就是命运之神、牲畜保护神吉雅其。草原牧民几乎家家都供奉。传说,吉雅其原来是草原上的一位老牧民,一生放牧度日,与草原上数不尽的牛、马、驼、羊结下了深情厚谊,他一天也离不开畜群。后来年过百旬,临死时不肯瞑目,牧民关心地问他牵挂什么?吉雅其要求死后给他穿上牧马衣,手持套马鞭,骑上黄骠马,背靠额尔敦宝木比山,面向阿勒坦宝木比山埋葬就行了。说完就合上了眼睛。牧民按照吉雅其老人的遗嘱,妥善地处理了后事。可是吉雅其死后没过百天,草原上的牲畜一群一群的被赶进额尔敦宝木比山,接着发

255

① 杜尔伯特蒙古族自治县巴彦查干乡田力萨满的神歌。
② 杜尔伯特蒙古族自治县克尔台乡孟根达来萨满的神歌。
③ 杜尔伯特蒙古族自治县敖林西们乡布木格村尼玛萨满的神歌。
④ 杜尔伯特蒙古族自治县胡吉吐莫镇白音花村老宝萨满的神歌。

图 119　吉雅其神(羊皮画)

生瘟疫,牲畜一批一批的死去。人们来到吉雅其墓前,用全羊和马奶酒祭祀,并祷告吉雅其:我们把你的像画下来,供在家里,你每天都能看见家园的畜群,免得你每天晚间出来活动,而且很劳累。这样牧民就把吉雅其的像画在牛皮或毡子上,供在蒙古包旁。农区供在住房外面山墙的西南角。从此五畜兴旺,人丁平安。后来有了布,人们就把吉雅其画在白布上供奉。这样吉雅其就成了草原上的牲畜保护神。吉雅其与宝木勒不同,它是较为晚期的神祇,是由奴隶制向封建游牧制过渡时期的产物。他的形象是骑着一匹骏马,手挎套马鞭的一位牧民骑士。不像宝木勒那样狰狞可怕。吉雅其是蒙古社会从游猎转向游牧时,按照当时的生活模式创造出来的一位新神灵。与游牧生产方式有直接关系。所以吉雅其神更贴近生活、贴近牧民,受草原人所崇拜。每年正月与秋八月择日祭祀。祭品用羊肉和奶食品,上供后主人还要致祭词。

14.祭禄马风旗

　　祭祀禄马风旗是蒙古族的古老习俗,禄马风旗也称"天马图",蒙古语称"黑毛力",直译为"运气马",不过用"走运"来翻译更为贴切。禄马风旗的原始画面内容如下:在蔚蓝的天空中,飞驰着一匹骏马。骏马的右上方镶嵌着一轮红日,左上方吊挂着一枚明月。左前蹄踏着一只猛虎,右前蹄踩着一只雄狮,左后腿蹬着一尾蛟龙,右后腿践着一只彩凤。人们把这幅画镶上狼牙边,门前筑一个祭台,祭台中央竖一根旗杆,把禄马风旗悬挂在旗杆顶上,随风飘荡。农历每月初一,要在祭台上烧柏叶香,以示祭祀。有的人家在门前竖两根旗

图 120　禄马风旗

杆,旗杆顶端有类似白麈的三股叉,也有的呈菱形箭头,两根旗杆相距五米左右,上端相互用绳索相连,将禄马风旗拴在绳索中央,两侧悬以蓝、白、黄、红、绿等五色彩旗。原始形态的禄马风旗反映了蒙古族从游猎社会转向游牧社会的遗存。它是以牧为主兼营猎业时期的产物。禄马风旗过渡形态的画面如下:一匹扬鬃翘尾的骏马,正在绿色草原上飞驰。原有的禽兽全部消失。这个禄马风旗反映了完全过渡到以牧业为主的社会形态,这是游牧社会兴盛时期的真实写照。这种禄马风旗伴随着蒙古社会经历了相当长的时期,一直到明朝中晚期。禄马风旗的近代形态画面,发生了很大的变化。自从黄教格鲁派传入蒙古地区以后,蒙古族被强迫放弃了萨满教,改信藏传佛教。禄马风旗也随着蒙古族宗教信仰的改革而发生变异。原来纯粹以崇马、祭祀马为内容的禄马风旗,为了迎合宗教的需要,掺进了很多有关佛教的内容。禄马风旗画面上被增添了"轮王七宝"(金轮宝、神珠宝、玉女宝、藏臣宝、将军宝、白象宝、绀马宝),"佛堂八供"(宝伞、金鱼、宝瓶、妙莲、法轮、右旋海螺、吉祥环结、胜利幢)等黄教格鲁派所宣扬的宗教观念。当然,禄马风旗的演化,决非到此止步。由于中原文化对草原的影响,道教的"七曜"、"八卦"、"九宫"、"十二生肖"、"二十八宿"等原始文化都登上了禄马风旗,使具有蒙古族特色的祭马习俗演变成了多元的复合文化。尽管禄马风旗有许多内容,但在游牧民的心目中,祭祀禄马风旗主要是崇马,其他诸内容,只能成为历史发展中的过客。

15.祭马王

祭马王,是黑龙江省巴尔虎蒙古部落的习俗。齐齐哈尔土城西南隅有一座马神庙,这是巴尔虎人岁岁行祭之处。每年农历六月的最后一天,都要去马神庙祭祀马王。即使生活再艰难的人家也要买上几斤肉去上供献香祈祷,保佑畜群平安。这一习俗,一直延续到建国时期。

16.祭关公

关公,即三国时期的关羽。在黑龙江蒙古地区供奉关羽有普遍性,家家户户都有关羽的佛龛,特别是几十所喇嘛寺庙中均有供奉关羽的专门佛殿,称

关帝庙。蒙古族把关羽作为"忠义"的象征,把他当做英雄来崇拜。特别是在元朝文宗图帖睦尔皇帝于天历元年(1328),将关羽封为"显灵义勇武安英济王"后,在蒙古族中影响巨大,把关羽视为无所不能有求必应的神灵。所以将关羽都称做"关老爷"。各家各户每日上香叩拜,而在寺庙中每年农历五月十三日举行盛大的关帝庙会来祭祀关羽。

17.祭雷

由于对自然现象的不理解,在历史上有很多有关蒙古族畏雷的记载,"闻雷声则恐惧,不敢行师,曰天叫也。"[1]"鞑人每闻雷霆必掩耳,屈身至地,若躲避状。"[2]等等。由于诸种原因,蒙古族形成了祭雷的习俗,主要目的是禳灾避祸。所以在每年立夏后的申日为祭雷日,一般在农历四月中间。祭雷仪式比较简单,在院中摆一张祭桌,放一个装满粮食的升,升里插一杆三角形蓝色旗和一柄剑。升前面放一个香炉,燃香祭祀。除了固定祭日外,如遇有雷击房屋、树木、牲畜时,也要举行祭雷仪式。

18.祭玛纳罕

玛纳罕是猎神,是蒙古族从游猎时期以来一直祭祀的神灵。祭祀玛纳罕没有固定的时间,一般都是出猎前在家祭祀或者到猎场后祭祀。在家祭祀时把玛纳罕神像挂在蒙古包北侧或西侧哈纳上,像前摆一张祭桌,用酒与带角的羊头祭祀。主人要向玛纳罕神祷告,请赐予更多的猎

图 121　猎神玛纳罕(羊皮画)

物。在猎场祭祀时,要在第一个宿营地洒祭猎神。有的人将从家中带来的玛纳罕神像挂在树上,有的人没带猎神像就找一棵大树作为猎神玛纳罕的象征。树前拢一堆篝火,把酒、肉投入火中,同时向东、西、南、北四面八方行洒祭礼,跪拜叩头。祭祀仪式结束,小憩后正式进山行猎。

258

---

① 〔宋〕赵珙:《蒙鞑备录》,载《丛书集成》,8 页,中华书局,1985。
② 〔宋〕彭大雅:《黑鞑事略》,载《丛书集成》,10 页,中华书局,1985。

19.鹰祭

黑龙江地区的蒙古族,古代时大多数属于鹰氏族,崇拜鹰图腾。加之蒙古族游牧兼游猎,都是从狩猎民逐步过渡到游牧民的。因此,鹰作为狩猎的工具成为牧民的挚友,加之古代又是图腾崇拜物,所以对鹰有特殊的感情。好多人家每年都要祭鹰。祭鹰有两种形式:一种是在庭院中祭祀,摆上祭桌,点燃草香,用一只山兔做供品,主祭人致《赞鹰词》;另一种是在山巅举行鹰祭仪式。这种仪式一般与放鹰仪式结合进行。祭祀时在高山之巅,煨桑,烟雾直冲九霄,并摆上面、油、肉、奶酪等祭品。主祭人一面诵祭词,一面将猎鹰放飞。祭鹰没有固定时间,但多数在春季举行。

20.祭格斯尔汗

祭祀格斯尔汗是黑龙江省郭尔罗斯蒙古族的习俗。一般是在闹匪患、闹盗贼、闹传染病时祭格斯尔汗,因为格斯尔汗有抵御战争、隔绝瘟疫,断绝强盗的能力。所以在兵荒马乱或闹天灾病疫时行祭格斯尔汗。祭祀格斯尔汗时,要挂他的画像。摆祭坛、上供品,并请专业豁儿赤(说书艺人)说唱《格斯尔汗传》。牧民把格斯尔视为专门镇压邪恶、保卫平安的神,所以一祭就是三天。

259

第三节 占 卜

占卜,早期是蒙古萨满从事的神事活动。由于社会各项事业大分工,占卜又从萨满手中分离出来,出现了专门的卜者、卜算子等,后来,这种占卜活动又被各种行业者兼营。占卜,就是预测未来,祈求或判断将来的吉凶祸福。最初的占卜,是从实践经验中而来,逐渐形成一套规律。占卜者按照积累的经验与规律去卜问、卜断。在先民们的观念中,发现与日常生活中不一样的异象、奇事、怪兆,就怀疑、猜测,甚至迁徙,脱离此地,以防受害。占卜者以总结的经验教训来为群众排忧解难。如游牧民突然发现草原畜骨遍地,说明此地有豺狼;牧马时马惊而刨蹄,说明附近有猛兽;洞穴里的土拨鼠死而集堆,说明地下有毒气不可久居;河边蜻蜓成群,说明江河要涨水应迅速移牧;严冬草发芽,说明地热上升有地震应转移至安全地区;老鼠遍地死亡,说明有瘟疫应设法预防等等。凭着这些生活经验进行总结、实践、再总结,形成一套占卜术。后来,由于占卜术的发展与变化,占卜术不仅仅用于生活中的奇征怪兆,同时也运用于国家政治军事之中。经过多少个世纪的传播,到了当代,占卜发生了变化。这些行使占卜术的人们,他们不是利用占卜中的科学成分,而是用占卜来进行欺骗、敲诈,宣传迷信。

历史上,蒙古族的占卜主要有胛骨卜、肋骨卜、髌骨卜、马尾卜、羊粪蛋卜、铜钱卜、簸箕卜、镜卜、梦卜、星卜、念珠卜、酒壶卜、水碗卜、筷子卜、蛋卜、箭卜等等。

1.胛骨卜

这是草原上最普遍的一种卜术,主要用牛、绵羊、山羊胛骨来做卜,在草原牧民中流传山羊胛骨做卜最灵验。胛骨卜分为白胛骨卜与黑胛骨卜两种,白胛骨卜不经火灼,而黑胛骨卜必须用火烧,然后根据胛骨上的裂纹进行卜断。据田力萨满介绍,以右胛骨为例,胛骨形状大致为扇面形。扇面部分横向分三段,左为敌人之位、中为天之位、右为鬼魔之位。纵向中线即从扇面到根部分为四段,最上段天之位(与横向重合),第二段汗臣之位,第三段富人之位,根部最后一段属民即本人之位。胛骨面立起的部分尾端为保佑庇护之位。

图 122　卜具羊胛骨(左)、铜钱(右)

左胛骨、扇面部分横向左为祸、中为财、右为福禄。纵向中线分四段,第一段为财(与横向重合)、第二段为子女,第三段为婚姻,根部一段为生命。胛骨立起的部分根端为近位,靠扇面部分为远位。占卜时,经烧灼后,在哪一部位出现横纹为凶兆,出现竖纹为吉兆。横竖交叉为居中。用于占卜的胛骨不能用牙剔肉,要用刀将肉剔净,不准妇女小孩用手摸,也不能随地乱扔,要由卜者保存,或者用布包好挂在蒙古包的哈那上。

2.髌骨卜

髌骨俗称"嘎拉哈",蒙古语叫"沙嘎"。如果为了要知道在远方亲人的情况来占卜的话,那么做卜前先把一只髌骨装在黑布袋里,晚间睡觉时放在枕头下枕一宿,第二天清晨起来后,炕上放一个碗,把黑布袋中的髌骨拿出来放在双手中,双手并合成圆形,然后闭上眼睛上下摇晃几下,把髌骨扔入碗中。如果髌骨扔出"耳",卜断为能听到亲人的消息;如果扔出"目",有希望能见到亲人;若扔出"背",肯定没有任何信息;若扔出"心",亲人有难。

3.簸箕卜

农牧区,一般丢失物品的时候做簸箕卜的较多。如果丢了牲畜,做占卜时,簸箕中放一把剪子,剪子尖朝簸箕口,炕上扣放一个盘子,把簸箕放在盘子上,然后用手向时钟方向使劲儿转簸箕,簸箕停住后剪子尖所指的方向,就是寻找丢失牲畜的方向。如果丢了日常用品,要把怀疑的人的名字写在纸上,放在簸箕的周围,转动时,簸箕口停在谁的名字前,谁就是偷物的怀疑对象。

4.蛋卜

就是用鸡蛋或老鸹蛋做卜具。人如果有了病,认为是"冲"着什么神灵了,这时就用蛋卜。蛋卜时把蛋立在平地上,立蛋的同时呼喊病人可能"冲"着的神灵的名字,喊到哪个神灵时蛋立起来,就是"冲"了哪个神灵了,这样连续做三次,都是同样的结果,那就可以确认病人"冲"着的神灵。然后剪一个"额勒",就是萨满教中常用的纸人,写上神灵的名字,把纸人焚烧,将纸灰给病人喝了,认为病就会好。

5.筷子卜、肋骨卜

用九根筷子或九根肋骨做卜具。这两种占卜是同一个原理。看卜具的顺横多少来卜断。13世纪初叶，成吉思汗南征北战时，每次作战前他本人都要做肋骨卜或筷子卜。做卜时把九根筷子或肋骨装在一个高筒器具中，祷告天神，前后摇晃筒中的卜具，然后将肋骨或筷子摇出筒外，散落地下。如果卜具都是南北方向顺落，是大吉，此次战役定能胜利；如果都是东西横落，战争一定要失败，所以不能出兵；如果半数以上是南北方向，少数是横向，说明这次战争虽有曲折但能胜利；如半数以上是横向，少数是顺向，这次战争会有损失，不能贸然进攻。民间的筷子卜也是运用这个原理来卜断的。

6.马尾卜

据萨满说，马尾卜民间很少用，一般都用于军事战争。成吉思汗的军师木华黎特别善于马尾卜。马尾卜必须随时卜才灵验，每次马尾卜都是在整装待发的情况下，下马将自己骑的马尾剪下七根做占卜。关于马尾卜的具体卜法民间没有传下来，到目前为止，还没有看到有关这方面的记载。

7.铜钱卜

既有简便的也有复杂的，简便的就是独钱卜，复杂的是九钱卜和十二钱卜。独钱卜以钱的正面、反面分别定为吉凶。祷告自己的卜事后，将铜钱立起，用左食指按住，然后用右手的拇指与中指尖合拢，使劲弹立在地上的铜钱，这时铜钱顺着惯性旋转，旋转速度正在高峰时，用手将铜钱按下。看看铜钱正面朝上还是反面朝上，如果正面朝上为吉象，反面朝上为凶象。至于九钱卜与十二钱卜的做法，很少有人知晓。

蒙古族聚居地区的占卜方式还有很多，仅举以上几例，其他不赘述。

第四节 禁　　忌

禁忌，是人类普遍具有的一种文化现象。当然蒙古族也不例外，在漫长的历史生活中形成了各种各样的禁忌。禁忌是一种风俗习惯，是一种低级的社会控制形式,它与法律概念的"禁止"有明显的区别,在很大程度上是来自自我控制,不是社会意识的强加。这种禁忌是一个群体长期生活中,共同崇拜、共同信仰、共同畏惧、共同服从、共同拥戴、共同反对的一种公式化事项。蒙古族的禁忌可分为,生产禁忌、生活禁忌、人生禁忌、信仰禁忌、语言禁忌等五个方面。

1.生产禁忌

在畜牧业生产方面,忌讳大风雪天将畜群赶入背风的洼地;忌讳惊动吃草的羊群和饮水的马群;放牧中禁忌鞭打头马、头牛、头羊;忌讳查数别人家的羊数或向主人询问羊数;忌讳偷看别人家的畜圈;忌讳早晨用鞭子向院外赶牲畜;禁忌孕畜牧放坟茔地;忌讳牧人哭着放牧;忌讳寅日以外的时间套马;禁忌剪掉儿马的胎鬃;禁忌横穿畜群和朝畜群泼水;禁忌在牲畜的右胯上打印记;骟马选于四月初旬,禁忌申日、午日给马去势,禁忌寅日给其他牲畜去势;去势的马21天内禁忌乘骑;骟马的睾丸忌讳随地乱扔,要用火烧毁;去势用的刀具禁忌割肉;牧人忌讳杀马、杀牡牛、殺羊、绵羊羔;禁忌用桎柳打孕畜;禁忌用铁器、榆树枝、马笼头打牲畜;禁忌打马头、羊头、牛角;禁忌用土扬畜群或用木棍打地;骑马忌讳倒骑马,骑骒马,二人叠骑马,骑无缰绳的马,骑马两手插腰和右侧上马;禁忌鞍马拴在蒙古包东侧或拴在活树上;禁忌下马后马鞍朝上放,迈马鞍、玩马鞍和枕马鞍;忌讳在房东侧建畜圈;忌讳在日落方向开圈门;禁忌在房后的北、西北、东北三个方向打饮畜井;禁忌在畜圈内和水井旁大小便;禁忌从井中打出来的水再倒回井里;禁忌去畜圈带绳索;套马忌讳用竹、桎柳、扁榆做鞭杆,要用桦、稠李、柳条做套杆;套马杆忌讳放立在蒙古包的东或前侧,要立在北或西北处;禁忌套马杆卧放在地上;禁忌带着套马杆进别人的马群;禁忌马绊反绊马;忌讳倒挂马绊或用马绊打牲畜;禁忌迈套马杆、马笼头、马嚼子、马绊子、鞍子、拴羔绳等;妇女禁忌骑公马,夫妻叠骑一马,踩驼脚印和在驼脚印上小便;妇女还忌磨剪刀,挖井,摸套马杆等;牲畜交易上禁忌卖儿马、好骒马;卖马忌讳带走笼头、缰绳;忌讳丑日卖牛、未日卖羊、午日卖马,如果忌日成交买主会将福运带去。在猎业生产方面,禁忌猎

杀正在交媾的野兽；禁猎孕兽或哺乳的母兽；忌讳无原由猎鹰猎鹿；忌猎墓地旁的动物和幼小动物；出猎遇狼为吉兆、遇狐狸为恶兆，因此，忌讳遇狐狸，尤其忌讳遇狼獾；老人过世从第49天至100天内禁猎；猎人进蒙古包忌讳枪口朝里或朝人；弓箭撒袋忌讳放女主人房东侧；出猎时禁忌说出发时间、猎场、猎物名和猎物数量多少；猎狼后忌讳直接回村或回家。在农业生产方面，场院收粮时忌讳说打多少粮；忌讳在场院用手扬粮；禁忌扣斗、扣放木锹、倒立扫帚；忌讳车横放门前或朝房门卸车；禁忌妇女祭石碾石磨；忌清明、二月初二动磨；忌倒推磨或坐磨；忌讳在农田中横穿。

2. 生活禁忌

在居住方面，忌在山阴处盖房尤其忌房身后边有路；在旧址上盖新房时忌讳向前移位；正房禁忌接盖左右耳房；盖房时忌讳檩头向右；盖房上正梁时禁忌妇女参与；禁忌房门朝向山凹、朝沟豁；忌讳房门正对院门或窗户正对院门；忌讳从窗户进出；禁忌骑门槛而坐、踩门槛出入或在门中洒水；忌讳进房门退步而入；忌讳朝向房门大小便；忌讳在炕上横睡觉或在梁下睡觉或在月光直射下睡觉；忌讳女人在炕右侧睡觉。在礼仪方面，做客忌讳带马鞭、绳索、棍棒以及空容器入室；做客忌讳打主人狗；做客在主人家忌坐枕头上或曰上；做客吃饭时忌讳先动筷、敲碗筷、扣酒盅、筷子横在碗上、刀尖插嘴里、从碗口接碗等；忌讳在长者面前盘腿坐、夫妇混坐；忌男人坐东侧；待客时，摆放桌面画有动植物图案的桌子时，忌讳动物头朝客人；忌讳摆筷子有长有短或筷尖朝客人；忌讳摆放盘碗有声音；忌讳摆勺子时勺头朝客人；忌讳盛饭盛汤反倒勺或饭碗里插筷子；禁忌向客人献哈达时哈达折口朝自己；忌讳男女之间交换鼻烟壶；男人向普通关系的女人送礼时，忌送内衣、头巾、首饰；赠纪念品忌黑色；忌讳妇女背手；忌讳在客人面前喂小孩奶；忌讳已婚妇女梳单辫子；忌讳接、送礼品用单手；禁忌父母在世留胡须。在服饰方面，忌讳穿蒙古袍不结扣或把大襟夹在腰带中；禁讳穿无扣子的衣服和赠送别人无扣子的衣服；禁忌穿别人没穿过的新衣服；女青年忌讳穿红色、黄色的衣服；忌讳折叠衣服衣领朝下和倒挂衣服；忌讳衣服袖口往里挽；禁忌同时戴两顶帽、歪戴帽或帽檐朝下；放帽子时忌讳帽里朝上放或乱扔帽子；忌讳戴别人的帽子或换戴别人的帽子；忌讳已经丢的帽子再找回或在路上拾别人丢的帽子；小孩忌讳戴猫皮、狗皮、狐狸皮、貉子皮帽；禁忌在帽子上迈过去；未婚的女人禁忌戴红色、绿色头巾；妇女忌讳戴赤铜、黄铜手镯；禁忌和别人换头饰；禁忌腰带子随地乱扔或腰带子结扣；禁忌摸别人的鞋尖；脱掉鞋后忌讳扣着放；普通人忌讳穿红色靴子；忌讳夫兄见弟媳摘帽子；忌讳喇嘛穿裤子或穿木蓝色以外颜色的衣服；忌讳在妇女的衣襟下越过；忌讳迈衣服。在饮食方面，吃奶食品忌掺其他食品；奶食品禁忌核桃、杏、葱、蒜；酸奶禁忌盐、豆角；黄油忌凉水禁炒羊肉；忌讳夜间送奶食；忌讳扣奶盆；忌讳用无名指以外的手指弹指洒祭；吃肉食品禁食马肉、狗肉、貉肉、狐狸肉、啄木鸟肉以及闭眼死的兔、鸟肉；禁食牛脾、动物胰脏、重瓣胃、肩胛脆骨、雄鸡头、胸骨柄、舌尖肉、猪拱嘴、牛唇尖等；六七月份忌食鹅肉、古勒盖花开时忌食鸨肉；妇女禁食动物脑，五十岁前忌食羊胛肉、女孩忌食秃尾肉；羊肉忌糖；忌讳肩胛给舅舅上席；忌讳外甥在舅舅面前食肩胛肉；忌讳下颌与舌分开上席；忌讳肉与五脏同锅煮；忌讳吃肉时折骨头和乱扔骨头；禁忌在圈棚里宰牲；申日忌宰牲；宰牲忌头朝南并忌说"杀"字；忌讳以动物五脏送人；忌讳羊血洒甸子；食鱼忌鹿肉、蛋忌糖精、蘑菇忌炒食；吃饭时忌说闲话、狂笑、打喷嚏、打哈欠、伸懒腰；吃饭时忌卧食、蹲食、走着食或边看书写字边吃；吃饭时还忌讳黑天不掌灯吃饭和吃饭中间出去大小便；忌盛饭盛三勺或碗中剩饭；喝酒时忌用左手接酒杯或喝别人杯中的酒；忌讳晚辈在长辈面前喝酒；喝奶茶时忌讳倒满碗茶；忌讳从蒙古包里向门外泼奶茶；奶茶忌人参。

3.人生禁忌

孕妇忌食驴肉、驼肉、兔肉、鸡肉、龟肉以及豹花羽翎禽鸟的肉与蛋；孕妇忌食酒、辣椒、韭菜、葱、蒜、银耳、豆浆、奶汁、干鱼；孕妇禁骑驴、骡、驼以及蹦墙、越沟、迈扁担、跳绳索等；孕妇忌讳参加婚礼、葬礼及其他社交活动；孕妇忌看日蚀月蚀以及朝日月大小便；孕妇禁在梨树下休息乘凉；忌讳两个孕妇对坐互视；妇女忌在娘家分娩或在佛龛前分娩；妇女分娩时忌讳长者和男

265

人在身边；妇女生产后忌将胎盘扔于脏处或阴处；产妇忌食辛、辣、硬、冷、生类食品以及肉、油、奶、碱、盐等；产妇忌做针线、看书报；产房忌生人进出。婴儿禁忌玩狗崽、蝴蝶、灯花、雨水、石、土及挖坑、骑木、上柜等；婴儿忌看杀生，忌吃蛋，忌穿一只鞋及小孩互相码脚印；忌讳吻婴儿或从头上往下看婴儿；忌讳夜间从门外呼叫婴儿的名字；忌讳婴儿衣服在屋外过夜。在发忌方面，初一、初五、十五日、寅日以及正月禁剪发；忌夜间剪发、梳发；忌外甥在舅家剪发；忌讳周岁发剃光，必须留一绺；忌讳剪头从头顶剪至前额，必须从侧面剪；忌讳男人留长发，女人散发，女孩分发；家中有人外出时，忌讳家人梳头或散发。在婚俗方面，禁忌同氏族、同年龄、不同辈分结亲；禁忌子月子日、巳月巳日、亥日以及下半月或本历年举行婚礼；禁忌申月申日聘女；忌讳女孩偶数年龄结婚；送亲时忌讳路遇孀妇、尼姑、鳏夫；忌讳孀妇参加婚礼。在葬俗方面，墓地忌讳有独棵树、平地泉以及北侧有道路；墓地忌讳西北方向有沟凹；人死后忌讳张口、睁眼及头发指甲长；亡者禁穿带有鹰图案的服装；忌属虎的人给死者穿衣服；申日、亥日死亡忌当天出殡；出殡忌从门出及头先出；棺木中忌放铁器；孕妇死亡忌土葬；非正常死亡者禁入氏族墓地；送葬灵车禁坐活人；下葬后禁忌墓穴内留脚印。在疾病方面，脑血管病者忌食盐；骨伤病者忌食辛味食品；抽筋病者忌食酸性食品；中风病者忌看日月星光及日蚀月蚀；病人忌未日始吃药；吃丸药忌吃双数、忌吃落地药；病人忌讳照镜子。在时令方面，忌讳巳日和每月初二、初八、二十六日以及正月初三、初五、十三日外出；禁忌甲申日及每月初二、十六日向外借东西，甲子日忌向外借粮食；忌讳甲午日送礼；禁忌初五、十四日、二十三日往家拿东西；忌讳初一、初五、十五日炒炒米；禁忌正月初一倒灰；禁忌每月初一、初八、十五日及除夕日、正月初七杀生；丑日不杀牛，未日不宰羊；禁子日卖牲畜；寅日忌祭佛；立秋日忌洗澡。

4.信仰禁忌

在崇拜敖包方面，禁忌随意动敖包的石木花草；禁在敖包周围进行渔猎活动；禁忌骑着马过敖包，到敖包附近必须下马；禁忌妇女上敖包顶和赛马。在崇拜神马方面，禁忌骑翁棍马尤其忌妇女骑翁棍马；禁忌剪翁棍马的鬃尾；

禁忌出卖、鞭打、宰杀翁棍马;翁棍马死后尸骨葬山顶,忌随地掩埋。在崇拜树神方面,禁忌爬神树和砍伐神树;忌讳在神树下乘凉、玩耍。在崇拜自然方面,禁忌朝向日月星辰泼水,倒垃圾,大小便;禁忌咒骂日月星辰及用镜子晃日月星光;禁忌日蚀月蚀时搞娱乐活动;禁忌用手指尤其用食指指虹、指雨;禁忌用木具、金属具和鞭子打地;禁忌咒骂雷电;雷电中禁忌带马嚼、铁器,高声喊叫;雷雨中禁忌在树下、洼地、废墟、缸瓦器上背雨;雷雨中禁忌站门中间及在路中间走。在崇拜禄马风旗方面,禁忌禄马风旗杆一般高,右侧必须高一点;禁忌妇女煨桑;禁忌两杆中间过牲畜。在崇拜火方面,禁忌向火泼水、泼奶汁、投杂物、投猪狗粪,扔鹰羽、蒜皮、艾蒿、葱叶、盐;禁忌向火中插刀及玩火、打火、迈火、踢火;禁忌在火塘上烤脚,烤鞋袜、放杂物;忌讳火盆的火熄灭、忌讳两家之间拢烟火。在崇拜佛教方面,普通人禁忌穿喇嘛服呼喇嘛名;与喇嘛同行时忌走在喇嘛前;喇嘛忌讳唱歌、忌讳站着小便、忌讳甩手走路。

5. 语言禁忌

除上述四个方面的禁忌外,在蒙古族的日常生活中还有语言禁忌。禁忌语是指人们在语言交际中,由于某种原因,对某些事物的称谓有顾忌而用另一种说法代替,这种被代替的称谓就叫做禁忌语。禁忌语有时代性和地方性,此时可能是禁忌语,而彼时则不是;在此地是禁忌语,而在彼地则不禁忌;对某些人是禁忌,而对另一些人则不是。禁忌语大致可分为五个方面:一是对猛兽名称的禁忌。猛兽是森林和草原民族的大敌,经常伤害人畜,威胁着牧民的生产和生活的安宁。于是在人们思想中不由自主地产生一种恐怖心理。这种心理状态与野兽的凶猛形象以及给人类造成的危害自然地联系在一起。久而久之,人们为了排解心中的畏惧感,不直接冒犯猛兽,所以就不直呼其名,而用一种意义比较缓和又能代替野兽形象的词语来作为野兽的代称。如狼,本来叫"赤诺",可是人们却用"野狗"、"天狗"、"野先生"等来代称,"狼"则成了禁忌语。老虎,本来叫"巴日",人们用"山王"、"黄先生"取而代之。二是对传染病名的禁忌。瘟疫对游牧民来说是个莫大的灾难。一提及传染病,似乎大祸来临。所以对一些烈性传染病名改用较温和的名称。如称鼠疫为"恶病",称麻

267

疹为"红眼睛病",称天花为"大病"等。三是对祖先长者名字的禁忌。受传统礼俗的影响,蒙古族对长辈只呼称谓不呼其名,如果遇到非说出名字不可时,也只能用同义语来代替。蒙古族人名多取于动植物与自然物名称。所以,如果名字叫"月亮",就用"霞"或"夜光"来称呼。如果名字叫"金",就用"黄银"来代替等等。四是对"死亡"一词的禁忌。蒙古族把死视为最大的不幸,所以,对"死亡"一词非常忌讳,唯恐说出"死"字给自己带来灾祸。如果遇有死人的情况发生,便借用另外的词代替。如对老人的死称"去世"、"走了",对王公的死称"归山",对活佛喇嘛的死称"上天"、"成佛",对小孩的死称"丢了"、"扔了"等等。五是对神山名称的禁忌。崇山是蒙古族的古老习俗,历史上蒙古族认为山是神灵的化身,所以对山特别尊崇。因此对山从不呼其真名,通称"大山"、"博格达山"、"神山"等。

第八章　旅游文化

第一节　旅游机构

　　旅游业是新兴的产业,起步较晚,20世纪80年代才被人们逐渐认识。黑龙江蒙古地区专门旅游机构很少,只有杜尔伯特蒙古族自治县于1992年成立了旅游公司。1998年1月县旅游局正式成立,与旅游公司合署办公,一套人马挂两个牌子,负责全县的旅游工作。

第二节　旅游景区

　　黑龙江蒙古地区的旅游资源,主要在蒙古族聚居的杜尔伯特蒙古族自治县和肇源县。以蒙古族风情和草原风光旅游为主。共有12个景区。

　　杜尔伯特蒙古族自治县有8个景区:

1.寿山休闲度假村

　　清末光绪二十六年(1900年),抗俄将领黑龙江将军寿山安葬此地,故称寿山休闲度假村。寿山休闲度假村位于县城南20公里外的额勒森西伯,即沙围子,汉名小林科。三面被大龙虎泡湖水环绕,俗称额勒森半岛,亦称小林科半岛。丰水期湖水面积可达18万亩,草原面积1万亩,天然次生林1万亩,是水域、草原、沙丘三结合的旅游胜地。景点有寿山墓、蒙古包

图 123　寿山休闲度假村一角

图 124　大元通宝门

图 125　北极岛全景

图 126　北极岛古堡

群、鹰图腾柱、成吉思汗福寿塔、元代"大元通宝门"、蒙古索永宝塔、沙地植物园、湖滨浴场、驭骏图、额勒森敖包、金沙湾买卖街，各种游船游艇、滑雪场、蒙古风情园等。具体服务项目有沙丘探秘、垂钓、泛舟、游泳、举办篝火晚会、敖包祭、受喇嘛诵经赐福、品尝蒙古风味食品等。2001 年被国家旅游局评为 AA 级旅游景区。

2.北极岛古典猎苑

位于寿山休闲度假村北 2 公里处的一座小岛上，岛域面积 1 380 亩，水域面积 480 亩，共计占地 1 860 亩。主要景点有古堡、石山、吊桥、各种雕像、人工养殖的野禽场、野兔场。服务项目有狩猎、骑马、坐轿、水上游乐、跳傩、巢居等。

3.连环湖国际水禽狩猎场

位于县城西南部 20 公里外。景区因有 18 个大小湖泊相连而称连环湖。水域面积 58 万亩，水中栖息禽类有天鹅、灰鹤、鸬鹚、水鸭、沙鸥、大雁、灰雁、苍鹭、白鹳、黑鹳、赤麻鸭、花脸鸭、丹顶鹤、白枕鹤、白眉鸭等 200 余种,其中可猎禽类有绿头鸭、斑嘴鸭、凤头麦鸡、扇尾沙雉,长脚鹬、斑翅山鹑等 40 多种。狩猎季节为 4～5 月和 9～10 月。水中产鲤鱼、鲢鱼、草鱼、鲫鱼、鳙鱼、蒙古红鲌、银鲴、鳌条、马口、鲶鱼、湖罗、麦穗鱼等 40 多种淡水鱼。景点有水上娱乐场、民族娱乐场、垂钓池、野浴场等。服务项目主要有水上狩猎、陆地狩猎、沙滩赛摩托、垂钓、游泳、泛舟、游船观湖、歌舞表演、篝火晚会、全鱼宴、全羊宴等。曾接待美、英、法、德、俄、日、韩、丹麦、匈牙利、澳大利亚、新加坡、加拿大等 18 个国家的游客 3200 多人。2001 年被国家旅游局评为 AA 级景区。

图 127　连环湖风光

图 128　万亩松涛

271

4.松林公园

位于县城南 29 公里,新店林场辖区景区。景区因在樟子松林内而得名。树林面积 14.6 万亩,其中樟子松 5.4 万亩,是黑龙江省西部地区最大的沙地樟子松林。主要景点有观松塔,高 10 米,登塔远眺,整个松林一览无余。除此之外,松林中建有度假的木刻楞"情侣屋"、林中吊床、石桌石凳、露天舞场、草原风味食品等。

5.石人沟旅游度假村

位于县境南端,离县城 116 公里,隶属于石人沟水产养殖场。因在石人沟湖南畔,故称石人沟旅游度假村。主要景点有嫩江风光(嫩江主航道)。服务项

图 129　蒙古村

图 130　珰奈湿地景观

272

图 131　珰奈湿地栈桥

目有钓鱼、橡皮艇游江、大型游船沿江浏览、别墅屋度假等。

6.蒙古村

位于县城西郊，占地面积1.6万平方米，建有10座华丽的蒙古包和古代草原黄车等。以蒙古风情为主，服务项目主要是蒙古族风味餐饮和蒙古族歌舞表演等。

7.珰奈湿地人居

生态村位于县城东北21公里，隶属于烟筒屯镇珰奈村。珰奈，是蒙古语仙女"达黑尼"的谐音。地处国家扎龙鹤类自然保护区的南部，北部引水工程泄洪渠口，有芦苇塘57万亩，水生动植物繁多，是典型的湿地景观。湿地内建有码头、凉亭，备有各种船只。主要服务项目有乘竹排观赏苇荡风光、观赏各种水禽、参观农家院、品尝农家宴等。

8.阿木塔旅游度假村

位于县城西南46公里，隶属胡吉吐莫镇。阿木塔是半岛区，三面环水。阿木塔，在蒙古语中有"甘甜"之意，因阿木塔湖水碱性小，水味发甜而得名。阿木塔半岛面积 6 800 亩，北、东为阿木塔湖，水面 7.1 万亩；西为茂敦西纳湖，水面 2.9 万亩。景点有望湖台、日本板房、蒙古包、敖包、野杏园等。服务项目有垂钓、泛舟、敖包祭、篝火会、蒙古歌舞、烤全羊、手把肉、奶茶等蒙古风味餐饮。

肇源县共有 4 个景区：

1.莲花湖景区

位于县城东，隶属于二站镇。主要景点有莲花塘、双神树、古庙、大圈河等。主要项目为观赏莲花、逛庙、游河。

2.九龙旅游区

位于肇源县中部，主要景点有鳇鱼圈、西海公园、鸡心滩等，以松花江风光为主。

图 132　德力格尔蒙古部落

图 133　衍福寺双塔

273

3.衍福寺

衍福寺是清朝政府为郭尔罗斯后旗修建的旗寺。蒙古名"布彦巴达拉古鲁克其黑德"。位于民意乡境内，1948 年 12 月 25 日毁于大火。现仅剩衍福寺院外的两座塔，称双塔，和一个影壁，均为藏式建筑，很有欣赏与研究价值。周边景点有新新湖、榆林公园、阴阳界(三岔河)、金代肇州古城、始兴古城、皇后店(他什海古城)烽火台、古洞、白金宝文化遗址等。

4.龙虎台

位于新站镇古城村。是辽代的混同江行宫，亦称韶阳川行在所，是辽代的重要陪都，现存有宫阙城垣，道宗皇帝墓葬遗存等。是辽金文化旅游景区。

第三节　旅　游　场　馆

1.天湖宾馆

位于杜尔伯特蒙古族自治县泰康镇四道街，因宾馆西侧有天湖而得名。天湖宾馆是一家集文化、旅游、餐饮服务为一体的二星级宾馆，占地面积9 350平方米，建筑面积8 800平方米。拥有客房83套，分为豪华套房、标准客房、普通客房三种，可容纳300位宾客下榻。并设有大小会议室4个，可接待不同规格的会议与洽谈。大小餐厅多处，可容纳300人一次用餐。宾馆内还设有咖啡厅、茶艺厅、歌舞厅、健身房、洗浴中心、商务中心、棋牌室、洗衣房、存车库、洗车行等综合服务项目。

2.阳光温泉假日酒店

位于杜尔伯特蒙古族自治县天湖东畔，是集住宿、餐饮、会议、洗浴、游泳、健身为一体的综合性娱乐休闲度假酒店。酒店设有总统套房、豪华套房、标准客房97套，24小时供应温泉水。餐厅由名师主灶，开发蒙古精菜、新式粤菜、石人沟野生全鱼宴，设大小餐厅9个共300个餐位。酒店设有豪华温泉洗浴广场、温泉短道游泳池、儿童戏水池，能容纳200人同时洗浴。

3.大庆草原赛马场(博彩场)

位于杜尔伯特蒙古族自治县县城西郊。占地15万平方米。观赛马看台可容纳2 800人，厂圈可养牧赛马120匹。开始建场时主要用于那达慕大会赛马，1997年开始改变其用途，用做赛马博彩。每周星期六、星期日下午开赛，各赛六场。每年10月1日至7日，每日下午开赛。2001年被国家旅游局评为AA级旅游场馆。

第四节　旅　游　产　品

黑龙江蒙古地区，共开发了三大类60种旅游用品。

1.食品类

有五香牛肉干、烤羊腿、奶干、奶酪、炒米、荞麦挂面、鱼干、蚌肉等。

2.用品类

有蒙古族服装、艾蒿枕、太阳伞、泳装。

3.工艺品类

有芦苇画、蒙古刀、柳筐、水禽标本等。

后　记

　　《黑龙江蒙古族文化》一书,初稿完成于 2003 年,当时书名为《黑龙江蒙古文化史》,分为唐辽时期的蒙古文化、金代蒙古文化、元代蒙古文化、明代蒙古文化、清代蒙古文化、民国蒙古文化、伪满洲国蒙古文化、中华人民共和国成立以后的蒙古文化等八章,共 45 万字,是一部狭义的蒙古文化史。

　　2005 年,黑龙江省民族研究所,计划出版一套《黑水世居民族文化》丛书,并纳入国家"十一五"重点图书规划项目。我承担了蒙古族文化这部分。根据丛书编委会的统一要求,把《黑龙江蒙古文化史》改写成《黑龙江蒙古族文化》。在体例上要把按朝代纵排横写的书稿改为按文化事项横排纵写;在内容上要把狭义的文化改为广义的文化;在文字上要把 45 万字减到 20 万字,同时要增加大量的图片,要写成图文并茂、可读性强、趣味性浓的一部通俗读物。根据这一要求,我改变了原来的体例、增加了内容,并将文字减少到 33 万字。改后的编目分为人生礼仪、生产技术、生活习俗、语言文字、教育科技、文化艺术、体育卫生、节日祭祀、宗教信仰、旅游文化等十章。经过半年的修改,于 2005 年末完成书稿。

　　2006 年,《黑水世居民族文化》丛书出版工作开始启动。6 月,《黑龙江蒙古族文化》一书排版结束。都永浩所长审读了全文后,觉得书稿篇幅过长,加上图片后,书页超厚。要求书稿保持在 20 万字左右。根据领导的意见,为了丛书的统一,下决心将排版后的书稿取消了第二章生产技术和第九章宗教信仰等两章,共 10 万字,又从其他章节中删减了 3 万字,合起来共 13 万字。经过这样处理后,全书剩八章 20 万字左右。本书中的照片由波·少布、李永年、常宝军、何日莫奇摄。

　　《黑龙江蒙古族文化》一书,经过多次改动,不仅仅文字减少,同时也出现了篇目不全面、内容不连贯、图文不尽协调等问题,加之个人水平所限,没能把黑龙江蒙古文化的全貌反映出来,定会有很多缺陷和误漏,对此深表遗憾。敬请广大读者批评赐教。

作者于茫野书屋

丙戌初秋

图书在版编目(CIP)数据

黑龙江蒙古族文化/波·少布著.—哈尔滨:黑龙江
教育出版社,2007.10
ISBN 978-7-5316-4775-1

Ⅰ.黑… Ⅱ.波… Ⅲ.蒙古族—民族文化—黑龙江
Ⅳ.K281.2

中国版本图书馆 CIP 数据核字(2007)第 092588 号

《黑水世居民族文化》丛书

黑 龙 江 蒙 古 族 文 化
Heilongjiang Mengguzu Wenhua

波·少布 著

出版统筹:丁一平
选题策划:尹武荣
责任编辑:华 汉 鲁国艳 付 辉
责任校对:张志坚
封面设计:张 骏

黑龙江教育出版社出版(哈尔滨市南岗区花园街 158 号)
哈尔滨翰翔印务有限公司印刷·黑龙江教育出版社发行
开本 787×1092 1/16 印张 18.25 字数 250 千
2007 年 12 月第 1 版 2010 年 2 月第 2 次印刷
ISBN 978-7-5316-4775-1/G·3682

定价:120.00 元